Siegwart-Horst Günther/
Burchard Brentjes

# Vor dem dritten Golfkrieg



## Geschichte der Region und ihrer Konflikte. Ursachen und Folgen der Auseinandersetzungen am Golf

edition ost

Meinen Söhnen Paul und Michael
zur Erinnerung und Mahnung.
(Siegwart-Horst Günther)

ISBN 3-932180-34-8

Satz: edition ost
Titelbild: Verdorrter Palmenhain
bei Basra, 1992
Fotos: Siegwart-Horst Günther
Druck: Druckhaus Schöneweide

Die Deutsche Bibliothek –
CIP Einheitsaufnahme
Günther, Siegwart-Horst:
Vor dem dritten Golfkrieg :
Geschichte der Region und
ihrer Konflikte / Siegwart-Horst
Günther / Burchard Brentjes. –
Berlin: edition ost, 1998
(Weiße Reihe)
ISBN 3-932180-34-8

Inhalt

Vorwort Seite 7

*1. Der Golf vor den Kriegen*
von Burchard Brentjes Seite 9

Die Golfregion –
ein Zentrum der Menschheitskultur Seite 13

Der Golf – ein islamisches Meer Seite 25

Die Europäer am Golf Seite 37

Der Golf im 18. und 19. Jahrhundert Seite 45

Der Weg in den Krieg und die britische
Kolonialherrschaft am Golf Seite 52

Das Erdöl – die Macht des 20. Jahrhunderts Seite 56
Von der Öllampe zum Treibstoff Seite 56
Die militärischen Bedeutung des Erdöls
im 1. Weltkrieg Seite 61
Das Erdöl zwischen den beiden Weltkriegen Seite 65
Das Öl Arabiens Seite 71
Das Erdöl und der 2. Weltkrieg Seite 74
Die USA auf dem Weg zum Golf Seite 81
Aufstieg und Glanz der OPEC Seite 90
Die iranische Revolution und
der Weltölmarkt Seite 99
Die Rolle des Öls während
des erstenGolfkriegs 1980-1988 Seite 106
Staaten und Völker am Golf
in der Gegenwart Seite 109

Rückschau und Ausblick Seite 134
Postscriptum nach der Februarkrise Seite 143
Chronologie der Februarkrise 1998 Seite 151

Anmerkungen Seite 153

Literaturverzeichnis Seite 155

*2. Der Golf nach den Kriegen*
von Siegwart-Horst Günther Seite 162

Der erste Golfkrieg 1980/88 Seite 162
Der BRD-Geheimdienst im Nahen Osten Seite 162
Deutsche Rüstungs- und Giftgasexporte Seite 169
Tod und Massenvernichtung durch Gas-Kampfstoffe Seite 171

Der zweite Golfkrieg 1991 Seite 173
Verzweiflung, Hunger und Sterben im Irak: Das Embargo wirkt Seite 177
Die Leiden der Kurden Seite 183
Das kurdische Flüchtlingslager Paveh im Iran 1991 Seite 185
Das kurdische Flüchtlingslager Silopi in der Türkei Seite 187
Die Flüchtlingslager bei Dohuk und Erbil im Irak 1993 Seite 190
Ein unbekanntes Krankheitsbild Seite 191
Uran-Geschosse – die Nebenwirkungen: Deutsche Konzerne im Zwielicht Seite 195

Nachwort Seite 202

Literaturverzeichnis Seite 204

Zeittafel Seite 217

*Das Buch*

Im Mittleren Osten bzw. in der Golf-Region stand nicht nur eine der Wiegen menschlicher Kultur – hier fand und findet auch menschliche Unkultur statt. Seit Jahrhunderten tobten dort Auseinandersetzungen, wurden Schlachten geschlagen und Kriege für Öl, Einfluß und »die Freiheit« geführt. Keine Gegend auf der Welt ist derzeit so heiß umkämpft wie diese. Sie ist das Labor, in der die »Neue Weltordnung« nach dem Untergang der UdSSR durch die übriggebliebene Großmacht USA erprobt wird. Wer nicht pariert, wird maßgenommen. Früher hieß das Imperialismus. Der Krieg ist zu Beginn der 90er Jahre als Mittel in die Politik zurückgekehrt, die These von Clausewitz (Der Krieg ist nur die Fortsetzung der Politik mit anderen Mitteln.) erlebt unerwartet ihre Wiedergeburt. Zwei Fachleute analysieren die Geschichte der Region und die Ursachen der dortigen Konflikte sowie deren Folgen für die Beteiligten und für die Welt. In schonungsloser Offenheit gehen sie mit den daran beteiligten Parteien ins Gericht und weisen nach, wer auf der Strecke bleibt – und wer daran verdient.

*Die Autoren*

Siegwart-Horst Günther, Jahrgang 1925, studierte Medizin, Philosophie und Ägyptologie, war als Wehrmachtoffizier beteiligt am 20. Juli 1944 und saß dafür im KZ Buchenwald. Tropenmedizinische Ausbildung in London und Liverpool, Direktor eines Instituts in Kairo und z. Zt. Vizepräsident der A.S. – Akademie für Medizin in Warschau. Assistent bei Albert Schweitzer in Lambarene. Wiederholt als Präsident des Gelben Kreuzes mit Solidaritätsgütern in den Irak gereist. Machte als erster die Weltöffentlichkeit auf den Einsatz von Uran-Geschossen durch die Alliierten im zweiten Golfkrieg 1991 aufmerksam und wurde in diesem Zusammenhang 1995 in Kiel inhaftiert.

Burchard Brentjes, Jahrgang 1929, Studium der Geschichte, Geologie, Geographie und Archäologie, 1960 bis 1975 Dozent für Vorderasiatische Archäologie, bis 1991 Professor für Orientalische Archäologie. Veröffentlichte als international renommierter und vielseitiger Wissenschaftler 40 Bücher in zwölf Sprachen.

# Vorwort

Ein Mediziner und ein Archäologe kooperieren in diesem Band, beide stehen unter dem Einfluß der Schrecken des zweiten Golfkrieges und der von den Massenmedien verdeckten Verbrechen an den Völkern des Irak, seiner Nachbarstaaten und den am Krieg beteiligten Soldaten. Der Krieg 1991 war kein Kampf gegen einen vorgeblichen »zweiten Hitler«.

Saddam Hussein regiert nach wie vor das im Interesse der »Neuen Weltordnung« zusammengehaltene Land an Euphrat und Tigris, und er tut dies mit ungewöhnlicher Härte nach innen und mit Eigensinn nach außen. Ein Beispiel für Demokratie und Toleranz ist dieser Staat wahrlich nicht.

Doch der Krieg 1991, der sogenannte zweite Golfkrieg, galt nicht vordringlich dem Aggressor Saddam, der Kuwait überfallen hatte. Er sicherte die Vorherrschaft der internationalen Bankenoligarchie durch die Vernichtung Zehntausender Menschen, durch Kriegsverbrechen im Namen der UNO.

Den ersten Teil, die Geschichte bis zu jenem Krieg, schrieb Prof. Burchard Brentjes, um die Grundlagen dieser Auseinandersetzung darzustellen, deren Schrecken sich Prof. Siegwart-Horst Günther im zweiten Teil widmet. Beide greifen auf eine Fülle einschlägiger Werke zurück – etwa die Bücher von S. K. Aburisch, D. Yergins, D. Hiros und die Sammelbände von U. Steinbach und G. Stein. Sie sind im Anhang aufgeführt und enthalten viele der hier benutzten Daten.

Diesen Autoren fehlten aber die aus Feldstudien von Prof. Günther resultierenden Belege für die Art und das Ausmaß der im zweiten Golfkrieg verübten Verbrechen, den Massenmord mit Uran-Munition, die tausendfaches Siechtum und den elenden Tod von Soldaten und Zivilisten verursacht hat.

Die Verfasser verstehen ihre gemeinsame Publikation als eine Warnung vor neuen Kriegen am Golf oder in anderen Regionen auf dem so kleinen Planeten, dessen Schicksal nicht regional begrenzt ist.

*Siegwart-Horst Günther*
*Burchard Brentjes*
*St. Peter Ording / Berlin, im Februar 1998*

*Burchard Brentjes*

# Der Golf vor den Kriegen

Der zweite Golfkrieg war vermutlich nur eine Generalprobe für einen dritten, weitaus größeren Krieg. Die Verbindung eines schon fast vergessenen Dramas mit dem Begriff der Generalprobe, der die Premiere androht, mag verwundern. Die Fernsehfassung der Kriegsberichte ist in der Fülle der propagandistischen »Seifenopern« für die meisten Menschen bereits Vergangenheit. Ihnen wird von Massenmedien und Politikern eine wunderbare humanistische Gesellschaft im kommenden Jahrtausend suggeriert. Wo soll da die »Premiere« des Gemetzels am Golf stattfinden?

Es ist durchaus möglich, daß die »Uraufführung« nördlich des Golfs inszeniert wird, und ein dritter Golfkrieg die alte Vorherrschaft der USA und der mit dem Schah verbundenen Herrschaftsschicht wiederherstellen soll. Dafür mehren sich die Belege: Bani Sadr – ein erklärter Feind der jetzigen iranischen Regierung und Agent der CIA – hat 1997 im Prozeß gegen die Attentäter im Berliner Restaurant Mykonos die Regierung in Teheran beschuldigt. Daraufhin zogen die Regierungen der Europäischen Union ihre Botschafter zurück. Washington erzielte damit einen wesentlichen Erfolg bei der Isolierung Teherans. Sicher war der Mord eine Aktion des iranischen Geheimdienstes, das Urteil gegen die Täter gerechtfertigt. Aber entsprechen die Aussagen Bani Sadrs der Wahrheit – oder sollen sie den Weg zur Rückkehr eines proamerikanischen Regimes in Teheran ebnen?

Die anti-iranischen Nachrichten seit dem 10. April 1997 lassen befürchten, daß ein neuer Krieg – der dritte Golfkrieg – geplant ist. Die öffentliche Meinung wird systematisch auf die Notwendigkeit eines Angriffes auf den Iran vorbereitet. Am 14. April 1997 meldete »Neues Deutschland« aus London, die USA hätten eine neue Atomwaffe entwickelt, die tiefliegende Bunker zerstören könne. Diese sei notwendig geworden, weil amerikanische Geheimdienste entdeckt haben, daß »Staaten wie Irak, Syrien, Libyen, Iran und Nordkorea sowohl zum Schutz ihrer Führungseliten als auch zur Waffenlagerung zunehmend zum Bau tiefer unterirdischer Bunker übergehen«.[1] Die »Berliner Zeitung«[2] berichtete auf einer ganzen Seite über eine im Irak aufgerüstete Armee der »Volks-Mujahedin«, die über 50.000 Kämpfer zähle, welche mit Hubschraubern und Panzern ausgerüstet und bereit wären, den Iran in einem »Blitzkrieg« in drei bis vier Tagen zu »befreien«. Angeblich stammten die Panzer T 55 und T 72 aus iranischen Depots. Kleiner Irrtum: Der Iran hatte nie Panzer aus der UdSSR, wohl aber der Irak...

Schon wird erneut die Rolle Saddam Husseins deutlich, der – auch wenn er wie jüngst wieder – zwar gelegentlich am Pranger steht, doch in Wahrheit ein guter Verteidiger der Interessen der Erdölbourgeoisie der »westlichen« Welt ist.

Mit 50.000 Bewaffneten den Iran erobern zu wollen, erscheint allerdings mehr als zweifelhaft. War Saddam Hussein im ersten Golfkrieg von 1980 bis 1988 nicht mit mehr als einer Million Soldaten vom Iran abgeschlagen worden? In den zweiten Golfkrieg 1991 schickten die USA 450.000 Mann mit modernster Bewaffnung gegen den Irak. Die Resultate sind bekannt. Die Verhältnisse am Golf haben sich – scheinbar – nicht geändert. War's also die verpatzte Generalprobe für die erfolgreiche Premiere?

Der Krieg am Golf wurde als präziser Schlag gegen einen vermeintlichen zweiten Hitler ausgegeben,[3] obwohl der Waffengang exemplarisch war für die Durchsetzung des Herrschaftsanspruchs der USA. Der Zerfall der UdSSR und ihres Paktsystems beendete die Zeit der relativen Stabilität des Gegen- und Miteinanders der beiden Militärblöcke, in der die »heißen« Gegensätze in der sogenannten Dritten Welt ausgetragen wurden. Der zweite Golfkrieg war die Demonstration des absoluten Machtanspruchs der USA in der Welt, sie galt allen Nationen. Selbst den durch den

Vietnamkrieg mobilisierten und wachen amerikanischen Bürgern wurde vorgeführt, wie sie sich zu verhalten hätten. Auch den Großmächten zweiter Ordnung, den Japanern und den in »Europa« dominierenden Deutschen, galt die Drohung eines hochtechnisierten Krieges im Falle »eigener Interessen«. Sie war so wirksam, daß beide Sekundärmächte den Krieg weitgehend bezahlten, auch wenn sie kaum etwas an dem Konflikt verdienten.[4]

Noch deutlicher richtete sich die Demonstration totaler Gewalt gegen die Staaten der Dritten Welt, von der Volksrepublik China oder Rußland bis hin zu den machtlosen und verelendenden Ländern Afrikas.

Ziel und Ergebnis des Krieges war die Herstellung der absoluten Herrschaft der USA über die Hauptenergiebasis Europas und Japans durch die militäische und wirtschaftliche Okkupation des arabischen Erdöls, der Grundlage der modernen Wirtschaft. Daher wird die Geschichte des zweiten Golfkriegs[5] nur verständlich, wenn man die Geschichte des Erdöls im 20. Jahrhundert diesem Blutvergießen voranstellt.[6] Zugleich muß die andere Sozial- und Wirtschaftsstruktur des Golfgebietes in Umrissen behandelt werden, um verständlich zu machen, wie dieses uralte Zentrum der Weltkultur, dessen Völker niemals Europa oder gar Amerika bedroht haben, so völlig unter die Stiefel erst der Briten und Franzosen und nun unter die der USA geraten konnte. Daher ist die Darstellung in fünf Teile gegliedert: a) der Golf als altes Kulturzentrum, b) der Einfall der europäischen Seemächte, c) die britische Kolonialherrschaft, d) die Entwicklung der Erdölwirtschaft und schließlich e) die Eroberung durch die USA bis hin zum Blutvergießen unter dem Deckmantel der Vereinten Nationen.

Die im Namen der »Neuen Weltordnung« begangenen Kriegsverbrechen sollten nie vergessen werden. Vorsatz und/oder Unkenntnis in den Medien haben dazu geführt, daß ein gänzlich falsches Bild vermittelt wurde, eines, das den Herrschenden nicht nur genehm, sondern von diesen auch gewünscht ist. Aus diesem Grunde ist es dringend geboten, die Oberfläche der Berichte zu durchdringen und Hintergründe auszuleuchten, um Zusammenhänge und Ursachen des Konflikte und der Interessen am Golf sichtbar zu machen. Und eben die Wahrscheinlichkeit für eine »Premiere« zu begründen.

# Die Golfregion – ein Zentrum der Menschheitskultur

Die Propagandisten des amerikanisch-europäischen »way of life« übersehen, daß nur wenige Züge der traditionellen euro-amerikanischen Kultur nicht asiatischen Ursprungs sind, selbst ihre Religionen, ob Christentum oder Judentum[7] stammen von dort. Vieles verdanken Europa und Amerika gerade den Ländern am Golf, in denen seit mehr als 14.000 Jahren die Fundamente auch der »abendländischen« Kultur entstanden. Von dort kamen Getreide und Haustiere, die Töpferei und die Textilproduktion, die Kunst, Metalle zu verarbeiten, die Schrift, die Architektur und viele Werkzeuge und Geräte, die unser Leben bestimmen und auch unsere Weltbilder und Ideale. Wie kam das zustande?

Die Menschheit hängt – wie alle Lebewesen – von den Umweltbedingungen ab, die unser Planet in so mannigfaltigen Abwandlungen bietet. In ihnen wurzeln sowohl die bis in das Mittelalter anhaltende Rückständigkeit Europas und Nordamerikas gegenüber den alten Kulturzentren in Asien und Afrika als auch der Aufstieg Europas und der USA zu Weltmächten, die die alten Kulturzentren unterjochten. Asien und Afrika lieferten die Voraussetzungen für die Herausbildung mehrerer Zentren der Weltkultur seit dem Ende der Eiszeit. Anregend für Europa war besonders das vorderasiatische Gebiet, dessen Kernraum für Jahrtausende die Zone am Golf gewesen ist.[8]

Diese Zone besteht aus drei Großräumen, die relativ parallel von Nordwesten nach Südosten zwischen Mittelmeer und Arabischem Meer verlaufen. Im Nordosten erstrecken sich die Faltengebirge des Zagros vom Kaukasus bis nach Baludschistan. Sie werden durch den Druck der von Südwesten herandrängenden Arabischen Scholle emporgewölbt, während sich diese Scholle vor ihnen absenkt und einen rund 200 bis 300 Kilometer breiten Graben bildet. Dieser Graben – er reicht von der Stadt Mosul bis nach Maskat – gliedert sich in drei Teile: in den verhältnismäßig hoch liegenden Norden bis in das Gebiet südlich von Bagdad, in das durch Flüsse zugeschotterte Mittelstück, den heutigen Südirak und den bis zu 100 Meter tiefen Graben des Golfes. Die dritte Region bildet das von Trockensteppen und Wüsten eingenommene arabische Tafelland.

Die Tiefländer werden vom Mittelmeer und vom Indischen Ozean durch Kettengebirge abgeschirmt, die nur hochfliegende Wolken passieren lassen und damit das Binnenland zur Trockenheit verurteilen, während die den Meeren zugewandten Hänge zumeist reich beregnet werden. Die Regenwolken, die vom Mittelmeer kommen, müssen auf über 1.800 Meter steigen und regnen sich erst im iranischen Hochland ab, so daß ihr kostbares Naß nur über die das Bergland entwässernden Flüsse das Tiefland erreicht. Diese durchziehen das Gebiet des heutigen Irak und Ostsyriens.

Die arabische Halbinsel erhält Niederschläge vom Indischen Ozean durch den Monsun, der – über Äthiopien und den Jemen ziehend – den Südteil der Halbinsel äußerst selten beregnet.

Europa hingegen erhält vom Atlantik regelmäßig reichlich Niederschläge, zumindest die Region westlich der Oder, und war bis in die Neuzeit kaum mit Wassernot konfrontiert. Der Kontinent wird von den der Erdrotation folgenden Westwinden versorgt, die nicht die südwärts gelegenen Zonen erreichen, welche von den aus Asien heranziehenden Passaten trocken gehalten werden. Das gegenwärtige Zirkulationssystem der Luftmassen ist nur in seinen Grundzügen von der Erdrotation abhängig. Seine regionalen Formen werden vom Energiehaushalt der Kontinente und Ozeane bestimmt. Erhöht sich die Energiebilanz, so differieren die Temperaturen über dem Festland und den Meeren je nach Jahreszeit, und der

Ausgleich läßt Monsune entstehen – Luftbewegungen, die vom Meer her zum Festland strömen und dort zum Teil erhebliche Niederschläge lassen. Im Golfraum sind die Monsune schwächer als in Süd- oder Ostasien, waren aber in der Vergangenheit zeitweise wesentlich stärker und in anderen Perioden beträchtlich geringer als in der Gegenwart.

So erhielt die heute als »leeres Viertel« Arabiens gefürchtete Wüste im Osten der Halbinsel vor 20.000 bis 18.000 Jahren so viel Regen, daß sie von einer Seenplatte bedeckt war. Hingegen lag der Meeresspiegel um 14.000 v. Chr. um 100 bis 110 Meter tiefer als heute, und der Golf war ein ödes Wüstental, das ein tief eingeschnittener Fluß passierte. Niederschläge fielen dort so gut wie keine. Die Eiszeit hatte ungeheure Wassermassen in Gletschern so weit ausgeglichen, daß die Monsune nicht nur des Indischen Ozeans zusammengebrochen waren und der Regen über dem Festland Asiens und Teilen Afrikas ausblieb.

Der Golf wurde in der Folgezeit schrittweise zur Meeresbucht, die um 6.000 v. Chr. ihre heutige Küstenform erreichte und diese für einige Jahrhunderte tief in die Ebenen des heutigen Arabien und des Südirak hineinschob. Der Meeresspiegel lag etwa ein bis zwei Meter über dem heutigen Niveau und staute die Vorläufer von Euphrat und Tigris auf, so daß Sümpfe weite Gebiete des Südirak bedeckten. Auch der Niederschlag muß um 6.000 bis 5.000 v. Chr. reicher gefallen sein als wir es heute erleben.

Dieser Vorgang der allmählichen Erwärmung seit dem Höhepunkt der Eiszeit bildete den ökologischen Hintergrund der Geschichte des Golfgebiets wie auch Europas. In Europa bedeckten bald Wälder die einstigen Steppen der Eiszeit. In Vorderasien wirkten auf den Bergen und in ihren Randzonen mehrere Faktoren zusammen. Wildformen von Ziegen und Schafen streiften durch die Gebirge und auf den Bergalmen wuchsen die Urformen von Gerste und Weizen, also pflanzliche Nahrungsmittel, die gesammelt und gespeichert werden konnten. Bei der Jagd auf die Wiederkäuer wurden auch Jungtiere gefangen, die als »lebende Konserven« bei den Lagern gehalten wurden. Diese vermehrten sich in der Gefangenschaft. In den folgenden Jahrhunderten wurden Tiere und Pflanzen domestiziert, was vor 12.000 bis10.000 Jahren zu einer erheblichen Veränderung der Lebensweise der Menschen in den Randzonen des Golfgebietes führte. Es entwickelte sich eine Landwirtschaft mit Gräsern und Haustieren. Die ausreichende Nahrung wiederum sorgte für eine Überbevölkerung im Kernland und zur Abwanderung von Menschen, die neues Land für sich suchten.

Zu den bald neu erschlossenen Regionen zählten auch die Tiefländer an Euphrat und Tigris sowie am Karun, wobei die relative Feuchtigkeit im Süden die hier ohne Regen wirtschaftenden Bauern anzog. Sie mußten allerdings lernen, mit den oft jäh hereinbrechenden Hochwassern – vor allem des Tigris – zu leben, die den Südirak zeitweise in einen See verwandelten. Sie entwickelten die Irrigation, die Bewirtschaftung des Wassers, und erzielten rasch steigende und sichere Erträge, so daß bereits im 6. Jahrtausend v. u. Z. das Land an den beiden Strömen und die Region des heutigen Chusistan in Südwestiran dicht mit Bauerndörfern besiedelt waren. So ertragreich ihre Landwirtschaft war, so spärlich waren die Rohstoffe, die ihnen das Schwemmland bot. Sie mußten für ihre Geräte Steine und im wachsenden Maß Metall, d.h. Kupfer, »importieren«. Der Fernhandel mit den Bergregionen bildete sich heraus, bald wagten sich auch mutige Seeleute mit kleinen Booten auf den Golf und suchten Handelspartner an den Küsten.[9]

Die Konzentration wachsender Volksgruppen ließ Städte und Staaten entstehen. Im 4. Jahrtausend v.u.Z. existierten im Südirak die ersten uns bekannten Staaten mit Großbauten, Schriftsystemen, einer Staatsverwaltung und einer sich entwickelnden Kultur, deren Träger wir als Sumerer bezeichnen. Ihr Sprache gehörte zu den agglutinierenden Sprachen (Bei ihnen wird die Aussage eines »Satzes« durch Anfügen von Vor- oder Nachsilben an ein Stammwort gebildet.), sie ist vor rund 4.000 Jahren vergangen. In Chusistan und im östlich angrenzenden Bergland bestanden zur gleichen Zeit die ersten Staaten der Elamer, deren Sprache an die der Dravida in Indien erinnert. Auch sie wird seit 800 Jahren nicht mehr gesprochen. Das Erbe übernahmen Völker ostsemitischer Sprache, die neben den Sumerern an der Entwicklung der mesopotamischen Kultur beteiligt waren. Wir bezeichnen ihre Sprache als akkadisch.

Die Steppen Arabiens und die Küstenländer südlich des Golfes sowie der Raum nördlich von ihm waren in jener Zeit ebenfalls besiedelt. Die Kargheit der Natur Arabiens zwang ihre Bewohner zur Viehzucht, zum Fischfang auf See und zum Handel. Ackerbau, in erster Linie die Kultivierung der Dattel, war nur in wenigen Oasen möglich, doch bargen die Berge Omans – neben den in Mesopotamien fehlenden Steinen – reiche Kupfervorkommen. An der Küste und im ostarabischen Bergland entfalteten sich eigenständige Kulturen, die sowohl mit Mesopotamien wie den Ländern nördlich des Golfes Kontakte knüpften. Es ist nicht bekannt, welcher Sprachen die Träger dieser Kulturen sich bedienten. Es könnten Semiten gewesen sein. Eigenartig sind besonders ihre runden, turmartigen Grabbauten, die zum Teil mit Reliefs geschmückt waren. Diese belegen, daß sie das Dromedar gekannt haben und es vermutlich schon im 3. Jahrtausend v.u.Z. domestiziert hatten.

Im 3. Jahrtausend v.u.Z. erreichten von Osten her Seefahrer den Golf und segelten bis zu den Städten Mesopotamiens.[10] Sie kamen von der territorial größten Stadtkultur dieser Zeit, der »Induskultur«, brachten Baumwolle, Edelhölzer, Schmucksteine und Gold sowie exotische Tiere und suchten vermutlich wie die Mesopotamier Kupfer und Perlen, ein Produkt des Golfes, das bis in unser Jahrhundert ein bevorzugtes Exportgut war.

Am Ende des Jahrtausends gab es in Mesopotamien Dörfer der von den Sumerern als »Meluchcha« bezeichneten »Induskultur«,[11] und die Küstenbewohner am Golf nahmen neben sumerischen auch »Indus«-Anregungen auf. Damals gab es eine Inselkultur von Bahrain bis in die Bucht von Kuwait, von den Sumerern Kultur des Landes

Dilmun[12] genannt. Sie wurde von ihnen als Ursprungsort der Zivilisation betrachtet. Die Bewohner von Dilmun hinterließen Tempel, tausende Grabhügel und eine eigene Form von Stempelsiegeln, die sowohl in sumerischen Städten wie in Häfen der Induskultur und in Afghanistan bei Ausgrabungen zutage kamen. Wie weit ihre Kultur in das arabische Festland eindrang, ist bisher nicht bekannt. Zusammen mit dem Namen Meluchcha erscheint in den sumerischen und akkadischen Texten der Name Magan, mit dem wahrscheinlich Oman und vielleicht auch die gegenüberliegende Küste von Makran gemeint sind.

Die erste Phase eines internationalen Seehandels im Golf endete um 1.800 v. Chr., als eine Klimakatastrophe die Lebensbedingungen nicht nur in der Golfregion beträchtlich verschlechterte. Die Induskultur ging zugrunde, desgleichen die Städte einer Zivilisation in Südturkmenien. Die Sumerer und Akkader erlagen Angriffen der westsemitischen Amurru-Beduinen, die ihre Stammlande im Steppenraum Arabiens hatten verlassen müssen, weil die Wüste vordrang. Aus Zentralasien und den Steppen nördlich des Schwarzen Meeres drangen indoeuropäische Stämme nach Südasien, in den Iran, nach Syrien und Kleinasien ein, während aus Vorderasien und den Ländern westlich des Nils Volksstämme in das Niltal zogen und Wüsten zurückließen. Die Nordgrenzen der Steppen Afrikas wichen um 200 bis 300 km nach Süden zurück, die bislang bewohnte Westsahara mußte vollends geräumt werden und verfiel dem Sandmeer der Sahara.

Der Verlust der Handelspartner und die Verödung des Binnenlandes ließen die Blüte der altostarabischen Kultur verdorren. Erst nach 1.500 v. Chr. kamen wieder Händler – nun aus Babylon – nach Oman. Die Elamer erlebten mehrfach den Aufstieg und Verfall ihrer Staaten und Städte. Sie kontrollierten den Transithandel durch den Südiran, während die Karawanenwege durch den Nordiran nach Assyrien und Babylonien führten.

Ein neuer Rückschlag kam im späten 2. Jahrtausend v. Chr. Eine noch kältere und trockenere Periode erschütterte von etwa 1.350 bis 900 den eurasiatischen Kontinent und trieb erneut Völker aus dem verwüstenden Steppenraum in die Bauerngebiete des Golfes, darunter die Aramäer, die große Teile Mesopotamiens übernahmen. Die Assyrer konnten in Jahrhunderte währenden Kämpfen die Aramäer abwehren, deren neugegründete Staaten in Syrien und Nordmesopotamien unterwerfen und die Bewohner in die Städte Assyriens umsiedeln, wodurch die Volkssprache des Landes schließlich das Aramäische wurde. Vom 9. bis zum späten 7. Jahrhundert beherrschten die Assyrer Nordmesopotamien, Syrien und Palästina. Sie unterwarfen die Steppenstämme, unter denen damals erstmals die »Aribi« erwähnt wurden. Im Zagrosgebiet trafen sie auf eine neue Macht – die iranischen Stämme der Meder und Perser –, die zum ersten Mal in assyrischen Kriegsberichten des 9. Jahrhunderts auftauchten, als die Assyrer die in der vorangegangenen Krisenzeit verlorenen Handelsverbindungen nach Zentralasien, Afghanistan und Indien wieder anknüpfen wollten. Die Assyrer stießen auf kleine Reiterstämme, die ihren vordringenden Truppen zumeist auswichen, nach deren Abzug aber wieder in die Täler und Almweiden zurückkehrten. Sie bildeten schließlich um Ekbatana, das heutige Hamadan, einen kampfstarken Staat, der alle Eroberungen der Assyrer im Zagros zunichte machte. Dieser Staat schloß auch die nach Süden ausgewichenen Perser ein, welche in der heute nach ihnen benannten Farce die alten elamischen Städte übernahmen und viele elamische Elemente in ihre Kultur einbezogen. Die Expansion wurde ihnen erleichtert, da die Assyrer in ihren wiederholten Vorstößen zum Golf nicht nur die aramäischen Staaten des Tieflandes an Euphrat und Tigris erobert, sondern auch die elamische Macht in Chusistan zerstört hatten. Sie konnten jedoch Südmesopotamien nicht behaupten, und zu Ende des 7. Jahrhunderts zogen die Meder siegreich in Assur, Nimrud und Ninive ein und zerstörten die großen Zentren des Reiches. Sie verbanden sich mit dem unter aramäischen Fürsten neu zu Macht gekommenen Babylon (625 bis 539 v. Chr.), das

das Erbe der Assyrer bis nach Palästina hin übernahm. Die Babylonier trieben wieder Seehandel auf dem Golf und auch indische Händler erreichten erneut das Zweistromtal.

Die Völker in Oman und auf den Inseln erlebten eine neue Kulturblüte, deren wesentliche Voraussetzung die Entwicklung eines unterirdischen Bewässerungssystems war, dessen Kanäle Täler und Berge überwanden und die Verluste durch Verdunstung niedrig hielten. Die Bauern machten sich dabei die bergmännischen Erfahrungen beim Kupferabbau[13] zunutze. Die Anregung kam vermutlich aus dem Iran, in dem bis in unsere Tage derartige unterirdische Kanalsysteme die Voraussetzng für den Ackerbau in vielen Gebieten des Landes sind. (Da Regen nur im Hochland und nicht in den Tälern im Windschatten der Berge fällt, treibt man Tiefbrunnen in die Schuttkegel der Bergketten, teilweise bis 300 Meter tief, bis man Wasser findet. Das wird dann durch viele Kilometer lange, unterirdische Stollen in die Täler geleitet, bis man zu fruchtbarem Boden gelangt. Erst dort wird es an die Erdoberfläche geleitet. Von der leicht zu kontrollierenden Wasserstelle aus verteilen Kanäle das Wasser auf Siedlungen und Felder, so daß jeder Ackerbau vom Herrn des Wassers abhing, der damit das Dorf kontrollierte.)

Das Nebeneinander des aramäischen »Neubabylonischen Reiches« und der Bergvölker wurde zu einem Gegeneinander, als die Perser die Führung in den Bergen an sich rissen. Sie zwangen die Stämme vom Golf bis an das Schwarze Meer zur Unterwerfung und blockierten die Handelsstraßen der Babylonier nach Norden und Osten, vor allem den Seeweg auf dem Golf. Die Blockade traf in erster Linie die großen Tempel Babyloniens, die seit Jahrhunderten Handelsgesellschaften waren und gewaltige Vorratslager unterhielten, wie das u. a. der große Tempel von Babylon zeigt (nach 547 und bis 539 v. Chr.). Die Priesterschaft und ihr Anhang widersetzten sich ihren Königen, die den Persern Widerstand leisten wollten. Deshalb verlegte der König Nabonid seine Residenz in die arabische Oase Teima und versuchte, die Oasen des

Hedschas zu besetzen, um über die »Weihrauchstraße« nach dem Jemen wieder Zugang zu den Ländern des Ostens zu gewinnen. Doch er scheiterte als die Perser heranzogen und die königliche Armee unter dem Kronprinzen Belsazar vernichteten. Die großen Städte, allen voran Babylon, öffneten ihre Tore kampflos. Babylonien war von nun an Teil eines von Fremden beherrschten Großreiches und blieb dies bis in unsere Tage.[14]

Der Sieger, der König Kyros aus der Dynastie der Achämeniden, regierte das Land in den traditionellen Formen, und dem Fernhandel konnte der Anschluß an ein bald vom Nil bis zum Indus sich erstreckenden Großreiches nur recht sein. Ungehindert und staatlich geschützt zogen Karawanen und Seefahrer durch das persische Großreich, das vermutlich auch die Südküste des Golfes kontrollierte. Leider sind die Archive dieses Imperiums vernichtet. Große Reliefs, die erhalten blieben, stellen Inder, Iraner, Nomaden, Mesopotamier, Kleinasiaten, Syrer, Ägypter, Nubier und Araber als Tributbringer in der Herrscherresidenz von Persepolis dar und lassen erkennen, inwieweit staatliche Macht einen günstigen Rahmen für Fern- und Transithandel schuf. Wieder kamen Inder nach Vorderasien und brachten Pfauen, Elefanten und Textilien sowie Edelsteine in die Städte des Golfgebietes. Zwar revoltierten die Babylonier mehrmals gegen die persischen Militärs, doch konnten sie ihre Unabhängigkeit nicht zurückgewinnen.

Fast wäre Babylon nach dem Untergang der Achämenidendynastie Hauptstadt der »westlichen« Welt geworden, wäre der Traum des schrecklichen Eroberers Alexander III. von Makedonien verwirklicht worden.[15] Er hatte zwischen 334 und 323 v. u. Z. das große Perserreich in blutigen Schlachten erobert, wobei er auf seinen systematisch geplanten Feldzügen offenbar den ausführlichen Berichten griechischer Händler gefolgt war. Er wollte Babylon zur Residenz eines Weltreiches machen und empfing in der alten Königsburg bereits Gesandte der Äthiopier, Karthager und vielleicht auch der Römer. Er plante die Eroberung Arabiens und des Mittelmeergebietes und dachte an die sagenhaften Reichtümer Afrikas, doch bevor er seine Ideen realisierte, raffte ihn der Tod hinweg.

Alexander hatte eine gezielte Handels- und Herrschaftspolitik betrieben, zu der zum Beispiel auch die Ansiedlung griechischer Volksgruppen bis in die Berge Afghanistans gehörte. Seine Erben setzten diese Politik fort, obwohl sie die Einheit des Staates nicht aufrechterhalten konnten. In Ägypten installierte General Ptolemaios seine Familie als neue Pharaonen-Dynastie, die den Fernhandel durch das Rote Meer förderte, so daß es an der ägyptischen Küste bald indische Händlersiedlungen gab. Den Golf beherrschten die Nachfolger des Seleukos, eines anderen Heerführers des Makedonenkönigs. Sie kontrollierten auch die Karawanenstraßen durch den Nordiran. Spätestens seit dieser Zeit kann man von der »Seidenstraße« sprechen, dem Landweg nach China.[16] Am Golf entstanden griechische Städte und Tempel, deren wirtschaftliche Basis der Seehandel bildete.

Als die Seleukiden den Iran und Mesopotamien an eine Nomadenbewegung verloren, blieben dennoch die Handelswege zu Lande und auf dem Golf offen. Die neuen Herren – iranische Reiterkrieger, die nach ihrer ersten Eroberung, der Provinz Parthava, Parther genannt wurden – wußten um die Vorteile der großen Städte und des Fernhandels. Zudem war ihre Herrschaft im Südiran und am Golf wenig zu spüren. Sie trafen aber in Syrien auf eine neue Macht, mit der sie vier Jahrhunderte in Krieg und Frieden leben mußten: auf Rom.[17] Dieser neu zur Herrschaft aufgestiegene Staat war in der Hand einer Prunk und Glanz liebenden Oberschicht, die den Königen des Orients nachzueifern trachteten. Sie förderten den Handel mit Asien und schickten ihre Flotten von Ägypten aus nach Indien und Südostasien. Wiederholt stießen römische Heere auch bis zum Golf vor und verwüsteten Mesopotamien. Der Widerstand der Völker und die Pest zwangen aber die auf dem Schlachtfeld siegreichen Cäsaren zum Abzug.

Der sich trotzdem entfaltende Transithandel begann die Gesellschaftsstrukturen im Kontaktgebiet zu prägen. Ganze

Städte, wie das berühmte Palmyra.[18] lebten vom Transitverkehr zwischen dem Mittelmeerraum und dem Fernen Osten, wobei der Landweg nach China bevorzugt wurde. Der Sturz der parthischen Großkönige im Aufstand der Perser unter den Königen aus dem Hause der Sasaniden (222 bis 224 u. Z.) minderte die Rolle des Transithandels wenig. Der Karawanenhandel durch Zentralasien mit China blieb stets ein wesentlicher Teil der persischen Wirtschaftspolitik, da die Kontrolle über den Seidenexport nach Rom und seit dem 4. Jahrhundert nach Byzanz bedeutende Zolleinnahmen einbrachte.

In der Sasanidenzeit war außerdem der Seehandel von großer Bedeutung. Persische Flotten segelten damals nach China und Ostafrika. Die Südküste des Golfes und zeitweise des Jemen standen unter persischer Kontrolle. Wahrscheinlich waren die arabischen Küstenbewohner an der Seefahrt beteiligt und ihre Schiffe steuerten Ostafrika und die Häfen Asiens an.

Bereits in jener Zeit war der Import schwarzer Sklaven eine Quelle reichen Gewinns für die Kaufherren. Chinesische Pilger, die die zentralen Stätten des Buddhismus in Indien besucht hatten, kehrten, ihren Reiseberichten zufolge, auf Schiffen aus Po-sse (Persien) in ihre Heimat zurück.[19] Bei Kanton gab es eine Siedlung der Po-sse, die über See ins Land gekommen waren.

Der Hauptweg nach China blieb jedoch die »Seidenstraße«, ein Geflecht von Karawanenwegen durch Zentralasien, das zum Leidwesen der Perser dem Zugriff der Steppenvölker ausgesetzt war. Daher wetteiferten sie mit den Byzantinern um die Gunst der Steppenfürsten, die sich den Transit durch ihre Gebiete gut bezahlen ließen. Im 6. und 7. Jahrhundert verfügten die Türken von den Grenzen Chinas bis ans Schwarze Meer über die Hoheit der Seidenstraße. Mit ihnen im Bunde konnten die Byzantiner das Perserreich umgehen. Wiederholt kam es dennoch zwischen beiden zum Krieg um die Passage nach China.

Als die Sasaniden schließlich Byzanz angriffen, unterstützten die Türken die Griechen militärisch. Sie halfen ihnen, 626 die belagerte Hauptstadt zu verteidigen und standen an der Seite des Kaisers Heraklios, als er Persien angriff. Die griechische Armee landete an der georgischen Küste unter dem Schutz türkischer Verbände und stieß 628 von dort in das kaum verteidigte Kernland der Perser vor, deren Armee vor Byzanz lag. Der unterlegene Schah Chosrau II. wurde von rebellierenden Adligen erschlagen, und das Reich brach in jahrelanger Agonie zusammen. Die Byzantiner eroberten ihre verlorenen Provinzen in Vorderasien und Ägypten zurück, doch war ihr Reich, wie das der Perser, zutiefst erschüttert und wurde von politischen und wirtschaftlichen Krisen geschüttelt.

Den Völkern am Golf drohten religiöse Prediger seit langem mit dem Weltgericht, dem Untergang der sündigen Welt und verhießen ihnen eine neue Welt, die Erlösung von den Übeln der Herrschaft und des Terrors bringen werde.

# Der Golf – ein islamisches Meer

Die katastrophalen Folgen der Kriege zwischen Iran und dem byzantinischen Reich prägten tief das Weltbild eines Mannes, der sein arabisches Volk zur Weltgeltung führen sollte: Muhammad b. Abdallah vom Stamm der Quraisch, dessen Zentrum die alte Handelsstadt Mekka im Hedschas war. Diese Stadt kontrollierte die alte Karawanenstraße, die vom Jemen nordwestwäts zum Mittelmeer führte, und von der ein Abzweig in den Irak ging.

Die Tradition stellte Mekka jährlich einige Zeit unter göttlichen Schutz, der jeden Waffengebrauch untersagte. Auch die Karawanen waren in dieser Zeit tabu, und die Stämme nutzten den Frieden, um sich auf Handelsmessen mit allem Notwendigen für das kommende Jahr einzudecken.[20] Muhammad begann als Karawanenbegleiter und begegnete auf seinen Wanderungen Juden, Christen und Anhängern altarabischer Religionen, Wanderpredigern und Mönchen. Mit allen muß er lange diskutiert haben, um die Welt verstehen zu lernen. Die Nachrichten über das Sterben Tausender in den Kriegen der Zeit vereinten sich bei ihm mit der Furcht vor dem Weltenende. So trat er als Mahner auf, der seine Landsleute aufrief, sich von den Sünden der Welt abzukehren.[21] Durch eine Heirat war er zu Vermögen gekommen und glaubte sich zum Erretter der Araber berufen, hatten doch Griechen, Juden, Christen, Iraner und Aramäer ihre heiligen Texte erhalten, die ihnen in ihrer Sprache Erlösung verhießen. Nur den Arabern fehlte bisher dieser reine Glauben. Muhammad scheint lange Zeit angenommen zu haben, daß seine Vorstellungswelt der der Juden und Christen entsprach. Er berief sich in seinen Predigten auf den einen Gott, von dem auch Christen und Juden sprachen, er predigte von Isa, (Jesus), Musa (Moses) und den Engeln und verwarf die altarabischen Götter seines Stammes. Das brachte ihn in

Gegensatz zu den Führern der Quraisch, die die Stellung ihrer Stadt, den religiösen Schutz ihrer Geschäfte und ihre Macht bedroht sahen.

Schließlich folgte Muhammad einer Einladung der Bewohner der nördlich von Mekka gelegenen Stadt Jathrib, in der drei jüdische Stämme seit Jahren gegen zwei »heidnische« um die Macht stritten. Muhammad stützte sich auf eine kleine Gefolgschaft von Gläubigen, die mit ihm in diese Stadt zogen. Er mag geglaubt haben, daß sich die Juden seiner Reformlehre anschlössen, sobald sie ihn gehört hätten. Doch er stieß bei ihnen auf strikte Ablehnung und bitteren Spott, so daß er sich erzürnt gegen sie wandte, sie vertreiben oder erschlagen ließ. Muhammad brach mit den Traditionen der altarabischen Völker und führte einen Belagerungskrieg gegen die Quraisch, die er an ihrer empfindlichsten Stelle, dem Karawanenhandel, traf. Er befahl, die Karawanen abzufangen und marschierte schließlich gegen Mekka. Die Quraisch akzeptierten ein Kompromißangebot, das ihm den Sieg ohne Blutvergießen verschaffte.

Muhammad organisierte die Araber als Umma, als Gemeinde, deren Struktur die Stämme bildeten. Seine Religion lehrte die Gleichheit aller Gläubigen vor Gott, nicht aber ihre soziale Gleichheit. Er betrachtete seine Lehren als Offenbarungen Gottes, die ihm der Erzengel Gabriel überbracht habe. Den heiligen Büchern der Juden und Christen, die ebenfalls als Offenbarungen des Einen Gottes galten, wollte er diesen Anspruch nicht bestreiten. Da aber deren Wortlaut an vielen Stellen von seinen Verlautbarungen abwich, bezeichnete er sie als von den Priestern verfälscht. (Diese These erlaubte es den Muslims, bei der nach Muhammads Tod beginnenden Expansion in nichtarabische Territorien, Christen, Juden und andere Religionsgemeinschaften dem islamischen Staat einzugliedern, sobald sie die politisch-militärische Vorherrschaft der Muslime akzeptierten. Die ursprüngliche Vorschrift jedoch, die ganze Welt zum Islam zu bekehren, notfalls mit Gewalt, wurde auf die arabische Halbinsel beschränkt. Der noch weitgehend erhaltengebliebene Stammescharakter der arabischen Sozialstruktur ermöglichte es, alle Waffenfähigen ins Feld zu führen, und die Zusammenfassung aller Stämme in der islamischen Umma bot die Möglichkeit, größere Einheiten leicht bewaffneter Reitertruppen aufzustellen, die den durch jahrzehntelange Kriege dezimierten Heeren der Iraner und Griechen mit Erfolg begegnen konnten.)

Muhammad starb 632 überraschend, ohne seine Nachfolge geregelt zu haben. Deshalb proklamierte eine Gruppe der Gemeindehäupter in Mekka einen aus ihrer Mitte zum Stellvertreter, zum Kalifen. Abu Bakr amtierte auch nur zwei Jahre, bis 634. Sein Nachfolger Omar amtierte zehn Jahre, bis 644. Er war ein erfolgreicher Organisator des jungen Staates.

Es ist faszinierend, die Expansion der Muslime seit dem Tod Muhammads über ein Jahrhundert hin zu verfolgen. Ihre Reiterheere schlugen bis in die 30er Jahre des 8. Jahrhundert alle Gegner in dem Riesenraum zwischen Atlantik und Indus, zwischen Ägypten und dem Syr-Darja. Die Armeen operierten mehr oder weniger auf sich allein gestellt, ohne den Rückhalt einer mächtigen Zentralmacht. Der Kalif hatte in seiner Residenz Medina, wie Jathrib nun in der Verkürzung des Ehrennamens Madinat an-Nabi, Stadt des Propheten, genannt wurde, nicht einmal eine bewaffnete Wache. Dadurch war es möglich, daß der dritte Kalif, Othman mit Namen, 661 von einer kleinen Schar Rebellen erschlagen werden konnte.

Die Konsequenz der Schwäche der Zentralmacht war eine weitgehende Selbständigkeit der lokalen Machthaber, die sich zu den Ansässigen je nach den vorhandenen Bedingungen und Kräfteverhältnissen verhielten. Schon kurze Zeit nach der Expansion blühte der Handel wieder auf, auch wenn der vierte Kalif Ali – Muhammads Schwiegersohn – auf erbitterten Widerstand des quraischitischen Adels stieß. Die Kinder Alis und seiner Frau, die Prophetentochter Fatima, waren die einzigen Nachkommen von Muhammad. Um diese scharten sich immer wieder politische Kräfte im Namen des Legalismus. Zu Beginn war die Partei Alis, die Schiat Ali, nur eine Fraktion der mekkanischen Machthaber. Mit der Zeit wurde sie zu einer Strömung im Islam, die sich als Opposition zur Orthodoxie, der Sunna, verstand.[22]

An der Spitze der Gegner Alis stand die Familie der Umayyaden, die ihn der Mitschuld an der Ermordung ihres Verwandten, des dritten Kalifen Othman, zieh. Es kam zum Krieg, der vor der Entscheidung auf dem Schlachtfeld durch die Ermordung Alis beendet wurde. Die Sieger erklärten 660 ihren Repräsentanten Mu'awiya zum Kalifen, und die Umayyaden unterhielten fast ein Jahrhundert hindurch einen prachtvollen Hof in Damaskus. Ihr Reich war der Staat der arabischen Herren, die sich die großen Güter der Sasaniden und Griechen aneigneten und aus dem Handel zwischen den Staaten große Gewinne zogen. Seehandel und Karawanenverkehr blühten auf, und Hafenstädte am Golf wie Siraf wurden reich. In ihnen trafen die Karawanen aus dem Norden und Westen die Seefahrer, die mit ihren Dhaus Indien, Südostasien sund China ansteuerten. Aus Afrika holten sie vorwiegend Sklaven, die auf großen Plantagen im Südirak eingesetzt wurden. Umayyadische Münzen zeugen vom Fernhandel bis nach England und China. Die alten persischen Niederlassungen an der chinesischen Küste wurden nun hauptsächlich von Arabern angelaufen, die zumeist aus den Häfen am Golf kamen. Im Transit nach Westen brachten arabische Händler Seide, Edelsteine und Gewürze nach Südeuropa, wo sie mit Sklaven und Stahl bezahlt wurden. Die Mehrheit der Untertanen bekannte sich nicht zum Islam. Es waren christliche Aramäer oder Araber, ägyptische Kopten, Berber, Iraner, Türken, Juden oder Hindus. Die zum Islam übergetretenen Nichtaraber genossen nicht die gleichen Rechte wie ihre arabischen Glaubensbrüder, so nahm der Widerstand gegen die Herrschenden häufig religiöse Formen an und wurde oft von schiitischen Volksbewegungen getragen.

Rivalisierende Fraktionen bedienten sich wiederholt dieser Bewegungen, um Rebellionen auszulösen. Im Jahre 747 brach schließlich ein gut vorbereiteter Aufstand in der Karawanenstadt Merw aus. Binnen dreier Jahre wurde die Umayyadenmacht vernichtet. Ein Prinz aus dieser Dynastie entkam nach Spanien und konnte diese reiche Provinz behaupten.

Das Reich der Sieger, der Abbasiden, nahm altiranische Formen eines Zentralstaates an. An der Kreuzung der vom Iran kommenden Karawanen mit den von Basra nach Norden ziehenden Flußschiffen entstand Bagdad (754 bis 755), das zum wirtschaftlichen und geistigen Zentrum der islamischen Welt wurde. Sein Haupthafen war Basra am Golf, während die Stadt Aleppo zum Stützpunkt des Transithandels vom Mittelmeer nach Asien wurde.

Die großen Plantagen im Süden des Landes, auf denen Tausende afrikanische Sklaven vor allem Zuckerrohr anbauten, bildeten die wirtschaftliche Basis des Kalifats im Iran. In einem fünfzehn Jahre währenden Aufstand, von 868 bis 883, gingen die verzweifelten Zandsch, die schwarzen Sklaven, in erbarmungslosen Massakern der Soldtruppen der Kalifen zugrunde und mit ihnen die Landwirtschaft in der Region. Dem Aufstand hatten sich auch Nomaden und Bauern des Südens angeschlossen. Reste der Aufständischen sammelten sich in der Gemeinschaft der Qarmatija, der Anhänger eines Predigers Raschid Qarmati, der führend am Aufstand beteiligt war. Die Qarmaten setzten sich in Chorasan, Syrien, im Jemen und hauptsächlich in al-Hasa fest und organisierten die Armen der Städte und Dörfer in Bruderschaften, die Vernunft, Toleranz und Gleichheit predigten und deren Mitglieder sich gegenseitig förderten. In ihre Lehren nahmen sie viele altiranische Vorstellungen der Lichtreligionen Irans auf. Im Jahre 999 formierten sie um Muminija, heute Hofuf, einen kampfstarken Staat südlich des Golfes. Qarmatische Armeen kämpften wiederholt erfolgreich gegen die Heere des Kalifen. Sie eroberten sogar Mekka und zerschlugen den von ihnen als ketzerisch verworfenen »Schwarzen Stein«. Qarmatische Aufstände in Syrien und Nordiran scheiterten.

Im Laufe der Jahre lösten sich die vom Zentrum entfernteren Provinzen von Bagdad und nahmen die Handelsverbindungen in die eigenen Hände. In Zentralasien war es der Staat der Samaniden mit Buchara und Samarkand,[23] der den Transithandel von China nach Europa auf dem Landweg kontrollierte. Samanidische Silbermünzen gelangten bis nach Schottland und an den Rhein. Am Golf beherrschte Hormuz mit seinem Festlandhafen und der vorgelagerten Insel jahrhundertelang den Seeverkehr und wiederholt auch große Teile der Südküste.

Der Transithandel formte und prägte die Gesellschaft Vorder- und Mittelasiens und damit die der Golfstaaten in einer von der europäischen Entwicklung abweichenden Weise. Die Gesellschaft war stark gegliedert. Die verschiedenen Religionen existierten nebeneinander, wobei die Dominanz des Islam stetig zunahm und immer neue »Sekten« hervorbrachte. Die islamische Gemeinde war stets der Staat, die Umma, in die sich die anderen Gruppen einzufügen hatten. Die soziale Gliederung beruhte auf dem Eigentum, das auch Sklaven einschloß. Die Sklaven konnten Feldarbeiter auf Großplantagen, Diener, Beamte und Soldaten bis in die höchsten Ränge sein. Eine Leibeigenschaft jedoch gab es nicht. Dafür befanden sich die Bauern und Handwerker häufig in den Fesseln einer vererbbaren Schuldknechtschaft. Sie lebten im Familienverband und damit im traditionellen Stadtviertel ihrer Religionsgruppe oder ethnischen Einheit oder im Rahmen der Dorfgemeinde.

In den Handelsstädten waren die Arbeits- und Geschäftsräume von den Wohnvierteln getrennt und bildeten gruppenweise den Bazar[24] (ein kombiniertes Handwerks- und Handelsviertel), der nach Berufen oder Handelswaren organisiert war. Zwar bildeten die Berufsgruppen eine Art »Gilde«, doch sie waren durchweg Pächter für eine Saison, von ihrer Arbeit blieb nur wenig mehr als das Existenzminimum. Sie waren nicht in der Lage, in die Produktion zu investieren, wodurch die handwerkliche Technik stagnierte. Die Läden und Werkstätten samt Grund und Boden gehörten der reichsten Schicht der Stadt, die die Anlagen verpachtete und das Risiko einer Zwischenschicht überließ. Diese Bazareigentümer riskierten auch nicht, ihren Besitz auf Karawanenzügen oder Seefahrten zu verlieren, sondern vergaben Anleihen gegen 100 Prozent Sicherheit und 200 bis 300 Prozent Gewinnanteil an die wandernden Händler, die das gesamte Risiko zu tragen hatten. Ihre Gewinne legten die Bazareigner in Landbesitz an, so wurden ganze Dörfer von ihnen abhängig.

Die Dörfler bearbeiteten in der von Landarbeit freien Zeit Rohmaterialien, sie knüpften Teppiche, webten oder gerbten Leder, die Produkte mußten sie an den Bazar liefern. Der Staat besaß die Aufsicht über die Bazarstraßen, nicht über die Wohnquartiere. Diese wurden von den Ältesten geleitet. Die privaten Großgrundbesitzer lebten in der Stadt, ebenso die Beamten und die Militärs. In der Hand der Bazarbourgeoise waren zudem der Großhandel und die Karawansereien innerhalb der Stadt.

Diesem Stadtsystem fehlte eine Selbstverwaltung, und es gab keinen ökonomischen Druck auf eine technische Entwicklung. Manufakturen – tiraz – belieferten nur den Hof und die Armee und arbeiteten nur zum Teil für den Export.

Der den Seehandel betreibende Kaufmann arbeitete gleichfalls auf der Basis privaten Risikos. Kam er zu Reichtum, kaufte er sich in einen Bazar ein wie dies auch Offiziere taten, die durch die Gunst ihrer Herren oder durch Kriegsglück zu Vermögen gelangt waren. In das System des Bazarhandels waren außerdem die Nomaden einbezogen, die häufig die Tragtiere und Treiber für die Karawanen stellten oder hohe Zölle erhoben.

Eine Fraktion der »toten Hand« entstand durch fromme Stiftungen, die auqaf oder waqf. Vermögende, die zumindest Teile ihres Besitzes vor dem Zugriff des Staates sichern wollten, stifteten Allah Häuser, Land oder Bazaranteile, indem der Besitzer derselben vor einem Richter einen Vertrag mit einem Stellvertreter Gottes auf Erden schloß, einem Mullah, der das Gut als Eigentum Allahs außerhalb der Rechtssprechung des Staates stellte. Der Besitzer behielt sich die Verwaltung der Stiftungen selbst oder seinen Nachkommen vor und versprach dabei, einen Teil der Einkünfte der Moschee oder Medrese, eine religiöse Hochschule, zukommen zu lassen. Auf diesem Wege wurden auch die muslimischen Religionsgelehrten in den Kreis der Bourgeoisie einbezogen und gelangten zu nicht unerheblichem Reichtum. Einige Machthaber ließen sich aber von diesem fiktiven Gotteseigentum nicht abschrecken und konfiszierten es.

Der Fernhandel befaßte sich zum einen mit Sklaven und zum anderen mit leicht zu transportierenden Luxusgütern wie Perlen, Edelsteinen, Seiden und Pelzen. Daneben wurde aber auch Stahl, Getreide, Kupfer und Holz, vorwiegend per Schiff, über weite Strecken befördert. Gezahlt wurde mit Silbermünzen, die beispielsweise in Ost- und Nordeuropa in Münzschätzen mit mehr als 10.000 Geldstücken gefunden worden sind. Die Haupthandelsgüter am Golf waren Sklaven, Gewürze, Porzellane und Kupfer aus Oman.

Die staatliche Kontrolle des Kalifats endete in den Hafenstädten, soweit dort nicht bereits lokale oder regionale Fürsten die Macht an sich gerissen hatten. Auf See mußte jeder Seefahrer für die eigene Sicherheit selbst sorgen, da sowohl Küstenbewohner wie vorbeikommende Konkurrenten die Schwächeren ausplünderten. Man suchte sich durch Segeln in größeren Verbänden gegen Piraten und Wegelagerer abzusichern, dennoch blieb das Risiko groß. Nur die Aussicht auf Profit veranlaßte die Seefahrer zu ihren ein bis zwei Jahre dauernden Reisen.[25]

Am Ende des 1. Jahrtausends fielen – nicht zum ersten Mal – aus den Nordsteppen kommende Nomadenstämme in das alte Bauerngebiet ein und drangen in den Iran und den Irak vor. Diesmal waren es turkmenische Stämme, die unter dem Herrschergeschlecht der Seldschuken über zwei Jahrhunderte von Mittelasien bis Kleinasien herrschten. Sie hatten bereits in ihrer Heimat die Vorteile des Fernhandels kennengelernt, führten doch die nördlichen

Karawenenwege durch ihre Steppen. Nach der Eroberung Irans, Iraks und Syriens besetzten sie sowohl den Hedschas wie Oman, so daß sie auch die Handelsstraßen durch den Golf, die »Weihrauchstraße« und den Seeweg durch das Rote Meer kontrollierten. Sie erwiesen sich als große Förderer des Transithandels – trotz der europäisch-christlichen Einfälle in Vorderasien, der sogenannten »Kreuzzüge«, deren handelspolitischen Zielsetzungen von den italienischen Seestädten bestimmt wurden.[26] Die »Kreuzfahrer« okkupierten die Häfen am Ostmittelmeer, zu denen die Karawanenstraßen aus dem Golfgebiet führten.

Die Seldschuken selbst waren wiederholt dem Druck der Nomadenvölker des Nordens ausgesetzt und mußten schließlich den gleichfalls turkmenischen Chorezmschahs weichen, die jedoch ihrerseits nach wenigen Jahren einem Mächtigerem erlagen, dem Mongolen Dschingis Chan, der von 1212 bis 1258 die Länder nördlich des arabischen Steppenraumes eroberte. Seine Scharen richteten fürchterliche Zerstörungen und Blutbäder an, denen rund 6 Millionen Menschen zum Opfer fielen.[27] Nunmehr befanden sich die Fernhändler in einem von der Mongolenmacht zusammengehaltenen Großreich von Korea bis an die Oder, in dem die Karawanen für einige Jahrzehnte ungefährdet durch die Steppen ziehen konnen. Das Imperium brach schon bald auseinander, da sich vor allem die Stämme des noch weitgehend nomadischen Zentralasien dem Vormachtsanspruch der mongolischen Herren Chinas, der Yüan-Dynastie, und der Il-Khane des Iran widersetzten, die daraufhin die Seeverbindungen förderten. Im Golf waren es besonders die Häfen Tiz, Hormuz, Sura, Dschanaba und Basra, die davon profitierten. Von Basra führten die Handelsrouten den Tigris und den Euphrat aufwärts. Von Bagdad liefen Handelswege nach Osten und über Damaskus bis nach Beirut. Aleppo und Antiochia erreichte man via Mosul oder Rakka. Am Golf war Hormuz der Hauptort für den Anschluß nach Schiraz, Isfahan und Yazd im Norden. Durch die arabische Wüste zogen Karawanen von Medina über Nedschef nach Bagdad, über

Buraida nach Basra und über Riad nach Tarut an der Küste von al-Hasa.[28]

Von Nordostarabien ist aus jener Zeit wenig bekannt. Über Omans Oasen regierten ibaditische Imame, die religiösen Führer einer radikalislamischen »Sekte«. Die Küsten und den Seehandel zwischen Indien, dem Irak und Iran beherrschten die Könige von Hormuz, die seit 1270 auch Maskats Naturhafen kontrollierten. Am Ende des 14. Jahrhunderts fielen die Fürstentümer des Iran an die Timuriden, ein türkisches Fürstengeschlecht aus Mittelasien (1379 bis 1506/7), die von der Indusmündung bis nach Kuwait die Küsten des Golfs dominierten. Ihre Vorherrschaft verfiel im Laufe der folgenden Jahrzehnte, und die Hormuzkönige befestigten ihre Herrschaft erneut.

Die Segelschiffe holten aus Indien Parfüme, Gewürze, Stahl, Ebenholz und verschiedene andere Holzarten und brachten Textilien, Eisenerz, Weine, Kupfer, Teppiche und Pferde dorthin. Sie liefen Maskat an und segelten weiter nach Hormuz und zur Insel Kisch. Von dort ging ihre Fahrt an die Westküste des ostarabischen Horns, wo sie Perlen aufkauften und nach Bahrain und Tarut lieferten. Die Waren aus Indien löschten sie in Khardsch, Buschehr und hauptsächlich in Basra. Von dort wurden sie nach Bagdad und Aleppo und weiter nach Europa und Kleinasien verhandelt.

In dieses Handelsreich stieß zu Beginn des 15. Jahrhunderts eine neue Seemacht vor: China.

Timur, der Herr Irans und Zentralasiens, war 1405 in einem Feldlager verstorben, in dem er eine Armee zusammengezogen hatte, um China anzugreifen. Sein Nachfolger Schah Ruch verzichtete auf die Aggression und bemühte sich, den gewinnbringenden Handel mit diesem Land wiederherzustellen. Seine Gesandtschaften reisten durch Sinkiang nach Peking und wurden am Hof des Mingkaisers freundlich aufgenommen. Hier wirkte eine Gruppe fähiger muslimischer Hofeunuchen, die aus Westchina stammten und durch ihre Religion mit Vorderasien verbunden waren. Sie wandten sich gegen die traditionelle Isolierung Chinas und setzten den Aufbau einer chinesischen Hochseeflotte durch. Bei Schanghai wurde eine Werft errichtet, die Schiffe von bisher ungekannten Ausmaßen baute.[29] Sie besaßen eine Länge von 90 Metern und hatten zwischen vier und sieben Masten. Cheng Ho, der Leiter des Flottenprogramms, leitete 1405 eine erste Expedition in die Südsee und zu den Inseln Südostasiens. 1408 und 1411 segelte er mit seinen mit Kanonen bestückten Schiffen, die zehnmal größer waren als alle bislang im Indischen Ozean bekannten Fahrzeuge, nach Indien. 1412 und 1415 erschienen erstmals chinesische Schiffe im Golf. Sie erreichten 1431 und 1433 die Häfen des Roten Meeres und segelten die Ostküste Afrikas bis nach Mozambik entlang. Die Besatzungen dieser Flotten zählten bis zu 27.000 Mann.

Als der chinesische Kaiser 1449 beim Krieg gegen die mongolischen Piraten im Norden in Gefangenschaft geriet, rissen Cliquen der Grundherren am chinesischen Hofe die Macht an sich und brachen den Seehandel ab. Sie ließen die Flotte verbrennen, die Werft zerstören und den Bau von Schiffen mit mehr als zwei Masten verbieten. China schloß sich wieder nach außen ab und überließ die Seefahrt den Piraten und Abenteurern.

Der Niedergang der Timuriden rettete die Osmanen,[30] eine Macht, die in den folgenden Jahrhunderten die Politik am Golf mitbestimmen sollte. Sie waren 1402 in ihrem Aufstieg durch die vernichtende Niederlage vor Ankara gegen Timur aufgehalten worden, konnten aber ihren bereits den Südbalkan und Westkleinasien umfassenden Staat reorganisieren und die Ostkleinasien und Transkaukasien beherrschenden Turkmenen zurückwerfen. Sie drangen weiter nach Europa vor, eroberten 1453 Konstantinopel und bauten einen Militärstaat auf, der 1529 Wien bedrohte und Algerien anschloß.

1514 schlugen die Osmanen den neuen Herrn Irans. Sie hatten Täbriz, den Karawanenplatz auf dem Wege nach Zentralasien, eingenommen, mußten sich aber fluchtartig wieder zurückziehen, als die Truppen des Schahs Ismail ihre Nachschubwege abgeschnitten hatten und ihrer Armee der Untergang drohte. Erfolgreicher war ihr Vorstoß1512 bis

1517 durch Syrien und Palästina nach Ägypten gewesen. Dabei war der Hedschas an die Osmanen gefallen, die 1534 auch Irak eroberten. Sie beherrschten bald das Rote Meer und versuchten, die Kontrolle über den Golf zu erringen.

Ihr Gegner Ismail Schah entstammte der Familie eines Sektenführers namens Safi ad-Din. Ismail kam 1500 als vergötterter Führer der Turkmenen zur Herrschaft und eroberte in einem Jahrzehnt den Iran, den Irak und Afghanistan. Seine Armee schlug den Ansturm der Usbeken, einer neuen Nomadenwelle, zurück, die 1507 den Staat der Timuriden beseitigt hatten.[31] Schah Ismail wollte dem Timuriden Babur wieder zur Herrschaft über Zentralasien verhelfen, scheiterte aber am Widerstand der Usbeken. Daraufhin wandte sich Babur[32] mit safawidischer Unterstützung gegen Indien und begründete mit seinem Sieg vor Panipât das indische Imperium der Großmoghule, das in jahrelangen Kämpfen große Teile des Subkontinents eroberte. Bagdad ging mit dem Irak an die Osmanen verloren.

Schah Ismail begann mit der gewaltsamen Bekehrung seiner Untertanen zur Zwölfer-Schia, so genannt, weil sie – ausgehend von Muhammad – zwölf Imame als zur Herrschaft über die Muslime berufen ansieht. Nach ihrer Ansicht sei der zwölfte Imam Muhammad al-Muntazar entrückt und warte auf die ihm von Gott bestimmte Zeit, um das gerechte Reich des Islam auf Erden zu errichten.[33] Bis dahin solle der Gläubige Geduld beweisen, da ihm beim Jüngsten Gericht Gerechtigkeit zuteil werde.

Die Reorganisation der Staatenwelt im 16. Jahrhundert ließ vier Staaten westlich Chinas am Transithandel partizipieren: die Usbeken, die Großmoghule, die Safawiden und die Osmanen. Zwar waren sie primär Kontinentalstaaten, doch der Fernhandel zu Lande und zu Wasser blühte auf, wobei sich der Seehandel auf dem Indischen Ozean nach wie vor staatlicher Kontrolle entzog. Daher beunruhigte das Auftreten einer neuen Seemacht um 1500 die Herrscher der Großstaaten zunächst wenig, zumal sich die Neuankömmlinge, die Portugiesen, bald als Handelsmacht erwiesen.

# Die Europäer am Golf

In Westeuropa reiften im 14. und 15. Jahrhundert Prozesse heran, die die Bewohner dieses kleinen Raumes befähigen sollten, nach der Weltherrschaft zu greifen. Sie waren die Folge einer Reihe natürlicher Bedingungen und historisch-sozialer Entwicklungen, die Süd- und Westeuropa einen anderen Weg als Asien gehen ließen. Der nahe Atlantik versorgte das Gebiet regelmäßig mit Niederschlägen, dadurch kam die Landwirtschaft ohne künstliche Bewässerung und eine damit verbundene staatliche Kontrolle aus. Nach dem Untergang des Römischen Reiches und der Besetzung seiner ehemaligen Westprovinzen entstand hier der Feudalismus, der auf dem Monopol einer Klasse – des Adels – am Boden beruhte und zugleich die Bearbeiter des Bodens, die Bauern, zu Leibeigenen machte. Die entstehenden Städte lebten in den Poren der Agrargesellschaft, ihre Bewohner mußten eigene Sozialstrukturen und ökonomische Formen entwickeln, die sie in einen Gegensatz zu den Feudalen brachten. War die Bazarstadt im Nahen Osten Sitz der Grundherren, so saßen die Feudalen in Europa auf ihren Burgen auf dem Lande – während die Städte nach Selbstverwaltung sowie nach der Entwicklung von Handwerk und Handel strebten. Im 11. und 12. Jahrhundert wurden alte technische Erfindungen allgemein verwandt, was im Vorderen Orient nicht durchgesetzt werden konnte – vor allem die Wassermühle und der Tretwebstuhl. Verfeinerte der Tretwebstuhl die Textilproduktion, so wurde die Wassermühle – ausgehend von Italien – für verschiedene Arbeiten eingesetzt, darunter für die Verarbeitung von Getreide, Zuckerrohr und Metalle sowie zur Produktion von Lebensmitteln.

Seit dem 12. Jahrhundert exportierten Flandern und Italien Textilien nach Vorderasien.[35] Seide italienischer Produktion wurde in Syrien und Ägypten gern gekauft. Der Handel begann sich umzukehren. Genuesen, Florentiner und Pisaner übernahmen mehr und mehr den Seehandel im Mittelmeer und im Schwarzen Meer und handelten mit Sklaven aus der Ukraine und dem Wolgagebiet sowie mit Holz, Eisen, Waffen und Schiffen. Die italienischen Seestädte waren die ökonomischen Gewinner der Kreuzzüge – bis hin zur Eroberung und Plünderung Konstantinopels im 4. Kreuzzug zwischen1202 und 1204, das zum östlichen Handelsstützpunkt Venedigs wurde. Italienische Händler zogen durch Asien bis in die chinesischen Städte, und der Handel mit der Levante begründete den Reichtum der italienischen Seestädte.

Ein schwerer Schlag traf Vorderasien und Europa im 14. Jahrhundert. Der »Schwarze Tod«,[36] eine Kombination von Lungen- und Beulenpest, verbreitete sich, von der Mongolei kommend, die Handelstraßen entlang über beide Kontinente und riß Hunderttausende ins Grab. Europa verlor rund ein Drittel seiner Bevölkerung, und in den Ballungszentren in Vorderasien vernichtete die Seuche große Teile der in den Großstädten konzentrierten Handwerker und Bauern. Verheerend wirkte zudem ein religiöses Ritual der Muslime, die ihre Sterbenden in die öffentlichen Bäder bringen, damit sie rein ins Paradies eingehen. Anschließend werden sie in der Moschee aufgebahrt, damit das Totengebet ihnen die Pforte des Paradieses öffne. So fanden die Flöhe, die Überträger der Pest, unter den Verwandten und Freunden der Sterbenden neue Opfer.

Die Reaktion der Christen auf die Krankheit war die Flucht aus den Städten und das Einmauern befallener Straßen und Häuser. So erholten sich die Staaten Europas rascher von der Heimsuchung als Vorderasien, dessen Großproduktion abbrach. Außerdem kehrten Pestzüge in Vorderasien und Nordafrika in nahezu regelmäßigen Abständen wieder, da sich in den Zagrosbergen ein neues Pestzentrum gebildet hatte.

Im Handel mit der Levante verkauften die Europäer in wachsendem Umfang Textilien und Zucker, so daß der arabische Zuckeranbau zum Erliegen kam. Zu den Italienern gesellten sich Katalanen und Engländer. Im Jahr 1411 griffen Genuesen ihre katalanischen Konkurrenten im Hafen von Alexandria an, diese attackierten fünf Jahre darauf die Hafenstadt.[37] Der Mamelukensultan Barsbay, dessen Heere bis nach Kleinasien vordrangen, führte Staatsmonopole ein. Der bisher von den jüdischen Karimi betriebene Gewürzhandel, vor allem mit Pfeffer, wurde 1426 und 1428 verstaatlicht. Die Konkurrenz wuchs, während die städtische Entwicklung stagnierte, ja verfiel.

Die Portugiesen begannen 1415, einen neuen Weg nach Indien zu suchen. Ihre Schiffe segelten südwärts an der afrikanischen Küste entlang und erreichten 1486/1487 das Kap der Guten Hoffnung. Der Weg nach Indien lag vor ihnen. Im Dienst der spanischen Konkurrenz segelte der Genuese Colon (Kolumbus) 1492 nach Westen, dem gleichen Ziel entgegen, doch landete er nicht in Indien, sondern in Amerika. Der Portugiese Vasco da Gama segelte 1497 bis1499 nach Indien. 16 Jahre später erreichten portugiesische Seefahrer China und griffen nach der Herrschaft in den östlichen Meeren. Ihre mit Kanonen bestückten Schiffe waren den arabischen Dhaus überlegen, und bald suchten die Malaien die Hilfe der Osmanen gegen die neuen Herren, die sich so anders benahmen als die früheren Teilnehmer am Fernhandel. Piraten hatten oft genug Küstenstädte geplündert, waren dann aber weitergezogen. Nun besetzten die Eindringlinge strategisch wichtige Plätze, bauten mächtige Festungen und statteten sie mit einer leistungsfähigen Artillerie aus.[38]

1507 hatten sie begonnen, Maskat, Bahrain, Kuwait und Hormuz zu erobern, und bald kontrollierten die Portugiesen alle Schiffe, die den Golf passierten. Sie wollten den Handel nicht unterdrücken, sondern ihn übernehmen, so daß sich zum Teil das Exporthandwerk dank ihrer Aufträge entwickeln konnte. Sie zahlten mit Silber, wenn sie nicht gewaltsam bekommen konnten, was sie haben wollten.

Die Eroberung Adens durch die Osmanen im Jahre 1538 eröffnete den nichtportugiesischen Seefahrern neue Möglichkeiten. Vom Sultanat Atjeh auf Sumatra und von Gujarat aus durchbrachen malaische, indische und arabische Schiffe die portugiesischen Sperren. Schiffe aus Atjeh und Indien kamen nach Ägypten und Jidda.[39] Die Portugiesen versuchten, durch verstärkten Seeraub zwischen 1554 und 1567, diesen Handel zu unterbinden, doch stellten die Osmanen ihren Handelspartnern 1564,1566 und 1567 mit Geschützen ausgerüstete Schiffe, die denen der Portugiesen gewachsen waren.

In die Kämpfe um den Gewürzhandel mischten sich auch die Spanier ein, die von ihren amerikanischen Kolonien aus nach China und Indien segelten. Sie träumten gar von einer Eroberung Chinas, obwohl ihre »Große Armada« 1588 untergegangen und die spanische Vorherrschaft über Nordwesteuropa im Zusammenbrechen war. Der Abfall der Niederlande und der Aufstieg Englands brachte zwei neue Seemächte hervor, die auch die Vormachtstellung Portugals im Golf und im Indischen Ozean bald bedrohen sollten. Das Erstarken der niederländischen Städte war bitter erkämpft worden. Die Spanier hatten bis in das späte 16. Jahrhundert durch ihre Blockade der Küsten die Haupteinnahmequelle der Niederländer, den Heringsfang und den Handel mit Nordeuropa, bedroht.[40] Aber die Basis für die niederländische Seefahrt und den Schiffbau war viel breiter als die der vorwiegend auf die Ausbeutung Amerikas ausgerichteten spanischen Seemacht. So setzten sich die Niederländer durch und attackierten wie die Briten die spanischen Silbertransporte aus der Neuen Welt und den portugiesischen Indienhandel.

Die beiden Staaten auf der iberischen Halbinsel litten zudem an den wirtschaftlichen und sozialen Folgen ihrer Überseepolitik im Lande selbst. Portugal verlor im Jahrhundert seiner Seeherrschaft rund ein Drittel seiner Bewohner, die ihr Glück in der Ferne suchten. Auch aus Spanien wanderten Zehntausende aus und gingen als Soldaten, Seefahrer oder Abenteurer in die Kolonien. Zwar wurde der Staat, die herrschende Dynastie, durch die Ausplünderung Amerikas reich, doch er regierte über ein stagnierendes Land, aus dem mit den Juden und den »Moriskos« große Teile der produzierenden Klassen vertrieben wurden.[41]

Die niederländischen Städte wurden gezielt durch den Staat gefördert. Ihre Händler schlossen sich 1595 zu »Kompanien« zusammen, die 1602 die »Vereenigte Oost-Indische Compagnie« (die »Holländische Vereinigte Ostindische Gesellschaft«) bildeten.[42] Ihr Ziel war die Eroberung des Gewürzhandels, und ihre Basis war der Bau moderner, schwerbewaffneter Handels- und Kriegsschiffe, die bald ihre Überlegenheit über die Fahrzeuge der Portugiesen beweisen konnten. Das erste holländische Schiff, mit Handelsgütern beladen, passierte 1597 das Kap der Guten Hoffnung, zwanzig Jahre später kontrollierten die Niederländer den europäischen Markt für Gewürznelken und Muskatnüsse. Sie trafen auf englische Konkurrenten, die seit 1600 in der »East India Company« vereint waren, sich jedoch von staatlicher Aufsicht befreit hatten. Bereits 1615 boten englische Kauffahrer Pfeffer in Istanbul, Neapel und den Häfen der Levante an, aus deren Angebot die Gewürze verschwanden. Ihnen blieb der Handel mit persischer Seide und Teppichen. 1626/1627 brachten die Briten Indigo ins Mittelmeer.[43] Am Levantehandel beteiligten sich nun auch die Holländer, Briten und besonders stark die Franzosen, die die Unterstützung der Osmanen genossen. Die bis ins 16. Jahrhundert dominierenden Venezianer verloren rasch an Boden.

Die Vereenigte Oostindische Compagnie hatte im Jahre ihrer Gründung vier Flotten ausgerüstet, um die portugiesischen Besitzungen zu erobern. Sie trug eine neue Politik in den internationalen Gewürzhandel indem sie die Besetzung der Produktionszentren und die gewaltsame Beseitigung jeder Konkurrenz anstrebte. Ihre Blutspur zog sich durch die Inselwelt Südostasiens, in der die Gewürz-Anbaugebiete, die man nicht besetzen konnten, samt Bewohnern, Siedlungen und Pflanzungen vernichtet wurden. Europäische Konkurrenten – Briten und Portugiesen – wurden vertrieben oder ermordet. Für die »Gewürzinseln« begann die Kolonialzeit.

Die Großreiche des asiatischen Kontinents reagierten auf das Eintreffen der europäischen Seefahrer unterschiedlich. China hielt sie fern und öffnete ihnen nur wenige Häfen. Die Großmoghule fanden bei ihrer Eroberung der indischen Küstengebiete die Portugiesen bereits vor, sahen sich weder von den Briten noch den Holländern bedroht und nahmen die Exporte als exotisch auf. Sie waren nur in geringem Umfang am Fern- und Transithandel beteiligt.

Anders war die Situation im Iran. Schah Abbas I. (1587-1629) betrachtete die Neuankömmlinge als potentielle Verbündete gegen die Portugiesen, die die Südküste und die Handelswege im Golf beherrschten.[44] Er gab der East India Company 1616/17 einen Firman, eine Urkunde, über freien Handel in seinem Reiche und gewann den britischen Abenteurer Robert Shirley für die Modernisierung seiner Artillerie. 1622 eroberte Abbas mit englischer Hilfe den portugiesischen Hauptstützpunkt Hormuz. Er suchte den deutlichen Unterschied in der Entwicklung seines Landes zu der in Westeuropa durch staatliche Monopole zu überwinden und strebte die Kontrolle über den Teppich- und Seidenmarkt an. Im Interesse seiner Handelspolitik griff er die Osmanen im Irak an und besetzte Bagdad, Samarra, Nedschef und Kerbela und ließ dort prunkvolle Grabmoscheen für die Imame der Schiiten errichten. Sein Versuch, Basra einzunehmen, schlug allerdings fehl, weil die portugiesische Flotte der osmanischen Besatzung zu Hilfe kam.

Die Briten und Holländer zahlten in den iranischen Häfen mit Silber und asiatischen Produkten wie Zinn und Pfeffer. Die Engländer lieferten den Iranern heimische Manufakturtextilien, die so schlecht waren, daß sie auf dem Bazar nicht verkauft werden konnten, woraufhin sie der Schah als Sold an die Armee verteilen ließ. Nach dem Tode des Schahs 1630 brach sein staatliches Handelsmonopol zusammen. Die Portugiesen durften zurückkehren und erhielten vorübergehend das Monopol für den Export persischer Rohseide nach Europa.

Die Holländer unterhielten seit 1632 in Bandar Abbas eine Faktorei, die Pfeffer, Muskatnuß, Nelken und andere

Gewürze vertrieb. Als neue Konkurrenz erschien 1664 die Compagnie francaise des Indes mit ihren Schiffen im Golf. Die Osmanen drängten die Perser wieder aus dem Irak und versuchten mehrfach, vom Jemen her Maskat zu besetzen, scheiterten aber.

Im 16. und 17. Jahrhundert blieben die europäischen Seemächte eine Randerscheinung im Golf, die auf die Küsten und Inseln beschränkt war. Dafür erschütterte die Silberinflation, eine tiefgehende Währungskrise, Europa, das Osmanenreich und Persien.[45] In China hatte die Ming-Dynastie das von den Mongolen ausgegebene Papiergeld aufgegeben und war zur Silberwährung zurückgekehrt. Wie in Indien diente Silber zur Hortbildung und als Geldreserve. Beide Länder zogen Tausende Tonnen des Edelmetalls an sich und lieferten dafür Porzellane, Seiden, Baumwollstoffe und andere Luxuswaren, die im Iran, bei den Osmanen und in Europa gesucht waren. Bis zur spanischen Unterwerfung Amerikas war das Silber aus kleinasiatischen und europäischen Bergwerken gekommen, deren Produktion den Wert der Währungen bestimmte. Durch die Lieferungen der spanischen Silberflotten brach der europäisch-kleinasiatische Silberbergbau zusammen, da er der billigeren Konkurrenz aus Übersee nicht gewachsen war. Man schätzt ein, daß der spanische Aufwand für Silberimporte in den Mittelmeerraum nur ein Drittel der Kosten des Silberbergbaus im Erzgebirge betrug. Im 16. und 17. Jahrhundert kamen etwa 10.000 Tonnen Silber über Spanien nach Europa. Die Währungen in Italien, Deutschland, Frankreich und bei den Osmanen verloren an Wert, und bald versetzten die Prägestätten das Silber mit Blei und anderen billigen Metallen, um die benötigten Zahlungsmittel liefern zu können. Die Preise explodierten, und die mit schlechtem Geld bezahlten Truppen, wie die Janitscharen, meuterten seit 1574 immer wieder. Das Silber floß nach dem Osten. Es war schon im Iran wesentlich teurer als in Europa und ermöglichte den Kauf bedeutender Goldmengen, die hier billiger waren. Vorwiegend aber wanderte das Silber tonnenweise nach Indien und China, und viele spanische Schiffe beförderten es über den Pazifik. Für das 17. Jahrhundert rechnet man mit einem jährlichen spanischen Silberimport nach China von mehr als 300 metrischen Tonnen.

Der Hauptkonkurrent auf diesem Markt war Japan, das jährlich rund 200 Tonnen nach China lieferte. Es hatte zudem den Vorteil der kurzen Verbindungswege. Die Japaner übernahmen von den zu ihnen gelangenden Europäern in erster Linie die Feuerwaffen, dachten aber nicht daran, wie jene weltweit auf Profitjagd und Raub auszugehen, sondern schlossen sich noch stärker als die Chinesen von europäischen Einflüssen ab.

Das 17. Jahrhundert erlebte die letzten Höhepunkte der altorientalischen Großreiche. 1683 standen die Osmanen noch einmal vor Wien, dann erfolgte der Niedergang des Sultanats. Im Iran kam der Zusammenbruch 1666 nach dem Tode Abbas' II., auch wenn die turkmenischen Afscharen unter Nadir Schah zwischen 1736 und 1741 kurzzeitig ein Großreich vom Golf bis nach Buchara und Delhi schaffen konnten.[47]

Das Imperium der Moghul erreichte unter Aurangzeb (1658-1707) seine größte Ausdehnung und zerfiel in der Folgezeit, bis die East India Company 1757 mit der Schlacht bei Plassey die Eroberung Indiens besiegelte.

In China stürzten 1644 die Mandschus den letzten Ming-Kaiser. Ihr Reich blühte bis in das 18. Jahrhundert und verfiel dann in einer langanhaltenden Agonie.

Über ihr Schicksal und ihre Zukunft entschieden die Kriege des 17. und 18. Jahrhunderts in Europa, die zeitweise nach Amerika und Indien übergriffen. Im Ergebnis derselben verlor Frankreich im Frieden von Paris 1763 seine amerikanischen Kolonien und behielt in Indien nur unbedeutende Handelsplätze. Holland, Spanien und Deutschland fielen in ihrer Entwicklung zurück, und England wurde zum Herrn der Meere, vor allem Indiens und des Golfes.

# Der Golf im 18. und 19. Jahrhundert

Die Entwicklung der Golfregion in der Zeit der großen Kämpfe um die Weltherrschaft war von unterschiedlichen Tendenzen geprägt. Der anglo-französische Konflikt um die Herrschaft über Indien verschaffte den Seefahrern der Golfregion eine Atempause, die sie zum Aufbau einer Hochseeflotte nutzten. Im Gegensatz dazu fiel der Iran im 18. Jahrhundert nacheinander unter mehrere, einander rasch ablösende Herren, was zur Stagnation der Entwicklung in ihrem Machtbereich führte.[48] Verarmte Nomadenstämme besetzten die besten Siedlungsplätze im nördlichen Teil der arabischen Küste von Bahrain bis Kuwait[49] und wurden zu Fischern, Händlern und Perltauchern.

Nach der Ermordung Nadir Schahs 1747 zerfiel sein Großreich in eine Vielzahl von Stammesbereichen, unter denen sich die kurdischen Zand vorübergehend durchsetzten. Sie versuchten, die Politik Abbas' I. wiederaufzunehmen und besetzten Basra. Beim Tode des bedeutendsten Zandherrschers Karim Chan, 1779, entfloh der als Geisel gefangengehaltene Führer der turksprachigen Qadscharen, sammelte die Turkmenen um sich und vernichtete in fünfzehnjährigen Kämpfen die Truppen der Zand. Der neue Herr des Iran, Agha Muhammad,[50] unterwarf 1795 die abgefallenen Kaukasusgebiete und stieß damit auf das nach Süden vordringende Rußland, das seit dieser Zeit in die Politik am Golf eingriff. Im Jahr darauf ließ er sich zum Schahinschah krönen. Er wurde aber 1797 das Opfer des Attentats eines verzweifelten Dieners.

Die neue Dynastie geriet in das Spiel der europäischen Großmächte um die Macht, in die Konflikte der Ära Napoleon, in der besonders Frankreich den Iran umwarb, da es seinen alten Feind England in Indien treffen wollte. Fath Ali Schah (1797-1834) ließ sich zum Krieg gegen

Rußland (1804-1813) bewegen und verlor dabei Baku, Derbent, Qarabagh, Schirwan und Georgien, denn Napoleon hatte ihn nach dem Friedensschluß von 1807 mit Rußland allein gelassen. Auch zwei mit England 1809 und 1814 abgeschlossene Verträge brachten Persien lediglich die politische Vormundschaft der Briten ein und verhinderten eine erneute Niederlage im Krieg gegen Rußland (1826-1828) nicht.

Dann öffnete den Russen der Vertrag von Turkmantschai 1828 den Nordiran. 1841 gab ein dritter Vertrag mit England den Weg frei für das Eindringen britischen Kapitals. Der persische Versuch, Herat wieder zu besetzen, verursachte einen neuen, für Persien unglücklich verlaufenden Krieg gegen England (1856-1857). Danach verkaufte die Dynastie das Land mehr und mehr. 1864 erhielt England die Konzession, ein Telegraphensystem einzurichten, und acht Jahre später vergab der Schah eine weitere Konzession an den britischen Baron de Reuter über fast alle Bodenschätze und verpfändete die Zolleinnahmen an ausländische Banken. Im Jahr 1889 erwarb der gleiche Baron die Genehmigung, eine »Kaiserliche Bank von Iran« zu eröffnen und die Edelmetallvorkommen des Landes auszubeuten.[51]

Im Norden des Landes sicherten sich die Russen ihre Vormachtstellung, indem sie eine Kosakenbrigade unter russischen Offizieren ausrüsteten, die formal Teil der persischen Polizei war.

1890/92 kam es zu Unruhen, als die Regierung das Tabakmonopol verpachtete. Die Konzession mußte zurückgekauft werden.

Das Land zerfiel immer stärker in zwei Einflußzonen – im Norden bestimmte Rußland und im Süden England, wo es u. a. Buschehr als Sitz seines Residenten am Golf okkupierte. Die Britische East India Company hatte bis zum Ende des 18. Jahrhunderts Indien bis zu den afghanischen Bergen unterworfen. Für sie wurde der Weg durch den Golf, den Euphrat aufwärts über Aleppo zum Mittelmeer, zur »direct line«, zur kürzesten Verbindung nach London, da die Fahrt um das Kap weit und teuer war.[52] Noch um 1800 waren die Karawanen auf der Route von Kuwait bis nach Aleppo billiger als der Transport zur See. Die Karawanen begnügten sich mit 15 Prozent Gewinn und bewältigten die Strecke zum Mittelmeer in achtzig Tagen, während die Seefahrer zwischen 60 und 70 Prozent Gewinn erzielen mußten, um profitabel zu sein, und in der Regel waren sie länger unterwegs.

Die Briten stießen an der Küste von Maskat auf die Krieger der das Binnenland beherrschenden Ja'ariba-Imame, die Sohar, Matrah und Maskat erobert hatten.[53] Oman stieg zur Seemacht auf und verfügte u. a. über erbeutete portugiesische Kriegsschiffe. Die Omanis betrieben das Seegeschäft nach europäischem Vorbild kombiniert mit Piraterie, wie es ihnen die Portugiesen vorgemacht hatten. Sie entsandten Flotten nach Ostafrika und Indien, attackierten die dortigen portugiesischen Kolonien, plünderten 1652 Sansibar und 1655 Mombasa und überfielen 1661/62 Bombay. 1668 erschienen sie vor Diu, danach vor Damon, Mangalore und anderen indischen Häfen. Omanische Schiffe drangen in die Koromandelstraße ein und griffen englische und indische Schiffe erfolgreich an. Im Golfgebiet eroberten sie die Perlenküste bei Fortel und besetzten 1699 Bahrain. Nachdem die Perser sie vorübergehend vertrieben hatten, kehrten sie 1717 wieder zurück.

Maskat wurde zu einem Knotenpunkt des Transithandels, an dem sich auch mancher europäische Kauffahrer mit chinesischen Porzellanen, Seiden oder Perlen eindeckte. Alle Schiffe, die den Golf passieren wollten, mußten den Hafen von Maskat anlaufen und 10 Prozent Transitzoll bezahlen. Im Innern des Landes wurde das Bewässerungssystem ausgebaut, und die Hafenstädte wurden massiv befestigt. Seine große Flotte verfügte u. a. über Schiffe, die mit 74 bzw. 80 Kanonen ausgerüstet waren.

Nach Konflikten zwischen Maskat, dessen Politik auf die See ausgerichtet war, und Nizwa, dessen Imame die Oasen beherrschten, löste sich 1783 das Küstengebiet faktisch von Oman ab. 1798 konnten die Briten den Sultan von Maskat für einen Vertrag gewinnen, der die Holländer und Franzosen aus dem Golfhandel ausschloß. Sultan Said b. Sultan (1807-1856) führte das Sultanat zu seinem Höhepunkt. Er eroberte 1829 Dhofar und Teile Ostafrikas, darunter Sansibar und Mombasa, die Haupthäfen für den Export schwarzer Sklaven. Dieser Handel war so einträglich, daß die Residenz des Sultans 1832 nach Sansibar verlegt wurde, eine Entwicklung, die die Briten förderten, da ihnen das Sultanat mit seinen diplomatischen Beziehungen zu den USA, zu Frankreich, den Niederlanden und Bremen zu selbständig wurde. Als Said b. Sultan 1856 starb, unterstützten sie die Teilung des Landes in ein Sultanat Maskat und ein unabhängiges Sansibar, das Maskat Entschädigungen zahlte. Diese Subsidien übernahm schließlich die britische Regierung von 1871 bis 1956.

Maskat wurde gleichzeitig von zwei Rückschlägen getroffen. Zum einen waren die neuen Dampfschiffe ernste Konkurrenten zu Maskats Segelschiffen, und zum anderen wurde 1869 der Suezkanal geöffnet – dadurch wurde Aden wichtigster Anlegeplatz auf dem Weg nach Indien. Der Sultan verlor Einfluß und Macht – die Städte Maskat und Matrah und einige küstennahe Ackerbaugebiete ausgenommen. Er wurde ein Vasall der Briten und lebte fortan vorwiegend von britischen Zahlungen und dem Sklavenhandel seiner Untertanen. Das Imamat im Binnenland konnte seine Unabhängigkeit bis 1955 behaupten.

Die Qawasim[54] beherrschten das Küstengebiet westlich von Maskat mit dem Hauptort Ra's al-Khaima. Sie waren erfahrene Seeleute, Fischer und Perltaucher. Ihre Kriegsschiffe plünderten nicht selten englische Schiffe auf dem Weg nach Basra aus. 1805 gelang ihnen sogar die Einnahme von Bandar Abbas, dem persischen Haupthafen am Golf. Die Briten schickten daraufhin 1800, 1805 und 1806 schwerbewaffnete Flotten in den Golf und versuchten vergebens, die Qawasim und andere Stämme zu unterwerfen.

1809 zerstörten sie die Stadt Ra's al-Khaima und verbrannten alle Schiffe an der Küste, derer sie habhaft wurden. Die Franzosen unterstützten die Qawasim beim Wiederaufbau ihrer Flotte. Die Briten griffen 1816 erneut an, zerstörten 1819 rund 200 Schiffe und zwangen die Scheichs, Verträge zu unterzeichnen, die die »Pirate Coast«, die Piratenküste, in britische Protektorate verwandelten. Obwohl die Verträge den Sklavenhandel untersagten, kamen noch 1860 jährlich etwa10.000 Sklaven auf dem Seeweg nach Oman und in die benachbarten Gebiete. Die Sklaverei war in Maskat bis 1970 legal.

Die westlich angrenzende Halbinsel Qatar[55] bewohnten an der Küste Fischer und Perltaucher, im Inneren zogen wenige Nomaden. Die Scheiche der ath-Thani-Familie trieben in geringem Umfange Handel und Piraterie von Doha aus, das die Briten 1821 zerstörten. Neben dieser Stadt war Wakra eine der wenigen Ansiedlungen des Landes.

In Zubara siedelten Clans der Utub, deren Verwandte in Kuwait lebten. Im Jahre 1867 griffen die Beduinen von Abu Dhabi und die al-Khalifa von Bahrain Qatar an und zerstörten die dortigen Dörfer. Nach 1868 zogen die Qataris ihrerseits gegen Bahrain, doch die Briten setzten einen Vertrag mit den ath-Thanis durch, in dem sie ihnen Frieden zur See zusichern mußten.

Als die Osmanen 1871 al-Hasa wieder besetzten, schickten sie auch Garnisonen nach Qatar, die dort bis 1893 blieben. Auf Bahrain[56] und an der Bucht von Kuwait siedelten sich im frühen 18. Jahrhundert Gruppen der Utub-Beduinen an, die ihre Weiden und Herden durch eine Dürreperiode in Nedschd verloren hatten. Sie bildeten unter den Scheichs der Sabahfamilie in Kuwait einen Staat der Fischer und Perltaucher, der auch in bescheidenem Maß Seehandel trieb.

Auf Bahrain unterwarfen die al-Khalifa, ein Zweig der Utub, die ansässigen Baharna – das waren Araber, die in Zeiten persischer Vorherrschaft zur Schia übergetreten waren. Ein dritter Zweig der Utub, die al-Jalahima, ließen sich in Zubara im Westen Qatars nieder. Die Vormachtstellung Kuwaits blieb selbst unter osmanischer Oberhoheit (seit 1800) unbestritten.

Der Niedergang Maskats ließ den Handel der Utub nach 1850 anwachsen. Ihre Dhaus segelten bis nach Hongkong. Bis zu 400 Boote brachten die Perltaucher zu den Muschelbänken und Reichtum in die Taschen ihrer Eigentümer, denen sogar die Kapitäne in Schuldknechtschaft botmäßig waren. Gegen des Ende des 19. Jahrhunderts waren im Golf rund 2.700 Schiffe – 600 davon aus Kuwait – mit etwa 40.000 Tauchern im Einsatz.

Oberherr des Gebietes war der osmanische Sultan, dessen Glanz bereits im 18. Jahrhundert zu verlöschen begann. Von Norden her bedrängte Rußland das Land der Türken, gegen deren Vorherrschaft seit dem frühen 19. Jahrhundert die abhängigen Völker rebellierten. 1789 waren die Franzosen in Ägypten, das zum Sultanat gehörte, eingefallen und zwangen somit Istanbul, Rückhalt bei den Feinden Rußland und Großbritannien zu suchen. Die Versuche, das Reich zu reformieren, blieben ohne Erfolg, auch wenn Franzosen und Briten, angesichts des Vordringens der Russen nach Süden, anfingen, dem Sultanat zu helfen. Als die in Ägypten zur Macht gekommene Dynastie des Albaners Mehmed Ali begann, Palästina, Syrien, den Nedschd und Teile Zentralarabiens zu erobern (1831-1833 und 1839-1841), retteten Briten und Franzosen die Einheit des Osmanenreiches durch eine Intervention. Daran waren auch Rußland, Österreich und Preußen beteiligt, weil keiner dem anderen das Erbe der Sultane gönnte. Schließlich griffen England und Frankreich sogar Rußland auf der Krim an (1853-56), um ein russisches Vordringen zum Mittelmeer und nach Vorderasien zu verhindern.

Osmanische Reformpolitiker wie Midhat Pascha setzten nach 1869 eine aktive Politik am Golf durch. Midhat Pascha landete 1871 Truppen in Qatar, besetzte al-Hasa und nötigte den Scheich von Kuwait, die alte Oberhoheit der Türken wieder anzuerkennen und die osmanische Fahne zu führen. Die Osmanen griffen außerdem im arabischen Steppenraum ein, indem sie die Emire der Schammar unterstützten, die 1884 ihre Konkurrenten – die Emire der Wahhabiten – entmachteten.[57]

Die extreme Reformbewegung des Islam, die Wahhabiten, hatte seit 1740 unter den Stämmen des zentralen Nedschd ihre Lehren verbreitet, und die Emire von Darija, die Familie der Saudis, hatten sich an die Spitze dieser Bewegung gestellt und sie zur Durchsetzung eigener Interessen genutzt. Ihre erste Blütezeit erlebten die Bewegung, als ihre Anhänger1802 in Kerbela, 1803/04 in Mekka und Medina erschienen und sogar Syrien bedrohten. Die Ägypter zerschlugen 1818 die Nomadenverbände in türkischem Auftrag, doch diese reorganisierten ihre Macht über den Nedschd während der Kämpfe zwischen den Ägyptern und Türken. 1865 schlossen die Briten den ersten Kooperationsvertrag mit den Saudis – den Feinden der mit Istanbul verbundenen Schammar –, weil sich die Osmanen nach 1880 auf eine neue Macht zu orientieren begannen. Das waren die in Zentraleuropa zur Vorherrschaft gelangten Preußen, welche das neue deutsche Kaiserreich geschaffen hatten. Gegenspieler der Saudis waren zudem die Großscherifen von Mekka, die den Hedschas unter wechselnder ägyptischer und türkischer Oberhoheit behaupteten.

Die strategische Rolle des Golfs änderte sich mit dem Bau des Suezkanals, der 1869 eröffnet wurde und die Seeverbindung zwischen Indien und Europa erheblich verkürzte. Er war unter französischer Federführung errichtet worden, doch 1875 kauften die Briten die Kanalaktien auf und besetzten 1882 Ägypten, um die Herrschaft über den Seeweg nach Asien in ihrer Hand zu behalten. Die »direkte Linie« verlief nunmehr durch das Rote Meer und den Kanal. Der Golf sollte kontrolliert und gegen fremden Zugriff geschützt werden, um die britische Oberhoheit über Indien zu sichern.

# Der Weg in den Krieg und die britische Kolonialherrschaft am Golf

Mit Sorgen beobachtete die englische Regierung das Eindringen deutschen Kapitals und deutscher politischer Konzeptionen in das Osmanenreich, was durch die Orientreisen Wilhelms II. demonstriert wurde. Die deutsche Bank kontrollierte bereits die Anatolische Eisenbahngesellschaft,[58] die 1902 die Konzession für den Ausbau der Bahn bis zum Golf erhielt. Ziel war Kuwait mit seinem großen Naturhafen. Eine zweite Linie der Bahn sollte durch Palästina bis in bedrohliche Nähe des Suezkanals und weiter bis nach Medina geführt werden. Deutschland schickte sich offenbar an, das Sultanat im Ganzen zu übernehmen. Angesichts dieser Entwicklung näherte sich Großbritannien außenpolitisch an Frankreich und Rußland an, die den Aufstieg der neuen Macht gleichfalls mit Sorge verfolgten.

Am Golf unterstützten die Briten den Scheich Mubarak von Kuwait, der 1896 seinen pro-türkischen Bruder Muhammad erschlagen hatte und das Land an die Seite Englands führte.[59] Für 15.000 Rupien unterzeichnete er 1899 einen Geheimvertrag, der ihm untersagte, Territorien an irgendeinen anderen Staat ohne britische Genehmigung abzutreten. Als die Osmanen dagegen protestierten, schickten die Briten ihre Kriegsschiffe. Damit war der deutsche Plan gescheitert, die »Bagdadbahn« bis nach Kuwait zu verlängern.

Mubarak bot dem aus Riad vertriebenen Ibn Saud Asyl, der die Briten ersuchte, ihn im Kampf gegen die Schammar zu unterstützen. 1902 gelang es ihm dadurch, Riad im Handstreich zurückzuerobern. Anschließend begann er als Emir des Nedschd und Imam der Wahhabiten einen blutigen Vernichtungsfeldzug gegen die pro-türkischen Stämme. Er organisierte seine Anhänger in einer »Bruderschaft«, Ichwan, und bildete aus ihnen eine ständig einsatzbereite Armee.[60] Die Truppen der Ichwan vertrieben die Schammar zwischen 1902 und 1925 in blutigen Raubkriegen aus den Steppen und 1913 die Türken aus al-Hasa. Ibn Saud wurde schließlich zum wichtigsten Verbündeten der Briten am Golf, die ihm seit 1911 offiziell Subsidien zahlten und 1915 einen Freundschafts- und Kooperationsvertrag mit ihm abschlossen.

Unterdessen hatte 1906 in Persien die Mißwirtschaft der Dynastie der Qadscharen zum Ausbruch des offenen Widerstands geführt. Der Schah sah sich gezwungen, eine Verfassung zu erlassen und ein Parlament einzuberufen. Die beunruhigten Briten und Russen schlossen 1907 ein Abkommen über die formelle Aufteilung des Landes in drei Zonen, die russische im Norden, die britische im Süden und eine von beiden ausgebeutete »neutrale« in der Mitte.

Beide Mächte unterstützten den Schah bei der Auflösung des Parlaments und bei der Unterdrückung der Oppositionsbewegung. Aufstände in Aserbaidschan und Unruhen in vielen Provinzen des Landes veranlaßten beide Staaten zu intervenieren. An der Golfküste landeten britische Truppen, und russische marschierten in Nordiran ein, was einen offenen Aufstand auslöste. Bewaffnete Abteilungen der Opposition besetzten Teheran und stürzten den Schah 1909. Sein Sohn Ahmad Schah versprach, die Verfassung wiederherzustellen und berief das Parlament ein, doch im Stillen zog er ihm ergebene Truppen in die Stadt. 1910 besetzten seine Kosaken das Parlament. Eine erneute anglo-russische Intervention stellte das Qadscharenregime wieder her, das 1914 vergeblich seine Neutralität erklärte. In den folgenden Jahren tobten auf persischem Boden zwischen Türken, Deutschen, Russen und Briten blutige Kämpfe. (Sie waren Teil des Weltkrieges 1914 bis 1918, in dem die europäischen Großmächte um die Neuaufteilung von Kolonien, Absatzmärkten und Einflußsphären stritten.)

Die 1909 durch einen Militärputsch an die Macht gelangten »Jungtürken« träumten von einem panturanischen großtürkischen Reich vom Mittelmeer bis zur Lena, und die Deutschen hofften, mit ihrer Hilfe die Vorherrschaft in Asien zu erringen.[62] Türkische Truppen, unterstützt von deutschen Hilfstruppen und Offizieren, stießen zum Suezkanal vor, wurden jedoch abgeschlagen und zurückgedrängt. Die Briten boten daraufhin 1915 dem Großscherifen von Mekka, Hussein b. Ali, an, ein arabisches Großreich unter seiner Führung zu gründen, falls er die Araber zum Kampf gegen die Osmanen aufriefe. Das geschah, und im »Aufstand der Wüste« kämpften die – dreifach betrogenen – Araber für Englands Herrschaft im Vorderen Orient. Denn: Die Briten hatten zugleich den Zionisten zugesagt, in Palästina eine »jüdische Heimstatt« zu schaffen und mit Franzosen und Russen 1916 einen Vertrag geschlossen, der vorsah, die bisherigen arabischen Provinzen des Osmanenreiches unter sich aufzuteilen. Frankreich sollte Syrien mit dem Libanon und den Liwa Mosul erhalten. Die Briten reservierten für sich Palästina, Transjordanien und die Liwas Bagdad und Basra. Dem russischen Zaren verprach man die Schutzherrschaft über die christlichen heiligen Stätten in Jerusalem.

Die Briten landeten Truppen bei Basra und drängten die Türken und Deutschen schrittweise nach Norden. 1917 fielen Bagdad, Jerusalem und Damaskus, und die Araber glaubten sich am Ziel ihrer Wünsche. Der Sohn des Großscherifen Faisal ließ sich in Damaskus zum König der Araber ausrufen.

Doch nach dem Ende des Krieges gab es ein böses Erwachen. Französische Truppen vertrieben Faisal, für den die Briten jedoch als Schattenherrscher in ihrem »Mandatsgebiet« Irak Verwendung fanden. Seinen Bruder ernannten sie zum »Emir« von Transjordanien. Dem Großscherifen, der auf die Erfüllung der ihm gemachten Zusagen pochte, überließ man die Wahhabiten, die 1925 den Hedschas eroberten und ihren Führer Ibn Saud zum König des Landes proklamierten. Ibn Saud trat 1927 den

Briten die politische Vertretung seines Staates im Ausland ab.

Sein Weg zur Macht hatte 400.000 Opfer gekostet.[63] Mehr als eine Million Menschen waren ins Exil getrieben und Zehntausend öffentlich exekutiert worden. Die Führer der Ichwan sahen sich um ihre islamischen Ideale betrogen und rebellierten. Sie wurden mit englischer Hilfe niedergeschlagen, ermordet oder in Gefängnissen und Lagern in der Wüste zu Tode gequält.

Kuwait war 1922 von den Briten gezwungen worden, rund zwei Drittel seines Territoriums an Ibn Saud abzutreten.

Die Briten betrachteten sich 1920 als Herren des Golfes und isolierten die Scheichtümer voneinander. Britische Agenten entschieden sogar über die Konzessionen für das Perltauchen.[64]

Doch inzwischen war eine neue Macht am Golf entdeckt worden, die alle Verhältnisse umstürzen sollte: das Erdöl.

# Das Erdöl – die Macht des 20. Jahrhunderts

*Von der Öllampe zum Treibstoff*

Die Aufteilung der Beute am Golf verlief nicht in den vertraglich vereinbarten Bahnen. Großbritannien behielt den Liwa Mosul, der laut Sykes-Picot-Abkommen von 1915 eigentlich Frankreich zugesprochen worden war. Der Grund: Dort gab es Erdöl. Die britische Regierung hatte schon vor Ausbruch des Krieges die Bedeutung dieser flüssigen Energiequelle erkannt[65] und ihre Golfpolitik auf die Beherrschung der an Petroleum, Gas und Bitumen reichen Zone ausgerichtet. Diese drei Formen des Energieträgers gab es und gibt es noch heute in der »Wanne« zwischen den Zagrosbergen und der arabischen Scholle von Mosul bis Oman in reichem Maß, relativ nahe am Meer befindlich, dem günstigsten Transportweg für große Mengen zu bewegender Güter.

Die Vorräte am Golf und in der Kaspischen Senke sind seit Jahrtausenden bekannt. Bereits vor 10.000 Jahren klebte man dort mit Bitumen Steinschneiden in Sicheln, Messer oder Pfeile.

Im alten Babylon isolierten die Baumeister Mauern, Wasserleitungen und Badezimmer mit diesem Material. Erdöl- oder pechgetränkte Fackeln und Pfeile dienten bei Belagerungen als »Feuerwaffen«. Alexander von Makedonien ließ einen für ihn charakteristischen Test durchführen, als ihm erzählt wurde, daß dieses Öl im Wasser weiterbrenne. Er befahl, einen jungen Sklaven mit Erdöl zu bestreichen, anzuzünden und ins Wasser zu werfen.

Erdöl bildete auch die Basis des sogenannten »Griechischen Feuers«, einer Mischung aus Erdöl, Schwefel und Kalk, die mit Pumpen oder in Bomben auf brennbare Ziele – in erster Linie Schiffe – geschleudert wurden.

Die Neuzeit des Petroleums begann im frühen 19. Jahrhundert in Rumänien und Galizien. Brunnen füllten sich mit Erdöl, das als Lampenöl genutzt wurde. Es war billiger und in größeren Mengen vorhanden als das bislang dafür eingesetzte Walöl, das sich nur reiche Haushalte leisten konnten. In den 50er Jahren des 19. Jahrhunderts blühte das Ölgeschäft in Galizien auf. Mehr als 150 Dörfer gruben nach Öl und verkauften es bis nach Wien. Zur Erhöhung der Sicherheit der Lampen entwickelte man den Glaszylinder, der die Flamme umschloß und das Licht gleichmäßig verteilte. Die Ölwirtschaft in Österreich-Ungarn blieb jedoch dörflich und begrenzt.

In den USA hingegen wurde die europäische Anregung bald »vermarktet«, gab es doch in Pennsylvania ebenfalls offene Ölbrunnen. 1853 wurden über dreißig Kompagnien zur Gewinnung von Kerosin für Beleuchtungszwecke gegründet, und der Konkurrenzkampf nahm seinen Anfang. Er führte zur Übernahme verschiedener Techniken. So kopierte George Bissell 1853 die chinesische Technik, nach Salz mit Bambusrohren zu bohren und durch Bambusleitungen zu transportieren und ersetzte dabei den Bambus durch Stahl. L. Drake wandte 1859 diese chinesische Bohrtechnik mit so großem Erfolg an, daß er leere Whiskeyfässer aufkaufen mußte, um ausreichend Gefäße zum Transport des gewonnenen Öls zu haben. Diese Fässer gaben das noch heute gültige Maß »Barrel« vor. Beide Pioniere scheiterten später und starben in Armut.

1860 arbeiteten in den USA bereits 75 Brunnen mit Pumpen und verarbeiteten 15 Raffinerien das Öl marktgerecht. Die erste Katastrophe ließ nicht lange auf sich warten. Eine angebohrte Quelle brach als Fontäne heraus und geriet in Brand. Neunzehn Arbeiter starben.

Der neuen Industrie kam selbst der Bürgerkrieg zugute. Die Nordstaaten erhielten keine Baumwolle aus dem Süden mehr. Sie hatten sie bisher verarbeitet und nach Übersee verschifft. Dafür wurde jetzt Kerosin exportiert, dessen Produktion rasch anstieg. Waren es 1860 noch 450.000 Barrel gewesen, so wurden zwei Jahre später bereits

2 Millionen gefördert. Das Großangebot ließ den Preis von 10 Dollar (1861) kurzzeitig auf 10 Cents fallen, doch das wachsende Exportgeschäft vor allem mit England brachte ihn 1863 wieder auf 7,25 Dollar und nach dem Kriege sogar auf mehr als 13 Dollar. Dann schwankte er auf und ab im Hin und Her der Industrialisierung.

1863 bis 1865 wurde die erste Pipeline aus Holz gebaut, weil der Transport des Öls auf Pferdewagen problemreich war. Schon 1866 waren nahezu alle Brunnen angeschlossen. Es entwickelte sich ein eigenes Marktsystem mit einer Erdölbörse (1871), einem Preissystem mit eigener Terminologie und einem erbarmungslosen Konkurrenzkampf, in dem John B. Rockefeller zur wirtschaftlich-politischen Großmacht aufstieg. Er gründete 1865 in Ohio die Standard Oil Company, das erste internationale Erdölimperium, das nach dem Ende des amerikanischen Bürgerkriegs stark expandierte. Den Hintergrund seines Erfolges bildete die Unterwerfung des amerikanischen Westens durch den Norden. Konkurrenten wurden aufgekauft oder ruiniert. Ganze Wälder verwandelten sich in Ölfässer. Raffinerien, Schiffe und Eisenbahnen gehörten zur Standard Oil, die 1879 neun Zehntel der amerikanischen Ölverarbeitung und des Öltransportes kontrollierte. Die Konkurrenten trugen die Konflikte an die Öffentlichkeit, und Prozesse zwangen die Kompanie, ihre Strukturen zu ändern. Sie wurde 1882 in einen Trust verwandelt. In jedem Bundesstaat nahm eine administrativ selbständige Standard-Tochter den Betrieb auf, der von der National City Bank of New York straff beaufsichtigt wurde.

Dem mächtigen US-Konzern trat bald ausländische Konkurrenz entgegen. Auch am Kaspischen Meer waren schon seit Jahrhunderten Erdöl und Erdgas bekannt. Nach der Eroberung Bakus durch die Russen wurde seit 1829 Erdöl in gegrabenen Brunnen gewonnen. Die Förderung unterlag bis in die 70er Jahre staatlicher Kontrolle, was dann aufgegeben wurde. Die aus Schweden eingewanderte Unternehmerfamilie Nobel kaufte eine Raffinerie nach der anderen, und Ludwig Nobel wurde bald »Ölkönig von

Baku« genannt. Die Nobels waren technisch versiert und ersetzten die Fässer zum Transport des Öls durch Tanks. Sie gaben den ersten Tanker in Auftrag und setzten ihn 1878 erstmals auf dem Kaspi-See ein. Die Konstruktion wurde rasch von anderen kopiert, und 1885 verkehrten derartige Tanker auch auf dem Atlantik.

Das Hauptproblem für die Vermarktung des Öls aus Baku war sein Transport über die Berge oder die Wolga aufwärts. Der Bau einer Eisenbahn nach Batumi konnte erst 1883 beendet werden, als das Bankhaus Rothschild in das Geschäft einstieg und gleichfalls zur Ölmacht wurde. Fünf Jahre später betrug die Produktion in Baku vier Fünftel der Förderung in den USA.

Standard Oil versuchte vergebens, den Konkurrenten aufzukaufen. Nobel verfügte seit 1889 über eine Pipeline durch den Kaukasus und deckte ein Jahr später ein Viertel des Bedarfs auf den englischen Märkten. Rothschild konnte in London den erfahrenen Überseehändler Marcus Samuel gewinnen, der mit neuen Tankertypen den Vertrieb des Kaukasusöls nach Asien übernahm. Rothschild setzte auch durch, daß die Transporte den Suezkanal passieren durften und schlug damit Standard Oil, dessen Segelschiffe aus Sicherheitsgründen nicht für die Passage zugelassen waren und darum Afrika umfahren mußten.

Der erste Tanker der neuen Linie der »Shell Transport and Trading Company« von Batumi nach Singapur verließ die Kaukasusküste 1892, und bis 1895 waren bereits 69 Tanker unterwegs, von denen bis auf vier alle Samuel gehörten.

Standard Oil suchte daraufhin in Hinterindien nach Öl, da auf Sumatra Ölquellen bekannt geworden waren. Die Holländer gründeten die Royal Dutch Company, die 1892 ihre erste Pipeline in Betrieb nahm und binnen kurzem ein ernsthafter Konkurrent auf dem Weltmarkt wurde.

Die Verwendung von Kerosin als Lampenbrennstoff schien sich allerdings zu Beginn des 20. Jahrhunderts erübrigt zu haben, als Edisons Glühbirne ihren Siegeszug antrat. Doch es fand sich ein anderer Kunde für diesen Treibstoff:

der Otto-Motor respektive das mit ihm angetriebene Auto. Bereits 1909 bewegte er mehr als 900.000 Wagen auf den Straßen Amerikas, und die Nachfrage stieg gewaltig. Ölfunde in Texas, in Oklahoma und Louisiana brachten immer neue Unternehmen hervor, so 1906 die Texaco, 1907 die Gulf Oil Cooperation der Mellon-Bank und 1910 die Sun Oil Company. Die neuen Interessenten und andere 'Independents' nahmen den Kampf gegen den »großen Drachen« Standard Oil auf und zwangen schließlich die Bundesregierung in Washington, antimonopolistische Gesetze zu erlassen. Standard Oil zerlegte daraufhin sein Monopol in Standard Oil of New Jersey, heute Exxon, Standard Oil of New York, heute Mobil, Standard Oil of California, heute Chevron, in Standard Oil of Ohio, heute Sohio und mit der British Petrol (BP) verbunden, in Standard Oil of Indiana, heute Amoco, und in die Continental Oil und Atlantis Oil Company. Die Leitung lag bei der National City Bank of New York, die weitere Großkonzerne kontrollierte (und kontrolliert).

1895 faßte Nobels/Rothschilds/Samuels »Shell« auf Borneo Fuß und lieferte bald sogar der Transsibirischen Eisenbahn den erforderlichen Treibstoff. Samuel ging sodann auf das Fusionsangebot der Royal Dutch ein, dessen neuer Direktor Henry Deterding Shell Schritt für Schritt seiner Kompanie anschloß. 1907 erwarb er schließlich 25 Prozent der Shell-Aktien und nannte die Firma nun »Royal Dutch/Shell«. Ein erbitterter Preiskrieg mit Standard Oil von 1907 bis 1914, am Vorabend des 1. Weltkrieges, ermöglichte es der holländisch-britischen Gesellschaft, in den amerikanischen Markt einzudringen. Der Nobel-Rothschild-Konzern war1903/04 in eine tiefe Krise geraten, als in Baku blutige Unruhen ausgebrochen waren. Von der russischen Regierung ermutigt, hatten »Tataren« – heute Aserbaidshaner – Dutzende Armenier massakriert und die Ölquellen in Brand gesetzt.

Die Royal Dutch/Shell nutzte die Schwierigkeiten der Nobel-Rotschild-Firma aus und erwarb Anteile der Rothschilds am Baku-Öl. Sie besaß zudem die Ölfelder und

Raffinerien in Grosny und Maikop im Nordkaukasus. Die Bedeutung des kaukasischen Öls verringerte sich bis 1913 schnell und fiel von 31 Prozent der Weltförderung im Jahr 1904 auf 9 Prozent im Jahr 1913.

Die rumänischen Ölquellen fielen an ein Konsortium der Standard Oil, der Deutschen Bank und der Nobel-Rothschild-Gruppe. Diese Firma nannte sich »Europäische Petroleum Union« und beherrschte nahezu ein Viertel des europäischen Marktes.

Im Jahr 1900 bot in Paris General Antoine Kitabgi, ein Abgesandter des Schahs, Ölkonzessionen in Persien an, um dem tief in Finanznöten steckenden Schah Geld zu beschaffen. Zwei frühere Versuche, über den Verkauf von Ölkonzessionen zu Geld zu kommen, waren 1872 und 1889 gescheitert. Kitabgi traf den Briten William d'Arcy, der das Risiko nach längeren Verhandlungen einging. Er erhielt das Recht auf Ölausbeute in fünf Sechsteln des Landes – ausgenommen die russische Interessensphäre – für sechzig Jahre gegen die Zahlung von 20.000 Pfund in bar und 20.000 Pfund in Aktien. Vom Jahresnettoprofit sollten 16 Prozent an den Schah fallen.

D'Arcy wandte 200.000 Pfund für Erschließungsarbeiten auf und begann 1902 trotz aller Probleme mit den Bohrungen. Unruhen in Persien, lange Transportwege und Hitze setzten der Bohrmannschaft sehr zu, und d'Arcy war bald faktisch bankrott. Er ersuchte die britische Admiralität, ihm eine Anleihe zu gewähren. Das wurde abgelehnt, das Projekt drohte zu scheitern.

### *Die militärische Bedeutung des Erdöls im 1. Weltkrieg*

D'Arcy hatte sich nicht grundlos an die britische Admiralität gewandt. Er wußte, wie wichtig das Erdöl im Krieg für Großbritannien sein würde. Im Jahre 1904 war John Arbuthnot Fisher Erster Lord der Admiralität, d. h. Flottenchef, geworden. Er war ein Mann, der davon überzeugt war, daß von dem Flottenprogramm Deutschlands große

Gefahren für die britische Seeherrschaft ausgingen. Das Kaiserreich hatte bereits 1897 England hinsichtlich des Umfangs der Industrieproduktion überholt. Und es legte ein Großkampfschiff nach dem anderen auf Kiel, was nur gegen die Seemacht England gerichtet sein konnte. 1904 setzte »the naval race«, der Wettlauf der Flotten, ein. Fisher forderte die Umrüstung der britischen Flotte auf Erdöl, da Dieselmotoren die Geschwindigkeit der Schiffe erhöhten, ihre Versorgung erleichterte und den Mannschaftsbestand senkte. Versuche liefen zunächst mit kleineren Einheiten, die mit Erdöl aus Burma betrieben wurden. England brauchte weitere Öllieferanten, und man erinnerte sich der Versuche d'Arcys in Persien und seiner Bitte um Unterstützung. Er bekam als erstes britischen Schutz sowie 20 indische Soldaten unter zwei englischen Offizieren als Wache gestellt. 1907 stieß d'Arcy bei Masdschid-i Sulaiman, einem alten Feuertempel, zunächst auf Erdgas und am 25. August 1908 auf ein reiches Erdölvorkommen. Auf diese Nachricht hin wurde die Anglo-Persian Oil Company (APOC) gegründet, die die Konzession übernahm. Eine Pipeline wurde gebaut und am Schatt al-Arab eine Raffinerie errichtet: Abadan. Überwiegend indische Arbeitskräfte verarbeiteten das ankommende Erdöl, das zur Basis britischer Herrschaft am Golf werden sollte.

Vorerst stand die Gesellschaft jedoch noch vor großen wirtschaftlichen Problemen, denn Abadan lag weit entfernt von England, und die Qualität des Öls war nicht sehr gut. Wieder einmal kam der deutsch-britische Konflikt zu Hilfe. Der fähige Politiker Winston Spencer Churchill, der bisher Fishers Schiffsbauprogramm abgelehnt hatte, da er nicht an eine deutsche Bedrohung glaubte, korrigierte seine Meinung, als die kaiserliche Regierung 1911 das Kriegsschiff »Panther« nach Agadir schickte. Er wurde zum Verbündeten Fishers, der bereits über 56 Zerstörer und 74 U-Boote mit Ölantrieb verfügte. Mit Churchills Hilfe setzte er zwischen 1912 und 1914 die Umrüstung auch der Großkampfschiffe und den Neubau entsprechender Schlachtschiffe durch. Nunmehr stand die Frage, mit welchem Öl die Schiffe versorgt werden sollten. Die Antwort fiel leicht: Die APOC war bankrott gegangen, und so übernahm die Regierung die Aktienmehrheit und konnte die Flotte bis zum Sommer 1914 voll auf Erdöl umstellen, während die Deutschen ihre Schiffe weiter mit Kohle heizten.

Am 28. Juni 1914 fielen die Schüsse von Sarajewo, am 4. August trat England in den Krieg ein. Vier Tage zuvor hatte die APOC ihr Regierungspatent erhalten. Sie wurde zu einem wesentlichen Faktor der alliierten Kriegsführung und deckte während des Krieges ein Fünftel des Ölbedarfs der britischen Flotte.

Das meiste Erdöl, das Briten und Franzosen benötigten, lieferten jedoch weiterhin amerikanischen Konzerne.

Die Rolle, die das Erdöl im 1. Weltkrieg spielen sollte, konnte kaum jemand voraussehen. Nur wenige Beispiele belegen die Bedeutung des Öls.

Im September 1914 retteten 3.000 Pariser Taxis die französische Front. Die Deutschen drohten nördlich von Paris durchzubrechen, der Militärkommandant der Stadt requirierte die PKW und ließ mit ihnen die zur Verteidigung erforderlichen Reserven an die Front befördern. Zu den im Krieg eingesetzten Autos kamen Tanks und Flugzeuge. Produziert und eingesetzt wurden mehr als 200.000 Flugzeuge, die alle Kerosin benötigten.

Für den Sprengstoff Toluol, mit dem Granaten und Bomben gefüllt wurden, benutzte man gleichfalls Erdöl. Das einzige Werk, das den Deutschen Toluol lieferte, stand in Rotterdam, im neutralen Holland. In einer Nacht im Jahr 1915 demontierte ein Kommandounternehmen die Anlage und brachte sie nach England, wo sie bald vier Fünftel des britischen Bedarfs an TNT erzeugte. Das restliche Fünftel wurde von einer Shell-Raffinerie gedeckt. Diese Kompanie lieferte auch 51 Prozent des benötigten Erdöls nach England.

1916 griff die deutsche U-Bootflotte, die mit Diesel fuhr, die Lebensader Englands und Frankreichs an – die Schiffahrtslinie über den Atlantik, wodurch das Öl in England und an der Front in Frankreich bald knapp wurde.

Im Dezember 1917 verfügte die französische Armee über eine Ölreserve für nur noch drei Tage, die sie in der Abwehrschlacht verbrauchen konnte. In dieser Lage wurden die USA kriegsentscheidend, denn sie lieferten bis zu vier Fünftel des erforderlichen Öls, obwohl sie dabei Dutzende von Tankern auf dem Atlantik verloren.

Die USA förderten 1917 selbst 67 Prozent des Welterdöls, 335 Millionen Barrels, und mußten angesichts des alliierten Bedarfs und der hohen Verluste auf See auf mexikanische Ölquellen zurückgreifen. Zugleich hatte sich die Zahl der Autos im Lande von 1916 bis 1918 verdoppelt. Beide Faktoren führten zu einer schweren Energiekrise.

Die deutsche Kriegsmaschine lief inzwischen mit rumänischem Öl, denn die British Petroleum (BP), die – einschließlich der Tankerflotte – der Deutschen Bank gehörte, war zu Kriegsbeginn von der APOC übernommen worden. Rumänien war im August 1916 auf alliierten Druck in den Krieg eingetreten, konnte seine Front gegen die Deutschen und Österreicher aber nur bis zum November behaupten. Den eindringenden Deutschen waren alliierte Sabotagetrupps zuvorgekommen und hatten die Ölfelder und Raffinerien in Brand gesetzt. Trotz aufwendiger Reparaturen konnte 1917 nur ein Drittel der früheren Produktion erreicht werden, die bis 1918 auf 40 Prozent anstieg.

Der Zusammenbruch Rußlands 1917 schien den Deutschen den Weg nach Baku zu öffnen. Doch diese Rechnung ging nicht auf. Zwar standen die Türken im Juli 1918 vor Baku, doch Russen und Engländer verteidigten die Stadt einen Monat lang erfolgreich, und im Oktober 1918 waren die Ölreserven der deutschen Armee erschöpft. Industrie, Luftwaffe und mechanische Truppen hatten nur für zwei Monate Treibstoff. Die deutsche Kapitulation am 11. November 1918 war unvermeidlich.

Lord Curzon erklärte zu Recht vor der Interallied Conference: »The Allied cause had floated to victory upon a wave of oil«.[66]

Der französische Industrielle und Senator Henri Berenger, der während des Krieges Oil Commissioner war, übermittelte der französischen Regierung in einem Memorandum die Botschaft: »Derjenige, der das Erdöl besitzt, wird die Welt besitzen, denn er wird das Meer durch die Schweröle beherrschen, die Luft durch die feinstraffinierten Öle und das Land durch Benzin und die Leuchtöle. Außerdem wird er seine Mitmenschen wirtschaftlich beherrschen auf Grund des phantastischen Reichtums, den er vom Erdöl herleiten wird.«[67]

Zur Beute der Briten gehörten auch die Erdölfelder bei Mosul, um die sich die Turkish Petroleum Company (TPC) seit 1912 erfolglos bemüht hatte. Je ein Viertel ihrer Aktien hielten die Deutsche Bank und die Royal Dutch, den Rest die Türkische Nationalbank, die von den Briten kontrolliert wurde. 30 Prozent der Bankaktien waren in der Hand des Armeniers Calouste Gulbenkian, eine der schillerndsten Gestalten in der Erdölgeschichte. Schon sein Vater hatte Öl aus Baku in die Türkei importiert, er selbst schrieb mit 21 Jahren ein Buch über das Erdöl. Im Jahre 1896 hatte er vor den türkischen Pogromen gegen die Armenier nach Kairo flüchten müssen, später besuchte er London, wo er mit Samuel und Deterding zusammengetraf. 1907 wurde er Finanzberater der türkischen Regierung. Er galt als finanzpolitisches Genie und schloß offenbar das »Foreign Office Agreement« am 19. März 1914 , mit dem die Gründung der TPC arrangiert wurde, von deren Aktien er 15 Prozent erhielt. Diese Company bekam ihre Lizenz am 28. Juni 1914 – am Tag der Ermordung des Erzherzogs Franz Ferdinand, so daß die TPC nicht mehr zu den geplanten Bohrungen kam.

### *Das Erdöl zwischen den beiden Weltkriegen*

Das San Remo-Agreement des Allied Supreme Council vom April 1920 teilte die Beute unter die europäischen Sieger auf und versuchte, die USA von Europa und dem Nahen Osten fernzuhalten. Für die Anerkennung der britischen

Herrschaft über das Öl im Liwa Mosul bekamen die Franzosen ein Viertel der Ölförderung, d. h. den bisherigen Anteil der Deutschen Bank an der TPC. Nutznießer war die Compagnie francaise des Petrols (CFP), die von der Pariser Regierung kontrolliert wurde. Den britischen Anteil erhielt Shell, und die Mehrheit der Royal Dutch-Aktien gelangte in britischen Besitz. Winston Churchill vertrat seit 1923 die Shell und die Burmah Oil Company.

In den USA wuchs die Zahl der Autos weiter an. 1920 gab es bereits neun Millionen Fahrzeuge, was die Frage nach Ölreserven akut werden ließ. In der Presse diskutierte man den Abbau von Ölschiefer, und die Regierung verlangte freien Zugang zum Nahost-Öl, um am Geschäft beteiligt zu werden. Ein »Mineral Leasing Act« des Kongresses erlaubte Ausländern nur dann Zugang zum amerikanischen Ölmarkt, wenn ihre Heimatländer amerikanischen Bürgern die gleichen Rechte einräumte – eine Maßnahme, die in erster Linie gegen die Royal Dutch/Shell gerichtet war. Präsident Herbert Hoover, der selbst aus dem Ölgeschäft kam, forderte die Schaffung eines Syndikats für das Mosul-Öl mit amerikanischer Beteiligung. Allan Dulles, in jener Zeit Leiter der Abteilung Naher Osten im amerikanischen Außenministerium, erklärte das englisch-französische Abkommen über die TPC für ungültig.

1925 wurde eine neue Konzession erteilt, die den USA »open door« zusicherte. Zwei Jahre darauf begannen Bohrungen, und am 31. Juli 1928 erbrachte eine Bohrung bei Mosul eine Produktion von 95.000 Barrels am Tag (b/d). Nun war Eile geboten, um die Ausbeute zu regeln.

Der auf seinen Ansprüchen beharrende Armenier Gulbenkian erhielt 5 Prozent aus dem französischen Anteil am Öl und eine Garantie der Franzosen, sein Öl abzunehmen. Neben der Royal Dutch, verbunden mit der APOC, und der CFP wurde die amerikanische Firma East Development Company beteiligt.

Gulbenkian, den man den »Tayllerand des Erdöls« nannte, setzte ein folgenschweres Abkommen aller Beteiligten durch, das vorsah, für den Nahen Osten – mit Ausnahme Kuwaits und Irans – nur eine gemeinsame Nutzung des Öls zuzulassen und jeden Konkurrenten gemeinsam abzuwehren.

In Amerika war Mexiko bereits vor dem Weltkrieg als Großexporteur von Petroleum in Erscheinung getreten. Die Pan American Petroleum Company und die in britischem Besitz befindliche Mexican Eagle hatten seit 1913 so viel billiges Öl auf den Markt geworfen, daß es sogar in den russischen Zügen verwendet werden konnte. 1920 beherrschten beide den amerikanischen Markt zu einem Fünftel, und im Jahr darauf wurde Mexiko zweitgrößter Ölproduzent der Welt.

Der Kampf der Ölarbeiter um soziale Verbesserungen hatte 1917 zur Nationalisierung des Erdöls geführt, die jedoch nur allmählich durchgesetzt wurde. Trotzdem wanderte die Petroleumindustrie ab – in ein Land, mit dem es weniger Schwierigkeiten gab. Venezuela, das durch den General Juan Vicente Gomez 27 Jahre hindurch diktatorisch regiert wurde, der jede Opposition im Keim ersticken ließ. Venezuela stieg binnen kurzem zum Hauptlieferanten für England auf. Aus Vorsicht bauten Shell ihre Raffinerien auf Curacao und Standard Oil of Indiana auf Aruba, da das Ende der Diktatur des Generals abzusehen war. Die Standard Oil of India verkaufte ihren Besitz schließlich an die Standard Schwester in New Jersey, die seit 1928 Unterwasserbohrungen vornahm.

Die amerikanische Regierung sandte am 16. August 1919 an alle diplomatischen Einrichtungen der Vereinigten Staaten folgende Weisung: »Meine Herren! Die außerordentliche Wichtigkeit, den Bedarf der Vereinigten Staaten an Mineralien für Gegenwart und Zukunft zu sichern, hat sich der Aufmerksamkeit des Ministeriums mit aller Gewalt aufgedrängt. Die Entwicklung schon erschlossener Felder und Erforschung neuer Gebiete ist in vielen Teilen der Welt durch Staatsangehörige verschiedener Länder mit Energie betrieben und die Erwerbung von Konzessionen für Mineralölrechte eifrig angestrebt worden. Es erscheint als wünschenswert, erschöpfende und den neuesten Stand berücksichtigende Berichte über derartige Bemühungen amerikanischer Staatsbürger und anderer Staatsangehöriger zu erhalten. Sie erhalten demgemäß die Weisung, Erkundungen bezüglich ausgesuchter oder gewährter Erdölkonzessionen, Verkauf oder Übertragung derartiger Konzessionen, Besitzänderungen von Eigentum an Erdöl oder wichtiger Änderungen im Besitze oder in der Leitung eingetragener Gesellschaften, die sich mit der Gewinnung oder Verteilung von Erdöl befassen, von Zeit zu Zeit einzuziehen und uns prompt zu übermitteln. Auch Berichte über die Entwicklung neuer Erdölfelder oder über ergiebigere Ausbeutung schon produzierender Gebiete mögen eingesandt werden. Genaue Daten hierüber sind erwünscht, und die Berichte sollen sich nicht nur auf die oben erwähnten einzelnen Punkte beschränken, sondern Mitteilungen über alle Angelegenheiten, die von Interesse sein können, sofern sie die Erdölindustrie betreffen, enthalten.

Sie erhalten auch die Weisung, jede erdenkliche Unterstützung allen verläßlichen oder vertrauenswürdigen Staatsbürgern der Vereinigten Staaten oder deren Interessen angedeihen zu lassen, wenn sie sich um Erdölkonzessionen oder -rechte bewerben. Hierbei ist jedoch sorgfältig zu unterscheiden zwischen amerikanischen Staatsangehörigen, die fremdes Kapital vertreten, ebenso zwischen Gesellschaften, die in den Vereinigten Staaten registriert sind und mit amerikanischem Kapital arbeiten, und solchen Gesellschaften, die lediglich dem Namen nach den amerikanischen Gesetzen unterstehen, aber durch ausländisches Kapital beherrscht weren.«[68]

Das Baku-Erdöl wurde zum Zankapfel im Weltmaßstab. Deterding setzte auf einen baldigen Untergang der Sowjets, die im April 1920 die Stadt besetzt hatten. Er kaufte die Anteilaktien Gulbenkians und der Nobel-Erben auf und versuchte, eine internationale Front gegen Sowjetrußland zu schmieden, das Öl exportieren wollte. Die Sowjetregierung schloß jedoch 1921 mit England das »Anglo-Soviet Trade Agreement« ab, das neben anderen Fragen auch den Verkauf von Öl regelte. Standard Oil auf New Jersey und Shell wollten russisches Öl abnehmen und boten den früheren Besitzern 5 Prozent des Kaufpreises als Entschädigung. Aber Deterding verbot den Handel. Standard Oil of New York umging die »Frontlinie«, baute in Batumi ein Kerosinwerk auf und pachtete es dann. Auch Vacuum und Socony kauften russisches Öl und gewannen in der Folge den Preiskrieg, den Deterding gestartet hatte.

Der rasche Anstieg der Zahl der Autos sowie der zunehmende Flugbetrieb und Schiffsverkehr versprach hohe Profite, und »Unabhängige«, Independents, erschlossen weitere Ölfelder in Texas und Oklahoma, obwohl die große Wirtschaftskrise von 1929 bis1933 die Preise abstürzen ließ. Die Regierungen der amerikanischen Bundesstaaten setzten teilweise die Nationalgarde ein, um die Produktion zu stoppen, Brunnen stillzulegen und die Preise hoch zu halten. Dennoch kam selbst in Europa billiges amerikanisches Öl unter dem Selbstkostenpreis auf den Markt. Gesetze befahlen eine Rationierung, doch wurde im Geheimen weiter produziert. Während in Texas das rationierte Benzin 10 Cent je Barrel kostete, war »hot oil« bereits für 2 Cent zu haben.

Die Bundesregierung unter Roosevelt erließ am 14. Juli 1933 eine Executive Order gegen »hot oil«, die Förderquoten und Preise für jeden Bundesstaat festlegte. Der Oberste Gerichtshof hob jedoch diese Regulierung zwei Jahre darauf als verfassungswidrig auf. Erfolgreicher erwies sich die Einführung hoher Zölle für Fremdimporte, besonders für Öl aus Venezuela, das daraufhin hauptsächlich nach Europa floß. Die Preise konnten bei einem Dollar pro Barrel stabilisiert werden.

Angesichts der heraufziehenden Krise und der ansteigenden Ölförderung in den USA unternahmen die »Großen« im Ölgeschäft im August 1928 den Versuch, durch eine »Pool Association« ein weltweites Kartell mit festen Quoten auf dem Stand von 1928 zu vereinbaren. Es ist als »As-is-Agreement« (»Wie es ist-Abkommen«) bekannt geworden. Der Vertrag schloß sowohl die russischen Exporte, die ein

Viertel des englischen Bedarfs deckten, und die rumänischen Verkäufe sowie die »Unabhängigen« aus.

Siebzehn amerikanische Firmen schlossen sich für den Handel mit dem Ausland zu einer »Export Petroleum Association« zusammen. Weitere Versuche der »Großen« (1931,1932 und 1934), den Markt zu kontrollieren, scheiterten, da auch die persische und die französische Regierung ihre eigenen Interessen entschieden verteidigten.

In Persien hatte der ehemalige Kosakenleutnant Reza Khan nach dem Abzug der russischen Offiziere das Kommando in der Brigade übernommen und sich mit ihrer Hilfe 1925 an die Macht geputscht. Er schickte den letzten Qadscharenschah ins Exil, ließ sich zum Schahinschah ausrufen und zwang alle Völker und Stämme Irans unter sein Joch. Durch Mord wurde er zum größten Grundherren seiner Heimatprovinz Masanderan und herrschte als ein absoluter Machthaber konservativ-nationalistischer Prägung, der sein Land zu modernisieren trachtete. 1928 nahm er den Kampf gegen die das Land knechtende Ölkonzession auf, wurde jedoch durch den Widerstand einflußreicher Mullas aufgehalten. Erst 1933 konnte er einen neuen Vertrag durchsetzen, der bis 1963 lief. Drei Viertel des Territoriums, über das sich die Konzession erstreckt hatte, wurden eingezogen, dem Schah wurden je Tonne vier Schillinge und ein Fünftel der Profite garantiert. Als Minimum mußten pro Jahr 750.000 Pfund an ihn bezahlt werden.

War die Summe angesichts der Millionengewinne der Konzerne auch gering, so stellten diese Zahlungen einen Fortschritt gegenüber dem bisherigen Diktat der Briten dar.

Der 2. Weltkrieg stürzte die Verhältnisse im Iran um. Nach dem Überfall Hitlerdeutschlands auf die Sowjetunion 1941 entstand die Antihitlerkoalition. In diesem Kontext besetzten britische und sowjetische Truppen den Iran, da Reza Schah aus seiner Sympathie für Nazideutschland keinen Hehl gemacht hatte und damit eine Gefahr darstellte. Der Schah mußte ins Exil gehen und seinem Sohn Muhammad die Krone überlassen.

Fünf Jahre lebte das Land unter einem doppelten Besatzungsregime. Zur selben Zeit kämpfte Mexiko um die Verfügung über seine Bodenschätze. Die »unter dem Boden« liegenden Vorkommen waren laut der Verfassung von 1917 staatseigen, doch die Förder-Betriebe waren zu 65 Prozent im Besitz von Royal Dutch und zu 30 Prozent von Standard Oil of New Jersey, Sinclair, Gulf Oil und anderen Gesellschaften. Diese drosselten auf Weisung Deterdings die Produktion, als der national denkende General Lazaro Cardenas 1934 Präsident wurde. Die Ölarbeiter streikten im Mai 1937 für menschenwürdige Löhne, Renten und Urlaub, doch die Ölmonopole lehnten alle Forderungen ab, woraufhin die Regierung Cardenas die Ölindustrie 1938 nationalisierte.

Diesem gefürchteten Präzedenzfall versuchten die USA und Großbritannien durch ein Embargo zu begegnen, doch Mexiko unterlief es, indem es sein Öl an die faschistischen Achsenmächte Deutschland und Japan verkaufte. Mexiko bot im folgenden Jahr den Enteigneten sieben Millionen Dollar als Entschädigung, doch diese verlangten 408 Millionen. Eine unparteiische Kommission schlug dreißig Millionen vor, und 1943, als Erdöl knapp wurde, stimmten die kleineren Partner dem Kompromiß zu, während die Royal Dutch/Shell bis 1947 wartete und dann 130 Millionen zugesprochen bekam.

### *Das Öl Arabiens*

Die Ölvorkommen in den Regionen südlich des Golfes bilden heute die größten bekannten Reserven der Welt. Ihre Erschließung begann erst spät und wurde nicht zuletzt durch die Kriege Ibn Sauds und die geringe Entwicklung des Landes weiter verzögert.

1918 hatte der Neuseeländer Frank Holmes von Ölseen in Arabien gehört und suchte dort seit 1920 nach ihnen. Er begann auf Bahrain, wo er im Auftrag des Scheichs nach Wasser bohrte und dafür auch die erbetene Ölkonzession erhielt. Er erwarb eine Option für al-Hasa und eine weitere für die »neutrale Zone« zwischen Kuwait und Saudi-Arabien, wurde aber in Kuwait abgewiesen. Er verlor sein Geld und mußte seine Konzession verkaufen. Die APOC war nicht daran interessiert, und so erwarb Gulf Oil 1927 alle seine Rechte. Ein Jahr darauf trat sie der IPC bei und mußte ihre arabischen Ansprüche aufgeben, die die Standard Oil of California (SOCAL) übernahm.

Diese begann mit Bohrungen auf Bahrain, nachdem sie in Kanada eine »Bahrain Petroleum Company« angemeldet hatte. Die britische Regierung berief sich auf ihre Verträge mit den Scheichs und versuchte, die USA vom Golf fernzuhalten, doch massiver Druck aus Washington machte den Weg für SOCAL frei. Sie nahm ihre Arbeit am 31. Oktober 1931 auf und stieß bereits sieben Monate später auf Öl in abbaubarer Menge. Die USA hatten am Golf Fuß gefaßt.

Der Erfolg der SOCAL ließ Saudi-Arabien wieder ins Blickfeld der Ölmultis geraten. Zur Schlüsselfigur stieg bald ein Mann auf, dessen widerspruchsvoller Lebenslauf einmalig sein dürfte. Harry St. John Budger Philby kam aus dem Indian Service, gehörte während des 1.Weltkriegs zur Britischen Politischen Mission in Mesopotamien und verließ 1925 offiziell den englischen Dienst. Er ging zu Ibn Saud, trat zum Islam über und bahnte den Weg für eine Erforschung des Landes nach Erdöl. Er vermittelte Verhandlungen zwischen dem stets auf Geldsuche befindlichen Finanzminister Abdullah Sulaiman mit dem Direktor der SOCAL, und er stand im Dienst der sich nun Iraq Petroleum Company nennenden TPC-Gruppe. Es war ein rechter Bazarhandel – die SOCAL bot (und zahlte) nur ein Fünftel des geforderten Preises. Im Mai 1933 wurde der Vertrag abgeschlossen, der Ibn Saud vorerst vor dem Bankrott rettete. Gezahlt wurden 35.000 Pfund in Gold, 30.000 Pfund als Anleihe, 5.000 Pfund als Royalty für das erste Jahr und weitere 20.000 Pfund als Anleihe 18 Monate später, die nur zurückzuzahlen waren, wenn Öl gefördert wurde. Sollte Öl gefunden werden, so sollten weitere

100.000 Pfund gezahlt werden. Die Konzession erstreckte sich über 360.000 Quadratkilometer und galt für 60 Jahre.

Washington hielt sich damals auf politischer Ebene demonstrativ zurück, um die Briten nicht zu verprellen. Erst 1939 war der amerikanische Botschafter in Kairo auch in Riad akkreditiert worden, und ein ständiger amerikanischer Vertreter erschien nicht vor 1942 in Saudi-Arabien. Die USA begnügten sich vorerst mit der ökonomischen Vorherrschaft. Die IPC und die APOC zahlten für eine Konzession im Hedschas noch mehr, konnten aber im Bergland kein Öl finden.

Die Ölfunde auf Bahrain überzeugten die Chefs der APOC und den Scheich von Kuwait, der geschäftstüchtig genug war, dem alten Ölsucher Holmes 1934 eine Konzession für eine »Kuwait Oil Company« auf Basis der Teilung der Profite 50 zu 50 Prozent zu geben. Der für 75 Jahre abgeschlossene Vertrag erlaubte Holmes, den Scheich bis 1947 im Ölgeschäft zu vertreten. Beide wurden dabei Millionäre.

Auf den arabischen Markt drängte auch die Standard Oil of California, die zu diesem Zwecke die Californian Arabian Standard Oil Company (CASOC) als Tochtergesellschaft gründete. James Forrestal, der Chef der Dillon-Bank und spätere Verteidigungsminister der USA, brachte Texaco und SOCAL zusammen, die als Caltex gemeinsam auftraten.

Die ab 1938 gefundenen, reichen Ölquellen in Kuwait lockten auch die IPC, die Deutschen und die Japaner ins Land. Die Japaner boten dem Scheich astronomische Summen, denn das Erdöl spielte bereits wieder eine militärische Rolle. Es war der Vorabend des 2. Weltkrieges.

Schon im 1. Weltkrieg hatten sich die Erdölquellen als kriegsentscheidend erwiesen. Weder Japan noch Deutschland besaßen eigene Erdölvorkommen und mußten daher ihre Planungen entsprechend ausrichten. In Japan rangen in der Zwischenkriegszeit zwei Fraktionen miteinander – die vereinfachend als »Heeresleitung« bezeichnete Gruppe, welche ein japanisches Großreich auf dem asiatischen Kontinent errichten wollte, und die Gruppe der Marine, die in der Eroberung Südostasiens Japans Schlüssel zur Weltmacht sah.

Das Land verfügte seit seinem Sieg 1895 über China und seinem Triumph 1904 über Rußland über eine politische und militärische Basis in der Mandschurei, in der es unter dem letzten chinesischen Kaiser Pu-yi das Schattenreich Manchukuo installiert hatte. Als der Völkerbund diesem Marionetten-Staat die Anerkennung verweigerte, trat Japan demonstrativ aus und begann langfristige Kriegsvorbereitungen. Das Land der aufgehenden Sonne bezog vier Fünftel seines Erdöls aus den USA und ein Zehntel aus den niederländischen Kolonien in Südostasien. Den japanischen Binnenmarkt beherrschten zu drei Fünfteln Royal Dutch und Standard Vacuum, eine Standard Tochter. Von den Lieferungen aus Manchukuo blieben hingegen nichtjapanische Firmen ausgeschlossen. Ein 1934 erlassenes Gesetz für die Petroleumindustrie übertrug der Regierung die Kontrolle über die Preise.

1937 trug Japan – versorgt mit amerikanischem Öl und amerikanischen Kriegsflugzeugen – den Krieg nach China. Erst im folgenden Jahr blockierte die USA-Regierung auf Druck öffentlicher Proteste den Export von Flugzeugmotoren und Flugzeugen nach Japan, nicht aber die Ausfuhr von Erdöl, Waffen, Maschinen und anderen Gütern. Japan war von den amerikanischen Lieferungen in so starkem Maße abhängig, daß es Öl rationierte und seiner großen Fischereiflotte vorschrieb, nur noch unter Segel zu fahren.

Die Öl-Industrie scheint früher als die amerikanische Regierung begriffen zu haben, daß ein Krieg kommen würde, denn die Standard Vacuum plante bereits seit 1938 die Zerstörung ihrer Anlagen auf Borneo und die Evakuierung ihrer dortigen Arbeitskräfte.

Die USA verlegten ihre Pazifikflotte aus Kalifornien nach Pearl Harbor, als Japans Forderungen 1940 immer deutlicher wurden. So verlangten die Japaner von der französischen Vichy-Regierung die Zulassung einer japanischen Militärmission in Indochina, das franösische Kolonie war, und von den Briten die Räumung Shanghais und die Einstellung jeglicher Hilfe an China.

Der amerikanische Verteidigungsminister Henry Stimson war ein Gegner der Exporte nach Japan und drängte Präsident Roosevelt, den National Defense Act, der kriegswichtige Lieferungen beschränken sollte, zu unterschreiben, was dieser auch am 2. Juli 1940 tat. Dennoch zögerte die Administration weiterhin gegenüber Japan, das im selben Jahr seine Gasolin-Importe aus den USA verfünffachte.

Am 27. September 1940 schloß Japan den Dreierpakt mit Hitler-Deutschland und Mussolini-Italien, ein Ereignis, das nunmehr London bewog, von den USA ein Embargo gegen Japan zu verlangen. Der amerikanische Handelsminister Cordell Hull war bestrebt, die Interessen der großen Konzerne am Handel mit Japan zu wahren. Von den ausschlaggebenden japanischen Politikern waren mehrere als Studenten oder Diplomaten in den USA gewesen, darunter der Flottenkommandeur Isoroku Yamamoto, der noch lange für eine Übereinkunft mit England und den USA eintrat. Als aber der Krieg beschlossen war, konzipierte er den Überfall auf Pearl Harbor, um die USA schnell und entscheidend zu schwächen. Die amerikanische Regierung wurde über Peru rechtzeitig von dem geplanten Angriff informiert, tat ihn aber als lächerliche Propagandathese ab.

Der japanische Thronrat entschied in seinen Sitzungen vom 25. Juni bis zum 2. Juli 1941, nicht in Sibirien einzufallen, sondern statt dessen nach Süden vorzustoßen. Deshalb landeten japanische Truppen noch im Juli in Indochina. Die USA froren die japanischen Konten in ihrem Lande ein und verhängten am 25. Juli endlich ein Ölembargo. Japan hatte aber inzwischen Vorräte für zwei Jahre angesammelt.

Erneut stritten beide Fraktionen im Land, ob es besser wäre, mit den USA zu verhandeln oder sie anzugreifen. Der Chef des Stabes war der Ansicht, daß ein Angriff Amerika innerhalb von drei Monaten in die Knie zwingen werde. Am 7. Dezember 1941[67] griffen die Japaner gleichzeitig Hongkong, Guam, Malaya und Singapur an. Ihre Flugzeuge, die von Flugzeugträgern aus gestartet waren, attackierten die amerikanische Pazifikflotte im Hafen von Pearl Harbor vier Stunden lang. Sie versenkten acht Schlachtschiffe, drei leichte Kreuzer, drei Zerstörer und vier Hilfsschiffe, vernichteten hunderte Flugzeuge und töteten mehr als 2.400 Soldaten und Zivilisten, während sie selbst nur 29 Flugzeuge einbüßten. Für Monate blieb die Initiative in diesem Krieg bei den Japanern – doch ihr Traum von einem Sieg nach drei Monaten verflog bald. Zur gleichen Zeit, Ende 1941, stand auch Hitlers Krieg vor Moskau vor seiner Wende.

In Deutschland hatte man schon 1913 nach dem Bergius-Verfahren und seit den 20er Jahren nach dem Fischer-Tropsch-Verfahren Benzin aus Kohle gewonnen, doch waren die Produktionskosten zehnmal höher als der Preis für importiertes Erdöl. Basis der Energie in Deutschland war bis zum Krieg zu 90 Prozent Kohle und nur zu 5 Prozent Erdöl. Aus Kohle wurde auch Flugbenzin gewonnen, was die Haltung Hitlers zu den IG-Farben beeinflußte, die er bis 1932 als »verjudet« angegriffen hatte. Nachdem die Leitung des Unternehmens im Juni 1932 über das Verfahren, welches Benzin liefern konnte, informiert hatte, stellte Hitler seine Polemik ein. Seit 1927 experimentierten sie in den Anlagen in Leuna. Dabei kooperierten die IG-Farben mit Standard Oil of New Jersey, die in dieser Zeit gerade mit Ölschiefer experimentierte.

Standard Oil betrachtete die Technologie der IG-Farben als ernste Konkurrenz, erwarb die Patente für das Ausland und vereinbarte den Bau einer Hydrogenanlage in Louisiana. Dafür erhielten die IG-Farben 2 Prozent der Standard Aktien im Wert von 35 Millionen Dollar.

Die IG-Farben setzten mit Unterstützung der Reichswehr Schutzzölle durch. Hitlers Vierjahrplan von 1936 sah eine Versechsfachung der Kohlehydrogenisierung ohne Rücksicht auf die Kosten vor. Als der Krieg ausbrach, standen in Deutschland vierzehn Werke und befanden sich sechs weitere im Bau. Ihre Produktion deckte im ersten Kriegsjahr 46 Prozent des Bedarfs, davon 95 Prozent des Flugbenzins. Die Hauptimporte an Öl kamen aus Rumänien und der UdSSR und bildeten einen wesentlichen Teil der Ölreserven für jene Panzer und Flugzeuge, die am 22. Juni 1941 in die Sowjetunion einfielen. Kernstück des Plans »Barbarossa« war daher die Eroberung der Ölfelder von Baku, Grosny und Maikop, ein Ziel, das bereits im Dezember 1941 erreicht werden sollte. Die deutsche Armee zog mit drei Millionen Mann, 600.000 Kraftwagen und Panzern sowie Zehntausenden Flugzeugen aus. Auch ihre Führung träumte von einem Sieg in wenigen Monaten, unterschätzte dabei aber die großen Entfernungen, die Nachschubprobleme und den Verteidigungswillen des Gegners, der keine Opfer scheute.

Besonders erbittert kämpften die Deutschen um die Krim, denn sie wollten verhindern, daß sowjetische Luftangriffe die Ölfelder im rumänischen Ploesti zerstörten. Im Jahr 1942 begann die »Operation Blau«, mit der die Ölfelder Kaukasiens erobert werden sollten. Eine »Ölbrigade« von 15.000 Mann wurde beauftragt, zu erwartende Zerstörungen der Anlagen schnellstens zu beseitigen. Als im Verlauf des Verstoßes nach Südwesten Rostow gefallen war, wurde die aus Kaukasien nach Zentralrußland führende Pipeline abgeschnitten. Die Ölfelder von Maikop und Grosny fielen nur als Ruinen in deutsche Hand, und der Stoß nach Süden blieb im Kaukasus stecken.

Trotz aller Anstrengungen betrug die Förderung in Maikop im Januar 1943 nur 70 Barrel pro Tag, und den Panzern und Flugzeugen fehlte der benötigte Treibstoff. Im November 1942 war der Angriff nach Süden endgültig gescheitert, im Winter 1942/43 ging die 6. Armee in Stalingrad unter und drohte den Truppen im Kaukasus die Einkesselung. Sie flohen im Januar 1943 in panischer Eile.

Ein ähnliches Schicksal erlitt das propagandistisch überhöhte Afrika-Abenteuer unter dem Kommando Rommels. Sein »Afrika-Korps« sollte die geschlagene italienische Armee retten und über Alexandria nach Vorderasien vorstoßen, um sich mit der über den Kaukasus kommenden Armee zu vereinen. Doch beide kamen nicht durch.

Der Krieg in Afrika spielte sich auf einem Streifen von 100 mal 1.200 Kilometern ab. Die Nachschublinien verlängerten sich beim Vorstoß auf Alexandria derart, daß die Tankwagen auf der Fahrt an die Front mehr Benzin verbrauchten, als sie beförderten. Die britische Flotte sperrte von Malta aus den Nachschub, und als vier mit Öl beladene Tanker von Bombern im Hafen von Tobruk versenkt wurden, mußten das Korps und die Italiener sich zurückziehen. Die Allierten besetzten Marokko und Algerien und die deutschen Truppen kapitulierten im Mai 1943 in Tunesien.

In Deutschland war Albert Speer inzwischen bemüht, die Kriegsproduktion mit allen Mitteln anzukurbeln und konnte dabei die Ölsynthese von täglich 72.000 Barrel im Jahre 1940 auf 124.000 Barrel 1943 steigern. 92 Prozent davon waren Flugbenzin. Die Mengen wurden zu einem Drittel durch Sklavenarbeit – also durch KZ-Häftlinge und »Ostarbeiter« – erzeugt und deckten 57 Prozent des Bedarfs. Bis in das Frühjahr 1944 vermieden es die Angloamerikaner, diese Betriebe zu bombardieren. Erst drei Monate vor ihrer Invasion in Frankreich begannen sie, die Leunawerke zu bombardieren. Am 5. März 1944 erfolgte der erste Luftangriff.

Dann wurden auch erstmals Bomben auf Ploesti geworfen, wodurch die Ölproduktion rapide abstürzte und im

September nur noch 5.000 Barrel täglich betrug. Nachdem die Rote Armee die Stadt eingenommen hatte, konnte die deutsche Luftwaffe nur noch mit einem Zehntel ihres Mindestbedarfs versorgt werden. Die Produktion konnte zwar noch einmal gesteigert werden, sank dann aber im Februar 1945 auf 1.000 Tonnen täglich – 0,5 Prozent dessen, was im Frühjahr 1944 noch produziert worden war. Der Krieg in Europa ging zu Ende.

Im Fernen Osten hatten die Ölgesellschaften auf Borneo die Ölquellen verschlossen, als die Japaner die Insel angriffen. Ab März 1942 kontrollierten diese alle holländischen Kolonien in Südasien, stießen aber bei den Midways auf erbitterten Widerstand und verloren vier Flugzeugträger. Zwei Monate danach begannen die Amerikaner einen Gegenangriff bei Quadalcanal, dem sechsmonatige Kämpfe folgten, welche die japanische Expansion zum Stehen brachten.

Die Japaner konnten die Ölförderung auf Borneo und Sumatra auf vier Fünftel der Vorkriegsproduktion steigern, standen aber vor dem Problem eines langen Transportweges. Die Amerikaner führten einen erfolgreichen U-Bootkrieg, dem 86 Prozent aller japanischen Stahlschiffe zum Opfer fielen. Weitere 9 Prozent waren so schwer beschädigt als sie Japan erreichten, daß sie nicht wieder eingesetzt werden konnten. Während im Jahr 1943 noch 58 Prozent des verschifften Öls das Land erreichten, verfügte Japan im Juni 1944 in der Schlacht bei den Marianen nicht einmal mehr über ausreichende Mengen für seine Schiffe und Flugzeuge, die auf kürzestem Wege in den Kampf geschickt werden konnten. Japan stationierte daher seine Kriegsflotte in Singapur, in der Nähe der Ölquellen also – doch nun fehlten sie bei der Abwehr amerikanischer Angriffe im Osten und Norden der japanischen Inseln. Japanische Piloten erhielten nur noch Benzin für 30 Trainingsstunden, wodurch sie den gut ausgebildeten amerikanischen Piloten unterlegen waren. Die japanische Flotte wurde auf Kohle umgestellt und Flugbenzin aus Holzterpentin gewonnen.

Als im Oktober 1944 die Flotten Japans und der USA aufeinandertrafen, verlor die japanische Seite vier Flugzeugträger, zehn Kreuzer und 13 Zerstörer, da sie keine Flugzeuge zu ihrer Bedeckung einsetzen konnte. Weil die japanischen Piloten einem Luftkampf ohnehin nicht mehr gewachsen waren, setzten ihre Kommandeure sie als Kamikaze ein, die sich mitsamt ihren Maschinen auf die feindlichen Ziele stürzten. Im März 1945 verließ der letzte japanische Geleitzug Südasien und wurde völlig vernichtet. Daraufhin wurde das größte japanische Schlachtschiff in Okinawa auf Grund gesetzt, um als Batterie zur Verteidigung der Insel zu dienen. Die Garnison verteidigte sich bis zum 21. Juni 1945 und fügte den Amerikanern 35 Prozent der Verluste zu, die diese im Kampf gegen Japan erlitten haben.

Im August kam das Aus für Japan. Am 6. August 1945 warfen die Amerikaner die erste Atombombe auf Hiroshima, am 8. trat die UdSSR in den Krieg gegen Japan ein und besetzte die Mandschurei, am 9. August verbrannte auch Nagasaki in der Gluthitze einer Atombombendetonation. Fünf Tage später bot der Kaiser über den Rundfunk die Kapitulation an, und am 30. August landete der Kommandeur der US-Truppen MacArthur in Tokio. Der 2. Weltkrieg war auch in Asien zu Ende.

Und Europa? Im September 1939 war Churchill erneut zum Ersten Lord der Admiralität berufen worden und leitete als Premierminister seit Frühjahr 1940 die Verteidigung der Insel. Wieder wurde er mit dem Erdöl konfrontiert. Deterding war als fanatischer Feind der UdSSR zu den Nationalsozialisten übergelaufen und 1939 in Deutschland gestorben. Die Naziregierung versuchte, seine Anteile an BP zu übernehmen, doch die britischen Juristen befanden, daß seine Ansprüche an sein Amt gebunden gewesen seien. Mit Kriegsbeginn ordnete die britische Regierung ein nationales »Pool« an, eine staatliche Rationierung des über See kommenden Erdöls. Deutsche U-Boote bedrohten wie im 1. Weltkrieg die Nachschubwege, was Englands Ölvorrat bald auf Mengen beschränkte, die nur für zwei Monate ausreichten.

Die USA stellten im März 1941 im »Lend and Lease«-Gesetz England 50 Tanker zur Verfügung und erhöhte die Ölproduktion im Lande über den heimischen Bedarf, um Großbritannien beliefern zu können. Die deutschen U-Boote drangen bis an die amerikanische Küste vor und versenkten in den ersten drei Monaten des Jahres 1942 viermal soviele Schiffe, wie in dieser Zeit hätten gebaut werden können. Bis Ende 1943 verlor die amerikanische Tankerflotte ein Viertel ihrer Schiffe, doch dann konnte der deutsche Marinecode gebrochen werden und Kampfflugzeuge und Zerstörer dank des Radars die Oberhand über den Feind gewinnen. Im Mai 1943 war ein Drittel aller deutschen U-Boote vernichtet, und deshalb zog die deutsche Marine ihre verbliebenen am 24. des Monats aus dem Kampfgebiet zurück.

Noch bei der Invasion in Frankreich behinderte Benzinknappheit die alliierten Aktionen, doch waren die deutschen Truppen noch schlechter damit versorgt.

### *Die USA auf dem Weg in den Golf*

Im 2. Weltkrieg begannen die USA, das britische Kolonialreich schrittweise aufzulösen und zu übernehmen. Dies galt besonders in bezug auf die bisherige britische Domäne am Golf mit den großen Erdölvorkommen.

Im Jahre 1943 wurde der Geophysiker Everette Lee de Goyler in den Nahen Osten geschickt, um die Aussichten auf Erdöl zu prüfen. Er besuchte den Iran, den Irak, Kuwait, Bahrain und Saudi-Arabien[68] und kehrte im Frühjahr 1944 in die USA zurück. Lee de Goyler schätzte die vorhandenen Reserven auf 25 Milliarden Barrels, vermutete aber, daß noch bis zu 300 Milliarden zu finden seien. Der Bericht wurde zur Grundlage langfristiger Planungen, die den USA das Nahost-Öl sichern sollten, falls, wie nach Beginn des Kalten Krieges erwartet, ein 3. Weltkrieg gegen die UdSSR ausbräche. Die Produktion von Erdöl im gesamten Nahen Osten machte1940 weniger als

5 Prozent der Weltförderung aus, die der USA dagegen 63 Prozent, doch die Ölpolitiker blickten weit in die Zukunft. Das »Exterritorial Oil« war der Hauptschatz, den es für die amerikanische Herrschaft zu gewinnen galt.

Henry Ickes, der faktische Ölminister der USA, und der Republikaner Cabot Lodge forderten 1943 staatliches Engagement bei der Übernahme des Nahost-Öls – trotz bestehender britischer Ansprüche auf die Länder am Golf. Einen Ansatzpunkt für die Amerikaner lieferte Riad, denn Saudi-Arabien hatte durch den Krieg seine Haupteinnahmequelle verloren – die Pilger blieben aus. Daher forderte die CASOC – gebildet aus SOCAL und Texaco – im Februar 1943 von der amerikanischen Administration Finanzhilfe für Ibn Saud. Auf diese Weise hoffte man, die Briten aus dem Land zu verdrängen. Roosevelt entschied, daß Lend and Lease-Mittel vom 18. Februar 1943 an auch an die Saudis gezahlt werden sollten, obwohl diese Mittel nach dem Wortlaut des Beschlusses nur für die Unterstützung der »demokratischen Staaten« in ihrem Kampf gegen die Diktaturen gewährt werden sollten.

Die staatliche »Petroleum Reserve Cooperation« verlangte im Gegenzug von der CASOC 100 Prozent ihrer Aktien – eine Forderung, die nach heftigem Widerstand des Konzerns auf 51 Prozent reduziert wurde.

Neu ins Leben gerufen wurde 1944 die »American-Arabian Oil Company« (ARAMCO), die ein Drittel der CASOC übernahm. Die US-Regierung sicherte ihr die Abnahme von 51 Prozent der Produktionsmengen für Friedenszeiten zu, die vorwiegend von der neuen Raffinerie in Ra's Tanura verarbeitet werden sollten. Und das, obwohl sich die amerikanische Regierung aus unbekannten Gründen noch 1943 – vermutlich auf Druck der Engländer und der CASOC – wieder aus dem Geschäft zurückgezogen hatte.

Im August 1944 schlossen England und die USA das »Anglo-American Petroleum Agreement«, das beide Partner als gleichberechtigt ansah. Widerstand dagegen leisteten lediglich die ausgeschlossenen Independents, die ebenfalls an den Golf drängten. Nach dem Tode Roosevelts 1945 wurde die Regierung der Demokraten von einer republikanischen abgelöst. Die Verwaltung des »Agreements« übernahm der Marineminister James Forrestal, der es noch bis 1947 mit dem Argument einer sowjetischen Bedrohung des Golfes verteidigte. Dann aber ließ man jede Rücksicht auf Großbritannien fallen.

In den USA stiegen die Autoproduktion und damit der Ölabsatz immer stärker. Hatte es 1945 26 Millionen Fahrzeuge gegeben, betrug ihre Zahl fünf Jahre später bereits 40 Millionen. Der Erdölpreis zog an, und bald gab es zu wenig Tanker, um den in Europa ebenfalls wachsenden Bedarf zu decken. Die großen Ölgesellschaften suchten weltweit nach neuen Vorkommen.

Eine Tochter der Standard Oil of New Jersey, die Imperial, stieß bei Edmonton in Kanada auf Öl, und ein neuer »Boom« brach aus. Im Jahre 1950 kannte man schon 20 Prozent mehr Reserven als 1945. Konnten die USA bis 1947 noch Erdöl exportieren, so überstieg seit jener Zeit der Inlandsbedarf die Ölproduktion im Lande, so daß Öl importiert werden mußte. Um den Seeweg für arabisches Öl zu verkürzen, forderte die ARAMCO den Bau einer Transarabischen Pipeline (TAP) zum Mittelmeer und nahm 1946 Verhandlungen mit Socony und der Standard Oil of New Jersey auf, deren Bedarf an Öl nicht durch ihre eigenen Vorkommen befriedigt werden konnte. Sie stießen dabei jedoch wieder auf das »Red Line-Abkommen«, das der Armenier Gulbenkian einst durchgesetzt hatte, um seine Ansprüche zu sichern. Die ARAMCO zahlte an Socony und Texaco 470 Millionen Dollar, und diese erhielten zwei Fünftel des ARAMCO-Öls zum Verkauf. Der alte Kämpe Gulbenkian klagte gegen dieses Geschäft vor britischen Gerichtshöfen und bekam große Entschädigungen zugesprochen, für die er das »Red Line-Abkommen« aufgab.

Für Kuwait konstituierten die Kuwait Gulf und die Anglo-Iranian Company, die frühere APOC, die Kuwait Oil Company, der jedoch ein Absatzmarkt fehlte. Deshalb schloß sie einen Vertrag mit der Royal Dutch/Shell, die für sie den Vertrieb des Öls in Europa übernahm und beispielsweise 30 Prozent des Bedarfs der BRD deckte. Die Sabahs von Kuwait setzten einen Vertrag auf der Basis 50 zu 50 Prozent des Nettogewinnes durch und gehörten bald zu den Spitzen der Finanzwelt.

In der UdSSR erreichte die Ölproduktion 1945 nur drei Fünftel der Förderung des Jahres 1941. Deshalb versuchte die UdSSR, Anteile an der Förderung von Öl im Iran zu erwerben. Der Schah zog es aber vor, 1947 einen Zwanzigjahresvertrag mit der Anglo-Iranian, der Socony und Standard Oil of New Jersey zu schließen, der die UdSSR ausdrücklich ausschloß.

England durchlebte 1946 eine schwere Energiekrise. Selbst die Kohle wurde im Winter knapp. Kriegsfolgen und Zerfall der Kolonialwirtschaft veranlaßten die Labour-Regierung, teure Aktionen im Ausland zu beenden. Die Palästinakrise schob man an die UNO ab, und die Truppen aus Griechenland wurden abgezogen.

Die USA nutzten die Lage Westeuropas aus, um mittels einer »Wirtschaftshilfe« ihre Vormachtstellung auf diesem Kontinent zu konstituieren. Der im Juni 1947 verkündete Marshall-Plan hatte u. a. die Schaffung eines Ölmarktes in Westeuropa zum Ziel, für das die hiesige Kohleförderung ausgeschaltet wurde. Ein Fünftel der Mittel dieses Plans wurden für Ölimporte nach Westeuropa ausgegeben. Das »As-is-Agreement« wurde gesprengt. An die Stelle der Lieferungen aus den USA, die den Bedarf 1946 noch zu 77 Prozent deckten, trat schon bald das Nahost-Öl. 1951 kamen vier Fünftel der verbrauchten Ölmenge von dort.

Die Versorgung Westeuropas lief in erster Linie über die TAP, die in Sidon endete und seit 1950 in Betrieb war. Ihre Jahresleistung entsprach der von 60 Tankern, wobei sie das Öl über 1.040 englische Meilen beförderte, während die Tanker 7.200 Meilen zurücklegen mußten.

Die Saudis drohten, der ARAMCO die Konzession zu entziehen mit der Begründung, die USA unterstützten Israel. Doch zielte ihre Drohung lediglich auf eine Erhöhung des Ölpreises.

In den USA brachte der Kalte Krieg ein zweites Manhattan Projekt (Code-Name für die Entwicklung der Atom-Bombe) hervor. Es bündelte Überlegungen, wie das Land im Kriegsfall mit eigenem Öl versorgt werden sollte. Geplant war, für 10 Milliarden Dollar Raffinerien für Kohle und die Verarbeitung von Ölschiefer zu bauen, bewilligt wurden jedoch nur 85 Millionen Dollar. Als sich 1951 zeigte, daß die Hydrogenisierung noch immer mindestens dreimal so teuer war wie die Förderung von Öl, wurde das Projekt fallengelassen. Dafür begannen, ungeachtet der hohen Kosten, »Off-shore«-Bohrungen vor der Südküste der USA, die unter dem Golf von Mexiko riesige Öllager nachwiesen.

Im Nahen Osten erwarben »Unabhängige« mit Hilfe der amerikanischen Regierung Konzessionen für die »neutrale Zone«. In Saudi-Arabien machte Paul Getty, der sowohl mit den Nazis Geschäfte getätigt als auch die Demokratische Partei der USA finanziert hatte, ein Vermögen. Zunächst waren seine Auslagen bis 1953 auf 30 Millionen Dollar angestiegen, doch dann fand er Öl in solchen Mengen, daß er zum reichsten Mann in den USA wurde.

Die Rezession am Ende der 40er Jahre brachte Saudi-Arabien an den Rand einer Pleite. Zur gleichen Zeit erfuhren die Saudis, daß die amerikanische Regierung mit der Steuer, die sie auf importiertes Öl legten, viermal mehr einnahmen, als sie selbst erhielten. Daraufhin drohten sie, die Lieferungen einzustellen – doch die ARAMCO entdeckte einen für die Gesellschaft lukrativen Ausweg im amerikanischen Steuergesetz: Da es gestattet war, im Ausland gezahlte Steuern in den USA von der Steuer abzusetzen, zahlte sie an Riad 39 Millionen Dollar »Steuern«. Im Dezember 1950 konnten die Saudis dann einen Vertrag über die Halbierung der Profite durchsetzen, so daß die Dynastie im folgenden Jahre bereits mehr als 110 Millionen Dollar kassierte. Kuwait hatte der Gulf Oil einen ähnlichen Vertrag abgenötigt.

Die iranische Regierung erhielt ebenfalls weniger für ihr Öl als die britische Regierung an Steuern kassierte. Von den 250 Millionen Dollar Profit der Anglo-Iranian bekam Teheran lediglich 90 Millionen. Die USA boten dem Land 1949 eine Gewinnbeteiligung von 51 Prozent, um auf den iranischen Markt zu gelangen. Die Schah-Regierung zögerte. Das Ölkomitee des Parlaments lehnte das Angebot vollends ab. Es verlangte die Nationalisierung der Bodenschätze. An sich war Teheran in einer günstigen Position, denn die USA waren im Koreakrieg gebunden. Die Raffinerie der Anglo-Iranian in Abadan lieferte zwei Fünftel des Öls aus dem Nahen Osten, vorwiegend Flugbenzin. Der Präsident des Komitees, Mohammad Mossadegh, geriet in Gegensatz zu dem vom Schah ernannten Ministerpräsidenten Ali Razmara, der sich mit den USA arrangieren wollte. Razmara fiel einem Attentat zum Opfer, und der Schah machte Mossadegh am 28. April 1951 zum neuen Ministerpräsidenten. Drei Tage darauf unterschrieb er das Gesetz zur Nationalisierung des iranischen Erdöls. Eine solche Entscheidung war eine Kampfansage an das Öl-Establishment in der ganzen Welt. Mossadegh scheint auf amerikanische Unterstützung gerechnet zu haben, die ihm wahrscheinlich auch versprochen worden war, denn die USA sahen in diesem Aristokraten eine Garantie gegen die im Iran starke kommunistische Bewegung der Tudeh. Außerdem wollten sie die Briten aus ihrem iranischen Ölmonopol drängen. Der stellvertretende Secretary of State (stellvertretender Minister) John F. Kennedy erklärte offen, daß die USA bereit sein müßten, die beim Ausscheiden der Anglo-Iranian Company entstehende Lücke auszufüllen. Die Company setzte ein britische Embargo durch und drohte mit einem militärischen Eingreifen, doch die britische Regierung lehnte letzteres ab. Mossadegh zwang die letzten Engländer, das Land zu verlassen, woraufhin der Ölkrieg begannt.

Die Anglo-Iranian verhinderte per Gerichtsbeschluß den Absatz iranischen Öls weltweit, wodurch die Förderung von 660.000 Barrel pro Tag im Jahr 1950 auf 20.000 im Jahr 1952 fiel.

Die englische Flotte blockierte die iranischen Häfen, und die bisherigen Abnehmer iranischen Öls deckten sich anderweitig ein, so daß die Ölförderung im Weltmaßstab im selben Zeitraum von 10,9 Millionen Barrel am Tag auf 13 Millionen stieg.

In England wurde eine konservative Regierung gewählt, deren Zusammensetzung eine Kriegsdrohung war. Churchill als Premier und Anthony Eden als Außenminister waren eng mit der Erdöllobby ihres Landes verbunden. Mossadegh bot inzwischen der Royal Dutch den Standort Abadan an, falls sie kein britisches Personal einsetzte, und versuchte, Waffen in den USA zu kaufen.

Die Amerikaner schlugen die Bildung eines internationalen Konsortiums vor, in dem natürlich ihre Gesellschaften vertreten sein sollten. Als Mossadegh dies ablehnte, einigten sie sich mit den Briten auf der Basis der amerikanischen Interessen. Die führenden Mullas des Iran wandten sich daraufhin gegen Mossadegh, und die CIA gewann im Juli 1953 den ehemaligen Kosakenoffizier und Verbindungsmann zu Hitlerdeutschland, Faizollah Zahedi, für einen Putsch. Nach Straßenkämpfen übernahm er die Macht am 19. August . Der nach Bagdad geflüchtete Schah kehrte nach dem Sturz Mossadeghs nach Teheran zurück. Danach begann die Zeit der amerikanischen Vorherrrschaft im Iran.

Die Regierung der USA entschied sich vor allem aus strategischen Gründen zur Übernahme des Iran, da es eine lange Grenze mit der UdSSR und eine zahlenmäßig große Bevölkerung hatte, aus der sich eine starke Armee rekrutieren ließ, mit der der sowjetische Kaukasus und Mittelasien bedroht werden konnte.

Am 29. Oktober 1954 bildeten die Anglo-Iranien, ARAMCO, die Gulf Oil, Shell und die CFP ein Konsortiums. Die amerikanischen Ölfirmen verfügten über genügend Öl in Arabien, so daß sie dieses Konsortium nicht benötigten. In den USA selbst versuchten starke Kräfte das »International Petroleum Cartel« unter Anwendung der Anti-Kartell-Gesetze des Landes zu zerschlagen, trafen dabei aber auf entschiedenen Widerstand in den USA, in England, den Niederlanden und in Frankreich. Schließlich gaben der Generalstaatsanwalt und der National Security Council den »Unabhängigen« die Garantie, daß die Anti-Trust-Gesetze des Landes nicht für eine Tätigkeit im Ausland gelten würden. Das Konsortium schloß ein Agreement mit Teheran, nach dem die »National Iranian Oil Company« als Eigentümerin des Öls und der Einrichtungen anerkannt wurde. Management und Verkauf übernahmen die Firmen des Konsortiums. Von den Profiten erhielt die Anglo-Iranian 40 Prozent, Shell 14 Prozent, die CFP 6 Prozent und die amerikanischen Firmen je 5 Prozent. Die großen amerikanischen Firmen gaben je 1 Prozent an die Independent American Oil Company (IRICON) ab. Das Verkaufsmonopol wurde aufgegeben und der Anglo-Iranian 500 Millionen Dollar in Etappen als Entschädigung gezahlt.

Trotz der TAP blieb der Seeweg und damit der Suezkanal eine Hauptschlagader des Öltransports. 1966 passierten zwei Drittel aller Öltransporte den Kanal. Der Kanalvertrag sollte 1968 auslaufen, und die ihn kontrollierenden Briten sahen sich mit dem neuen Herrn in Kairo vor ein großes Problem gestellt. Gamal Abd an-Nasr hatte 1953 den Chediven ins Exil geschickt und versuchte, Ägypten ohne fremde Herren zu entwickeln. Er verlangte die Räumung der Kanalzone – trotz der Erklärung der Briten, daß der Kanal ein integraler Bestandteil des Komplexes Mittlerer Osten und von vitalem Interesse für Großbritannien sei. Gemeinsam mit den USA wollte Großbritannien daraufhin Nasr wirtschaftlich erpressen, als er 1956 den Abzug der letzten Besatzungstruppen erzwang. US-Außenminister Allan Dulles zog die bereits zugesagten Kredite zur Finanzierung eines neuen Staudamms bei Assuan zurück und die Briten und Franzosen ihre Lotsen vom Kanal ab – eine Aktion, die lächerlich war, da Ägypten eigene Lotsen hatte und nunmehr aus Osteuropa Hilfe erhielt. General Dwight Eisenhower, der als US-Präsident den Koreakrieg mit einem Kompromiß beendet hatte, warnte davor, Gewalt anzuwenden, denn er stand vor Neuwahlen.

Die Franzosen hingegen fürchteten die Beispielwirkung für ihre nordafrikanischen Kolonien und waren bestrebt, die dort erkennbare Nationalbewegung zu unterdrücken. Sie nahmen Verbindung mit den Israelis auf, mit denen auch die Briten bereits verhandelten. Großbritannien war damals der größte Schuldner im Weltmaßstab und befürchtete, seine ostarabischen Kolonien und damit den Zugang zum Öl zu verlieren. Am 24. Oktober 1956 kamen anglofranzösische Spitzenvertreter in Sèvres mit den Führern der israelischen Regierung Ben Gurion, Moshe Dayan und Shimon Peres zusammen. Fünf Tage danach griffen die Israelis Ägypten an. Am 30. Oktober 1956 schickten Briten und Franzosen ein demagogisches Ultimatum an beide Parteien und forderten sie auf, die Kämpfe einzustellen, was erwartungsgemäß nicht geschah. Daraufhin bombardierten britische Flugzeuge ägyptische Flughäfen, militärische Stellungen und besonders Wohnviertel, während die Ägypter den Kanal sperrten, der ohnehin bereits unpassierbar geworden war, durch die von den Aggressoren versenkten Schiffe. Die Syrer schlossen die Leitungen der TAP. Die USA und die UdSSR – letztere war zur Stunde auch mit der Niederschlagung eines Volksaufstandes in Ungarn beschäftigt – setzten am 6. November 1956 einen Waffenstillstand durch. Fortan aber war der Nahe Osten Schlachtfeld im Kalten Krieg der beiden politischen Systeme.

Die Unterbrechung des Öltransports verursachte eine ernste Energiekrise in Westeuropa, die erst im Frühjahr 1957 überwunden werden konnte, als die Pipelines und der Kanal wieder zu arbeiten begannen. Diese Krise war für japanische Werften Anlaß, Riesentanker auf Kiel zu legen, die eine Fahrt um das Kap der Guten Hoffnung wieder rentabel machten.

Die Anlehnung Nasrs an die UdSSR hingegen bewirkte, daß Saudi-Arabien zum USA-hörigen Widerpart in der arabischen Welt wurde. Die Saudis erhielten von den Ölgesellschaften einen Vertrag, der ihnen 56 Prozent Gewinnbeteiligung zusicherte, und als die Emire von Kuwait auf 57 Prozent kamen, zogen sie auch nach.

Unterdessen hatte die italienische Azienda Generali Italiana Petroli ein Abkommen mit dem iranischen Schah über 75 Prozent Anteil am Gewinn geschlossen, sie fand aber in dem ihr zugewiesenen Gebiet kaum Öl.

Glücklicher und klüger waren japanische Firmen, die 1959 von den Kuwaits und Saudis die Off-Shore-Schürfrechte vor der neutralen Zone erwarben. Im Jahr darauf stießen sie bereits auf Öl, mit dem sie1965 bereits 15 Prozent des rasch steigenden japanischen Bedarfs deckten.

In das Off-Shore-Geschäft stieg die Standard Oil of Indiana ebenfalls ein, indem sie 1958 einen diesbezüglichen Vertrag mit dem Iran schloß und vor der Insel Kharg fündig wurde.

### *Aufstieg und Glanz der OPEC*

In den erdölproduzierenden Ländern entwickelte sich eine Schicht erfahrener Manager und Experten, die größtenteils im Dienst der Ölfirmen standen. Unter ihnen gab es auch nationalbewußte Bürger, die erkannten, wie sehr die euro-amerikanischen Unternehmen ihre Heimat ausbeuteten, und die nach Wegen aus dieser Abhängigkeit suchten. Aus ihren Reihen erwuchsen den Monopolen Kritiker und Gegner, die bis in die Regierungskreise aufstiegen.

In Venezuela hatten Offiziere 1948 geputscht und waren zehn Jahre darauf durch einen Gegenputsch wieder gestürzt worden, der Romulo Betancourt an die Macht brachte. Er kannte den Einfluß der Monopole, kooperierte mit ihnen und strebte zugleich danach, ihre Wirkungsmöglichkeit einzuschränken. Er berief Juan Pablo Perez Alfonzo, einen einheimischen Erdölfachmann, der jahrelang für amerikanische Firmen gearbeitet hatte und dem die Probleme des Weltmarktes genau bekannt waren, zum Minister für Bergwerke und Erdöl. In Venezuela lagen die Produktionskosten je Barrel Öl viermal so hoch wie am Golf, und er wußte von den Versuchen einer staatlichen Kontrolle und Steuerung des Ölflusses in den USA. Ihm war klar, daß nur eine globale Kooperation der Erzeugerländer diesen eine Chance auf höhere Gewinne verschaffen könnte.

In Kairo traf sich Alfonzo mit Abdullah Tariki, den ersten »Technokraten« der Saudis, der seine Erfahrungen bei Texaco erworben hatte. 1955 war er zum Direktor für Öl und Bergbau seines Landes berufen worden. Er setzte sich für eine Preis- und Produktionskontrolle ein, der aber die Zersplitterung des Marktes und ein Überangebot entgegenstanden. Die 50er Jahre hatten eine allgemeine Steigerung der Erdöl-Produktion gebracht. Neue Exporteure waren auf den Markt gelangt, allen voran die UdSSR, die seit 1958 Öl in großen Mengen billig anbot. 1960 lieferte die Sowjetunion von den neuen Feldern im Wolga-Ural-Gebiet bereits drei Fünftel der Menge, die im Nahen Osten gefördert wurde.

Dulles hatte 1958 im US-Kabinett Alarm geschlagen und behauptet: »The free world faces a quite dangerous situation in the Soviet capacity for dislocate established markets«.[69] Der »posted price«, der offizielle Preis des internationalen Marktes, wurde beispielsweise in den Schwarzmeerhäfen um die Hälfte unterboten, wodurch die Konzerne zu Preissenkungen gezwungen waren. Hintergrund war die kritische wirtschaftliche Lage der UdSSR, die zumeist nur durch Rohstoffverkäufe auf dem Weltmarkt Devisen erwirtschaftete. Um aber auch dabei interessant zu sein, verlangte sie Dumping-Preise. Diese Verschleuderung der nationalen Ressourcen, die in kausalem Zusammenhang mit der Hochrüstung des Kalten Krieges stand, führte in der Tendenz zum wirtschaftlichen Zusammenbruch der UdSSR.

Im April 1959 trat in Kairo ein Arabischer Ölkongreß zusammen, auf dem u. a. Tariki und Alfonzo ein »Gentlemen's Agreement« schlossen, um eine »Oil Consult Commission« zwecks Abstimmung der Ölpolitik ins Leben zu rufen. Aus dieser Kommission entstand die Organisation erdölproduzierender Länder, die OPEC. 1960 hatte die OPEC so viele Mitglieder, daß sie theoretisch neun Zehntel aller Erdöl-Vorräte kontrollierte. Praktisch jedoch war sie aber ziemlich machtlos, denn alle beteiligten Staaten – Iran ausgenommen – hatten ihre Reserven an die Konzessionäre abgetreten. Außerdem entließ Saudis Staatsoberhaupt Faisal seinen Minister Tariki, da er jeden Konflikt mit den USA vermeiden wollte. Auch Alfonzo resignierte und trat 1963 enttäuscht zurück.

Die Ölmonopole hingegen ignorierten die OPEC und erschlossen unbeeindruckt neue Ölfelder. Die französische Enterprise de recherches et d'activités petroliers (ERAP) beispielsweise deckte ab 1961 den französischen Bedarf aus den in Algerien erschlossenen Quellen zu 94 Prozent. Oder Nigeria: Es exportierte Erdöl hoher Qualität seit 1956.

Libyen erließ 1955 ein Erdölgesetz, das vorschrieb, beschränkte Konzessionen an möglichst viele Bewerber zu vergeben. Zwei Jahre später versteigerte es 48 Konzessionsgebiete, für die 17 Firmen Angebote unterbreiteten. Im April 1959 wurde die Standard Oil of New Jersey im Lande fündig. Das libysche Erdöl war wie das nigerianische arm an Schwefelbeimengungen und daher leicht abzusetzen. Mehr als die Hälfte der an der Ausbeutung der libyschen Quellen beteiligten Firmen, waren sogenannte Unabhängige, die auf den amerikanischen Binnenmarkt nicht Fuß fassen konnten und ihr Öl in Europa absetzen mußten. Das führte zwischen 1960 und 1969 zu einem Preisverfall, der mit einer schleichenden Inflation verbunden war.

Auch im Nahen Osten tauchten immer mehr Interessenten auf. Waren im Jahre 1949 im Nahostgeschäft neun Firmen tätig, betrug die Zahl der Ölaufkäufer 1956 bereits 19, 1970 zählte man 81 und 1972 mehr als 359, von denen nur 25 nicht aus den USA kamen. Diese Konkurrenz senkte die Profitrate von 20 Prozent auf 10 bis 11 Prozent.

Am Golf entwickelte sich eine Rivalität zwischen den Saudis und dem Iran um die Vorherrschaft in diesem Gebiet. Der Schah war sich seiner Bedeutung für den militäisch-industriellen Komplex und die militärischen Planungen der USA bewußt, und in Saudi-Arabien war die

ARAMCO unangreifbar. Der Schah hatte die Macht, jede beliebige Anzahl von Independents aus den Staaten zuzulassen und konnte so die Produktion bis 1970 um 387 Prozent steigern, während die Saudis nur eine Steigerung auf 258 Prozent erreichten, allerdings war die Ausgangssituation für sie günstiger, also höher gewesen.

Im Jahr 1960 kündigte der Irak 99,5 Prozent der Konzessionsgebiete der IPC, die daraufhin keine weiteren Investitionen im Lande mehr vornahm. Shell ging nach Oman, nachdem die Standard Oil of New Jersey ihr Desinteresse an diesem ostarabischen Land signalisiert hatte. Dennoch betrachteten die Konzerne in den USA die billigen Importe aus dem Nahen Osten und aus Lateinamerika als ernste Bedrohung ihrer Geschäfte. Deshalb forderten sie von Präsident Lindon B. Johnson – der nach dem Attentat auf John F. Kennedy 1963 als Vizepräsident aufgestiegen war –, die Einfuhren auf 5 Prozent zu beschränken und die einheimische Produktion durch Verhängung hoher Zölle zu schützen. Ein »National Security Amendment« erlaubte es der amerikanischen Regierung seit 1955, die Importmengen zu steuern, obgleich Präsident Eisenhower für die Anlage großer Vorräte aus billigem Nahostöl eingetreten und deshalb für Freihandel gewesen war.

Die 1958 ausbrechende Wirtschaftskrise verringerte den Verbrauch an Öl und verstärkte den Widerstand gegen die billigen Importe. 1959 wurden Einfuhrquoten festgesetzt, die den Ölverbrauch in den USA um höchstens 9 Prozent übersteigen durften und vierzehn Jahre in Kraft blieben. Dank dieser Schutzzölle lag der Preis bis 1968 in den USA um 60 bis 70 Prozent über dem des Nahost-Öls, das an der Ostküste des Landes angeboten wurde. Die Inlandproduktion nahm von 1959 bis 1968 um 29 Prozent zu.

Im Weltmaßstab wuchs der Verbrauch von 1948 bis 1972 rasch an. In den USA stieg er von 5,8 Millionen Barrels am Tag auf 16,4 Millionen, in Westeuropa von 0,97 Millionen auf 14,1 Millionen und in Japan von 32.000 auf 4,4 Millionen Barrels am Tag.

Im gleichen Zeitraum stieg die Zahl der Autos in den USA von 45 Millionen auf 119 Millionen, und außerhalb der Vereinigten Staaten von 18,9 Millionen auf 161 Millionen. Die Folge davon war eine geradezu explodierende Nachfrage nach Benzin. Während Westeuropa 1955 noch drei Viertel seiner Energie aus Kohle und nur zu 23 Prozent aus Öl gewann, ging der Anteil der Kohle bis 1972 auf 22 Prozent zurück und erhöhte sich der des Öls auf 60 Prozent.

In Japan wurden erst 1949 wieder Raffinerien in Betrieb genommen, und noch in den frühen 50er Jahren lieferte Öl nur 7 Prozent der Energie – Kohle dagegen 50 Prozent. Selbst aus Brennholz wurde mehr Energie als aus Öl gewonnen. Das japanische Ministerium für internationalen Handel und Industrie förderte allerdings japanische Unternehmen gegen die amerikanische Konkurrenz, und so nahm der Import von Öl seit 1965 jährlich um 11 Prozent zu, so daß es fünf Jahre danach 70 Prozent der Energie lieferte. Die Autoproduktion im Land wuchs auf mehrere Millionen Stück.

Während des sogenannten Sechstagekrieges der Israelis, 1967, versuchten die Araber, das Erdöl erstmals als Druckmittel und damit als Waffe einzusetzen. Am 6. Juni 1967 beschlossen die Ölminister von Kuwait, Saudi-Arabien, Irak, Libyen und Algerien, die Exporte in die USA, nach England und in die BRD wegen deren Unterstützung für Israel einzustellen. Die Ölförderung war schon zwei Tage später um drei Fünftel reduziert und der Suezkanal geschlossen worden. Zugleich verhinderte der Krieg um Biafra die Ölförderung in Nigeria. (Am 30. Mai 1967 hatte sich in Ostnigeria ein Separatistenstaat konstituiert, der am 15. Januar 1970 nach schweren Kämpfen von den nigerianischen Truppen zur Kapitulation gezwungen wurde. Der Konflikt wurde von den Ölmultis geschürt, um sich Einfluß auf die erölreiche Region zu sichern.)

In dieser Zeit kamen die ersten japanischen Riesentanker zum Einsatz. Sie waren siebenmal größer als die 1956 in den USA und Venezuela gebauten Schiffe. Der

Iran, Indonesien und Venezuela nutzten die Chance, steigerten ihre Produktion und übernahmen große Teile des bislang von Arabien belieferten Marktes. Daraufhin scherten die Saudis aus dem Embargo aus – im August 1967 lag die arabische Ölproduktion um 8 Prozent höher als vor dem Boykott.

Der Schah im Iran wähnte sich als Sieger und beging im Oktober 1971 das 2.500jährige Jubiläum der Monarchie mit einer Feier, die vermutlich 100 bis 200 Millionen Dollar verschlang.

Im November 1971 zogen die Engländer ihre 6.000 Soldaten aus dem Golfgebiet ab – die Ausgaben für ihre Garnisonen am Golf in Höhe von 12 Millionen Pfund waren ihnen zu hoch. Der Schah hielt nunmehr seine Stunde für gekommen, um die Macht am Golf mit Zustimmung von US-Präsident Nixon zu übernehmen.

Der Ölimport der USA verdreifachte sich nahezu zwischen 1967 und 1973. Die sogenannte westliche Welt – die Erste Welt – erlebte einen industriellen Aufschwung, der auch die Suche nach neuen Ölquellen anheizte. Alaska wurde nach dem Beispiel Sibiriens gründlich erforscht. Die ARCO, ein Unternehmen der »Unabhängigen« Richfield und Atlantic Refining, stieß1968 in der Prudhoe Bay auf ein Feld, das auf 10 Milliarden Barrels abbaubarer Reserven geschätzt wurde. Allerdings erwies sich der Transport als ein noch größeres Problem als der Abbau. Im Winter herrschten dort Temperaturen bis minus 65 Grad Celsius. Man wollte eine Pipeline zum William Sound bauen, doch Klagen Kanadas, das Umweltschäden befürchtete, verzögerten den Beginn der Arbeiten.

In Libyen schränkte die Regierung Qaddafi die Förderung ein, und 1970 empfahl ihr Tariki, das Öl ebenfalls zu nationalisieren. Der Schah hingegen forderte im gleichen Jahr eine Erhöhung der Royalities auf 55 Prozent des Profits, und Venezuela steigerte sie sogar auf 60 Prozent. Das gab der so lange mißachteten OPEC Auftrieb, und ihre Mitglieder einigten sich endlich darauf, für alle Exporteure 55 Prozent zu verlangen. Iran kam auf dieser Basis zu einem Übereinkommen mit den Golfstaaten, und Libyen nationalisierte 51 Prozent der Erdölindustrie.

Das dennoch noch immer billige Nahostöl ließ die eigene Förderung in den USA auf ein Drittel sinken. Da zwischenzeitlich auch die amerikanischen Elektrizitätswerke ihre Turbinen auf Ölfeuerung umgestellt hatten, stiegen notgedrungen die Importe und damit wieder der Verbrauch spürbar an. Nachdem 1970 ein Versuch, staatliche Preiskontrollen und höhere Zölle durchzusetzen, gescheitert war, kapitulierte die Regierung Nixon im April 1973 endgültig und hob alle Quotierungen und Kontrollen auf. Dadurch provozierten die USA einen weltweiten Anstieg der Ölproduktion. Noch im gleichen Jahr flossen 6,2 Millionen Barrel pro Tag in die Vereinigten Staaten, im Vorjahr waren es lediglich 4,5 Millionen gewesen. Der Ölpreis zog daraufhin wieder spürbar an – auch, weil inzwischen Japan neben den »Unabhängigen« als Großeinkäufer auftrat. Die OPEC konnte ihre Preise von 1970 bis 1973 um 100 Prozent erhöhen.

Parallel dazu lief im Nahen Osten eine neue Phase der amerikanischen Politik. Washington trennte sich von der traditionellen englischen Vorstellung, man müsse die Golfstaaten militärisch beherrschen. Statt dessen machte sie die Oberschicht dieser Länder für sich gewogen und unterstützte ihre Könige, Emire und Scheichs. Der erste große Erfolg der USA im Kampf um die Vorherrschaft am Golf war die Gewinnung Ägyptens als Interessenvertreter. Präsident Anwar as-Sadat, 1970 Nachfolger Abd an-Nasrs geworden, schickte im Juli 1972 die sowjetischen Militärberater heim und brach mit der UdSSR. Mit saudischer, d. h. amerikanischer Unterstützung fand im Oktober 1973 ein Krieg mit Israel statt, der im wesentlichen dazu diente, den Wechsel Ägyptens auf die Seite der USA und Israels zu kaschieren. In diesem 4. arabisch-israelischen Konflikt wurde das Ostufer des Suez-Kanals »erobert«, was dem ägyptischen Volk den Beweis liefern sollte, daß sich der Nachfolger Nasrs heldenhaft – und vor allem: ohne die

Hilfe der Sowjets – gegen die Israelis behaupten konnte. (Im März 1976 wurde folgerichtig der Freundschaftsvertrag mit der UdSSR einseitig gekündigt, nachdem ein halbes Jahr zuvor mit Hilfe der USA zwischen Ägypten und Israel das Sinai-Abkommen geschlossen worden war.)

Im Oktober 1973 liefen zwei einander scheinbar entgegengesetzte Prozesse ab. In Wien forderte die OPEC unter saudischer Führung von den Monopolen die Übergabe aller Konzessionen und Einrichtungen, d. h. die Nationalisierung, und einen Preis von 3 Dollar pro Barrel Öl. Mit Empörung wiesen die Ölmultis diese Forderungen am 11. Oktober zurück.

Zur selben Zeit lieferten sich am Suezkanal Ägypter und Israelis schwere Gefechte.

Am 17. Oktober beschlossen die arabischen Ölminister bei einem Treffen in Kuwait, monatlich die Öllieferungen um 5 Prozent zu drosseln und zugleich die Royalities auf 70 Prozent sowie den Barrelpreis auf 5,11 Dollar anzuheben.

Das klang gewaltig. Allerdings nur, wenn man ignorierte, daß die Regierungen der Importstaaten zwei Drittel der Verbrauchspreise im Inland als Steuer kassierten.

Als Nixon am 10. Oktober eine Militärhilfe für Israel in Höhe von 2,2 Milliarden Dollars freigab, verhängte Riad am 20. Oktober ein totales Embargo. Am gleichen Tag wurde in den USA der »Watergate«-Skandal bekannt, wodurch Nixon in große innenpolitische Schwierigkeiten geriet. Die Führung im Land ging de facto an Außenminister Kissinger über, der mit sowjetischer Vermittlung einen Waffenstillstand aushandelte, der am 26. Oktober 1973 in Kraft trat.

Das arabische Embargo bot jedoch dem Iran die Chance, seine Exporte rasch zu steigern. Der Weltmarktpreis für Öl erreichte phantastische Höhen, und Iran konnte einen »posted price« von 5,4 Dollar kassieren. Nigeria forderte 16 Dollar, und auf der Auktion im Lande boten japanische Spekulanten sogar 22,6 Dollar – sie konnten aber keine Abnehmer für das eingekaufte Öl finden.

Die Ölkrise verschäfte die Inflation und verursachte eine massive Rezession, die vor allem Japan, die USA und die BRD traf.

Lehren aus dieser Krise zogen zuerst die Saudis. Als die ökonomische Kommission der OPEC nämlich einen Preis von 23 Dollar forderte, schlugen die Saudis einen von 8 Dollar vor. Sie waren bereits mit Milliarden Dollar an der »westlichen« Industrie beteiligt und fürchteten die Folgen einer verschärften Rezession, die sich auch gegen sie kehren könnten.

Der Iran verlangte 11,65 Dollar – diesen Preis akzeptierten die Ölmultis. Damit begann die »Goldene Zeit« der OPEC, die jedoch nur von 1974 bis 1978 währen sollte. 1974 nahm sie 140.000.000.000 Dollar ein – 117 Milliarden Doller mehr, als noch zwei Jahre zuvor. Die großen Monopole zahlten, da sie einerseits die Preise an die Verbraucher weitergeben und andererseits einen neuen Markt – nämlich den in den OPEC-Staaten – gewinnbringend besetzen konnten. Die Staaten der OPEC wurden an die »goldene Leine« gelegt und verschuldeten sich rapide. Ihr Defizit betrug bereits 1978 zwei Milliarden Dollar.

1975 wurde König Faisal in Saudi-Arabien ermordet, sein Nachfolger, König Khaled, überließ die reale Macht dem Kronprinzen Fahd (der ihm 1982 auf dem Thron nachfolgen sollte). Fahd korrigierte die Ölpolitik des Landes. Er strebte nach einer Erhöhung der Profite aus Investitionen in der »westlichen« Industrie. Der Schah von Iran hingegen träumte vom Aufstieg seines Landes zur fünftgrößten Industriemacht der Welt.

Die Erste Welt reagierte auf ihre Weise. 1975 zogen die Ölmultis alles verfügbare Geld aus der Golf-Region ab und investierten fortan in den USA, in Kanada und in der Nordsee. Royal Dutch kontrollierte 1976 vier Fünftel der englischen Produktion in der Nordsee.

Der Ölboom in der Nordsee begann 1959, als Shell und Esso bei Groningen ein Erdgasfeld erschlossen. 1965 einigten sich Norwegen und Großbritannien über die Schürfrechte in der Nordsee, und zwischen 1969 und 1971 wurden immer neue Ölfelder entdeckt. Am 18. Juni 1975 legte der erste Tanker mit Nordsee-Öl in London an. Eine staatliche »British National Oil Cooperation« bezahlte alle Erschließungskosten aus Steuergeldern und strebte sogar die Präsidentschaft in der OPEC an, als eine neue Krise die Ölwirtschaft und die Weltlage erschütterte.

Fahd bedrängte US-Präsident Carter 1977, seinen Einfluß auf den Iran und auf Venezuela zu einer Preissenkung zu nutzen. Der Schah akzeptierte zudem eine gemeinsame »prize freeze offensive«, eine Offensive zum Einfrieren der Preise mit den Saudis. Da beide Staaten zusammen 48 Prozent der OPEC-Produktion beherrschten, bedeutete dies das faktische Ende der Organisation. Doch ihr eigentliches Ende kam durch den Sturz des Schahs.

### *Die iranische Revolution und der Weltölmarkt*

Präsident Carter hielt Ende 1976 in Teheran eine Neujahrsansprache. Sie war voll des Lobes, das in dem Satz gipfelte: »Iran, because of the great leadership of the Shah, is an island of stability in one of the most troubled areas of the world«.[70] (»Iran ist durch die große Führerschaft des Schahs eine Insel der Stabilität in einer der unruhigsten Regionen der Welt«).

Oberflächlich betrachtet, schien das der Fall zu sein. Doch die Informationen der CIA waren offenkundig falsch. Eine Woche nach Carters Rede brachen Unruhen im Iran aus. Anlaß war ein Artikel in einer Teheraner Zeitung. Obgleich anonym, stammte er von Informationsminister Dariusch Humayun. Er glaubte, mit der öffentlichen Denunziation eines im Exil lebenden Ayatollahs der Opposition einen Schlag versetzen zu können. Die Attacke erwies sich als Bumerang. Der Angegriffene Ayatollah, Ruhollah Chomeini, war seit Jahren einer der bekanntesten Kritiker des Schahs. Er lebte wie ein Asket, war in traditioneller Weise hochgebildet und träumte in Paris von der Errichtung eines gerechten Staates auf Erden.

Die schiitische Geistlichkeit war die einzige soziale Kraft im Lande, der der Geheimdienst Savak nicht beikommen konnte. Jede Partei, Gewerkschaft oder sonstige Organisation konnte unterwandert und ihre Struktur zerschlagen werden – die schiitische Geistlichkeit jedoch nicht, denn sie ist keine Organisation und keine »Kirche« im Sinne der christlichen Priesterhierarchie.

Mulla kann jeder werden, der eine Medrese – eine religiöse Hochschule – absolviert hat und von einer Gemeinde angestellt wird. Er wählt sich, wie die anderen Gläubigen, unter den bekannten Religionsgelehrten ein Vorbild für seine Lebensführung und seine Anschauungen. Mullas gibt es bis hinab in die kleinen Dörfer, in denen der Geistliche oft seinen Unterhalt durch körperliche Arbeit sichern mußte. Je größer die Moschee oder Medrese ist, an der ein Mulla wirken soll, um so höher sind die Anforderungen an seine Bildung und seine moralische Lebensführung. Den großen Schulen und Moscheen wurden und werden Stiftungen oder Spenden zuteil, weshalb sie zu den großen Grundherren des Landes gehören. Sie werden von führenden Religionsgelehrten geleitet, unter denen die berühmtesten als Ayatollahs – »Zeichen Gottes« – geachtet werden. Heute genießen mehr als 1.200 Männer dieses Ansehen.

Um eine oberste Autorität in die schiitischen Gemeinden zu bringen, ernannte der Schah einen Ayatollah al-Uzma, einen »Obersten Ayatollah«, doch schon in kurzer Zeit gab es sieben bis zehn Gelehrte, die sich Oberste Ayatollahs nannten.

Als junger Monarch stützte sich der Schah auf die Mullas, und 1953 hatte noch ein Teil von ihnen die Unterwerfung des Landes unter das Ölkonsortium begrüßt, weil die Geistlichen, wie der Schah und die USA, die marxistische Tudeh-Partei fürchtete. Später verfolgte der Schah aber mit den immer reicher fließenden Petrodollars eine Politik, die auf eine Amerikanisierung zumindest der Oberschicht und eine monopolkapitalistische Struktur des Landes setzte. Die

Großgrundbesitzer sollten durch eine »weiße Revolution« dazu gebracht werden, ihren Landbesitz bis auf ein Dorf je Familie aufzugeben und ihre Entschädigung in Industrieaktien anzulegen. Der Gesetzesentwurf bezog auch das Waqfeigentum der Geistlichkeit in diese Maßnahmen ein und löste damit ihren erbitterten Widerstand aus. Ayatollah Chomeini griff deshalb den Schah scharf an, der gab nach und strich diese Passage aus der Gesetzesvorlage. Der Bruch mit den Radikalen unter den Geistlichen ließ sich aber nicht mehr kitten. Ihnen war ohnehin die »Verwestlichung« der zu Reichtum kommenden Oberschicht ein Greuel. Außerdem ruinierte die Agrarpolitik Hunderttausende Bauern, weil die Regierung außerstande war, die komplizierte Bewässerungswirtschaft aufrechtzuerhalten und zudem weite Gebiete an amerikanische Firmen für Exportproduktionen abtrat. Unzählige landlose Bauern flohen in die Städte, vorwiegend nach Teheran. Unter ihnen waren oft die Mullas die Einzigen, die lesen und schreiben konnten. Sie hielten die Verbindung zu den religiösen Zentren und waren zugleich – wie ihr Umfeld – dem Druck der Verelendung ausgesetzt. Dennoch waren sie in ihrer Mehrheit religiöse Nationalisten und Patrioten. Sie betrachteten Ayatollah Chomeini als höchste Autorität, auch oder gerade weil ihn der Schah hatte deportieren lassen und Chomeini seit 1964 im Exil leben mußte. Zunächst hielt sich der schiitische Geistliche in der den Schiiten heiligen Stadt Kerbela auf und griff von dort aus die Regierung bei jeder passenden Gelegenheit an. Etwa als der Schah auf amerikanischen Druck erklärte, daß alle Bürger der USA im Iran exterritoriale Rechte genössen, d. h. sie würden nicht mehr der Gerichtsbarkeit des Landes unterliegen. Chomeini verurteilte diese Entscheidung heftig und fand dabei Gehör bei vielen Iranern, weil sie diesen Schritt als Schmach und Entwürdigung empfanden. In diese gespannte Lage platzte Anfang 1977 der Artikel des Ministers Humayun. In Qom, der früheren Lehrstätte Chomeinis, fanden Protestdemonstrationen der Religionsschüler statt, die von der Polizei zusammengeschossen wurden. Nach 40 Tagen hielten in den Heimatorten der Erschossenen nach schiitischem Brauch Verwandte und Freunde Trauerkundgebungen ab, denen erneut mit Gewalt begegnet wurde. Das setzte eine eskalierende Widerstandsbewegung in Gang, die schließlich den Schah ins Exil trieb und Chomeini am 1. Februar 1979 aus Paris heimkehren ließ. Am 1. April proklamierte er die Islamische Republik Iran.

In den letzten Monaten der Auseinandersetzungen, die mancherorts als Volksrevolution bezeichnet wird, hatten die Ölarbeiter im Iran die Produktion gedrosselt und den Export ganz eingestellt.

Ein Ölschock ließ die Preise auf dem Weltmarkt auf 34 Dollar steigen. Die Saudis nutzten die Gunst der Stunde und steigerten ihren Export von 8,5 Millionen Barrel am Tag auf 10,5 Millionen. Das Vertragssystem des Weltmarktes für Öl brach damit endgültig zusammen.

Erst die Wiederaufnahme der iranischen Exporte im März 1979 ließ die Preise fallen und die Saudis zu einer Förderung von 8,5 Millionen Barrel am Tag zurückkehren.

Dennoch hielten die Spekulationen an. US-Präsident Carter kündigte deshalb ein Programm an, das vorsah, in den USA bis 1990 täglich 2,5 Millionen Barrel synthetischen Öls zu erzeugen.

Nigeria nationalisierte die British Petroleum Company, und England erhöhte den Preis für Öl aus der Nordsee.

Die amerikanische Regierung hoffte, die neuen Machthaber im Iran für sich gewinnen zu können, obwohl die das Land nach außen hin vertretende Regierung unter Mehdi Bazargan von den Mullas unter Chomeini mißtrauisch beobachtet und kontrolliert wurde.

Die »Radikalen« befahlen sogar, am 4. November1979 die amerikanische Botschaft in Teheran[71] zu stürmen, um in den Besitz der geheimen Archive zu gelangen. (Diese wurden bald gegen die innere Opposition benutzt.)

Der Sicherheitsberater des US-Präsidenten, Zbigniev Brzeszinski, hatte noch vor dem Sturz des Schahs die Einsetzung einer Militärregierung gefordert, um einer Machtergreifung durch die islamischen Fundamentalisten zuvorzukommen. Nachdem dies mißlungen war, traf er in Algier mit dem neuen iranischen Ministerpräsidenten Mehdi Bazargan und seinem Außenminister Ali Yazdi zusammen. Bei ihrer Rückkehr nach Teheran wurden beide ihrer Ämter enthoben. Die Macht ging nun direkt in die Hände der Mullas über. Die UdSSR, die einen amerikanischen Einmarsch in den Iran befürchtete, sandte ihrerseits Anfang 1980 Truppen nach Afghanistan. Diesen verhängnisvollen Schritt beantwortete Carter mit der Doktrin: »An attempt by any outside force to gain control of the Persian Golf region will be regarded as an assault, will be repelled by any means necessary, including military force.«[72] (»Ein Versuch irgendeiner fremden Macht, die Kontrolle über die Region am Persischen Golf zu gewinnen, wird als ein Angriff betrachtet, wird mit allen erforderlichen Mitteln, auch militärischer Gewalt, zurückgeschlagen werden.«). Diese Warnung ging an die Adresse der UdSSR. Die Intervention der Sowjets – als Hilfsaktion für Afghanistan deklariert – bedeutete nach der Konferenz für Sicherheit und Zusammenarbeit in Europa (KSZE) 1975 einen neuerlichen Rückfall in den Kalten Krieg, der von einer neuen Runde des Wettrüstens begleitet wurde. Die NATO begann mit der Umsetzung eines Langzeitrüstungsprogramms, der Warschauer Pakt installierte in der DDR und der ČSSR atomare Kurzstreckenraketen SS-20, der Westen boykottierte die Olympischen Spiele in Moskau 1980 und der Osten die in Los Angeles 1984, Moskau verließ die Abrüstungskonferenz in Genf, der Westen provozierte den Abschuß einer koreanischen Zivilmaschine über Sibirien und in Afghanistan kam es zum Krieg, der – wie den Amerikanern in Vietnam – unendlich viele Soldaten, Geld und moralisches Ansehen kostete. 1988 zog Moskau seine Truppen ab – es blieb ein verwüstetes, bis auf den heutigen Tag in einen blutigen Bürgerkrieg verstricktes Land zurück.

Die USA wagten keinen offenen Angriff auf den Iran. Im April 1980 unternahmen die Amerikaner einen dilettantisch vorbereiteten Versuch, mittels Hubschraubern und

Kampfflugzeugen bis in die amerikanische Botschaft in Teheran vorzudringen, um die dort festgehaltenen Geiseln zu befreien und eventuelle Demonstrationen mit Flugzeugkanonen und Maschinengewehren zu zerstreuen. Verantwortliche iranische Offiziere waren bestochen worden und hatten die Radarstationen und Luftabwehrraketen aus dem Süden des Landes abgezogen und nach Kurdistan gebracht. Die amerikanische Technik versagte, die Aktion blieb bereits in Tabaz stecken, und die Truppe verließ das Land fluchtartig. Die Blamage für die USA war groß und die Niederlage komplett. Auch für Präsident Carter, der sie angeordnet hatte. Er verlor die Wahlen. Sein Nachfolger für zwei Amtsperioden hieß Ronald Reagan.

Die USA hatten schon Ende 1979 die iranischen Konten eingefroren und ein Embargo für iranisches Öl verkündet. Der Preis für Öl auf dem Weltmarkt stieg bis auf 45 Dollar, und die Iraner verlangten sogar 50 Dollar – obgleich sie boykottiert wurden.

Die Saudis erhöhten erneut ihre Fördermengen, um die Preise wieder zu senken und schlugen auf dem Treffen der OPEC im Dezember 1979 in Caracas einen Preis von 18 Dollar pro Barrel vor. Andere Partner verlangten 28 Dollar.

Es kam zu keiner Einigung unter den Ölministern. Saudis und Kuwaitis brachten weiterhin größere Ölmengen auf den Markt, als es ihnen die OPEC-Quoten erlaubten. Das löste einen Preiskrieg unter den Mitgliedern der Organisation aus. Das Komitee für langfristige Planung forderte eine Anhebung auf 60 Dollar.

Auf der OPEC-Konferenz im Juni 1980 in Algier traten Kuwait und Saudi-Arabien für eine Stabilisierung der Preise ein, die inzwischen bei 32 Dollar lagen. Am 22. September sollte eine weitere OPEC-Konferenz in Wien zusammenkommen – aber sie platzte: Der Irak war über den Iran hergefallen.

Bei diesem Krieg ging es um Erdöl. Neun Zehntel der iranischen Ölreserven lagen (und liegen) in Chusistan – das war das erklärte Angriffsziel von Saddam Hussein, dem irakischen Despoten. Er war zu diesem Überfall von der internationalen Bankenoligarchie unter Führung amerikanischer Monopole ausdrücklich ermutigt worden. Diese waren längst nicht nur Ölmonopole, sondern beherrschten inzwischen auch die Energiewirtschaft, die Chemie-, die Kriegsindustrie und andere wichtige Wirtschaftszweige. Zu dieser Oligarchie gehörten (und gehören) die Emire und Könige am Golf. Sie alle fanden im irakischen Diktator Saddam Hussein ein willfähriges Werkzeug für einen Krieg gegen den Iran.

Hussein selbst hoffte, er würde mit der Eroberung der Ölprovinz Chusistan zum Herrn des Golfs aufsteigen.[73]

Die Führung der iranischen Emigranten in Bagdad und die CIA versorgten die irakische Regierung mit richtigen und mit falschen Nachrichten über den Iran. Das Land werde von inneren Konflikten zerrissen, es zerfalle. Nahezu drei Viertel der Soldaten seien desertiert, tausende Offiziere geflüchtet oder inhaftiert – was zutraf. Kurden und Azeri hätten sich erhoben, die Industrieproduktion sei am Boden und der Verkauf des Öls brächte geringere Einnahmen als früher. Saddam Hussein baute zudem darauf, daß die rund zwei Millionen Araber in Chusistan sich seiner Armee anschließen würden. Jedoch: Die irakische Offensive blieb stecken, die pragmatische Führung in Teheran war imstande, starke bewaffnete Kräfte ins Feld zu schicken. Insgesamt leistete der Iran acht Jahre erfolgreich Widerstand.

Erst das offene Eingreifen der Amerikaner – u. a. durch den Abschuß eines mit annähernd 300 Passagieren besetzten iranischen Airbusses und dem Versenken mehrerer Schiffe – veranlaßte Teheran, einzulenken.

Mehr als eine Million Menschen waren in diesen acht Jahren umgekommen und Hunderte Millarden Dollar verschwendet, die Hauptziele des Krieges aber nicht erreicht worden.[74] Die Regierung der Mullas blieb nicht nur im Amt, sie ging als Verteidiger des Vaterlandes gestärkt aus dem Krieg hervor.

Am Ende des Krieges – der am 20. August 1988 mit einem Waffenstillstand schloß – sah sich der vermeintliche Sieger Saddam Hussein einer fast unlösbaren Krise gegenüber.[75] Das Land war total überschuldet, eine Million Mann standen unter Waffen, konnten aber nicht demobilisiert werden, wenn man nicht das Heer der Arbeitslosen vergrößern wollte. Die Oberschicht verlangte nach dem Lohn des von ihrem Herrscher verkündeten Sieges. Daher rannte Saddam Hussein blindlings in die Falle von Kuwait. Er besetzte im Sommer 1990 das Land, was ihm Gelegenheit bot, seine ihn bedrängende Armee im nächsten Golfkrieg zerschlagen zu lassen.

### *Die Rolle des Öls während des ersten Golfkriegs 1980-1988*

Auf der OPEC-Konferenz im Dezember 1980 hatte die Mehrheit der Mitglieder einen Preis von 36 Dollar pro Barrel verlangt, während die Saudis ihn um zwei bis vier Dollar unterboten hatten. Sie erhöhten ihre Produktion solange, bis ihr gesteigertes Angebot die anderen zum Nachgeben zwang.

In den USA hatte man sich erneut dem Ölschiefer zugewandt, stellte dann aber die Versuche ein, als der Ölpreis wieder fiel und eine internationale Rezession sowie der verstärkte Einsatz von Atomenergie im Land und von Erdgas in Japan die Nachfrage nach Öl senkte. Zudem war es gelungen, die Effizienz der Verwertung des Öls zwischen 1973 und 1985 um 25 Prozent in den USA und um 31 Prozent in Japan zu steigern. Als die Rezession 1983 überwunden war, benötigten Westeuropa, Japan und die USA mehr als ein Zehntel weniger Öl als 1979.

Die Folge davon war die Reduzierung der Ölexporte der OPEC-Staaten um 43 Prozent. Die Lieferungen der übrigen erdölexportierenden Staaten – allen voran die der UdSSR – gingen jedoch hoch. 1983 überstiegen allein die aus den britischen Quellen in der Nordsee exportierten Ölmengen den Umfang des verkauften Öls aus Algerien, Nigeria und Libyen zusammen. Die BNOC (British National Oil Cooperation) senkte ihre Preise um 3 Dollar je Barrel, und die OPEC mußte ihre auf 29 Dollar zurückschrauben. Sie schränkte die Förderquoten auf 17,5 Millionen Barrel pro Tag ein, doch nicht alle Mitglieder hielten sich daran. Allein die Saudis exportierten 6 Millionen Barrel täglich.

In Konkurrenz zur OPEC wurde in den USA die New York Mercantile Exchange (NYMEX) als Erdölbörse ins Leben gerufen, die weltweit agierte. Zur gleichen Zeit, 1982, erlebte die Erdölwelt den Bankrott Mexikos. Da neun der großen amerikanischen Banken 44 Prozent ihres Anlagekapitals in mexikanisches Öl investiert hatten, drohte den USA eine Staatskrise. Um die Banken zu retten, kaufte der Staat die gesamte mexikanische Ölproduktion im voraus für die strategische Reserve auf, d. h. er nahm sie vom Markt und bezahlte die Banken aus dem Steueraufkommen.

Ein Jahr darauf geriet die Gulf Oil in die Krise. Sie hatte die Konzession in Kuwait verloren und durch Fehlspekulation in der Uranindustrie große Teile ihres Kapitals eingebüßt.

Iran und Irak warfen gewaltige Mengen Öl auf den Markt, um ihre Kriegsanleihen bezahlen zu können. Auch Nigeria steigerte seine Exporte über die von der OPEC festgelegten Quote. In England löste Margaret Thatcher die staatliche BNOC auf und wurde Großaktionärin der BP.

Das Schwanken des Ölpreises und umfangreiche Rüstungskäufe führten zum Absturz der Haushaltsreserven der Saudis. Besaßen sie 1981 noch 119 Milliarden Dollar Staatsreserven, waren es 1984 noch 36 Milliarden. Ein Jahr später waren es nur noch 26.

Seit jenem Jahr ist ihr Budget defizitär, wodurch Riads Rolle in der Weltpolitik allmählich abnimmt.

Auf der Juni-Tagung der OPEC 1985 in Taif drohte der Vertreter Saudi-Arabiens noch, den Markt mit Öl zu überschwemmen. Danach entschied sich König Fahd jedoch für eine Absenkung der Förderung auf die Hälfte der zugebilligten Quote, d. h. auf ein Fünftel der Produktion. Sein Land führte den »offenen Preis« ein, der den Raffinerien einen Gewinn dadurch sicherte, daß sie dem Erzeuger

Preise entsprechend ihrer realisierten Nettogewinne bezahlen durften. Das Öl aus der Nordsee wurde nun für 10 statt wie bisher für 20 Dollar verkauft, weil die Steuer entfiel.

Auf diese Weise kam es im November 1985 zum dritten Ölschock. Die Preise in Texas fielen ebenfalls auf 10 Dollar, und am Golf kostete der Barrel nur noch 6 Dollar. Iran, Algerien und Libyen forderten vergeblich, die Ölquoten zu senken, um den Preis auf 29 Dollar halten zu können.

Hinter dem Vorhang diplomatischer Aktivitäten war George Bush – seit 1980 Vizepräsident der USA – am Wirken. Nach einer Karriere in der Erdölwirtschaft wurde er republikanischer Abgeordneter im Kongreß, Botschafter und Direktor der CIA. 1980 wurde er zum Vizepräsidenten gewählt. Sein Chef Reagan hob alle Preiskontrollen auf, doch Bush wandte sich in der Ölkrise 1986 gegen seinen Präsidenten. Er flog zu den Saudis und erklärte Fahd, daß die amerikanische Regierung bei einem zu starken Preisverfall die Importzölle erhöhen werde, um die eigene Ölindustrie zu schützen. In dieser Situation griffen die Iraner erstmals Tanker der Saudis an. König Fahd bezahlte die westlichen Waffenlieferungen an den Irak mit Öl!

Die OPEC-Konferenz von Taif im Mai 1986 hatte aber auch noch andere Konsequenzen. Die von den sechs Ölministern festgesetzten, niedrigeren Quoten sowie Barrelpreise zwischen 17 und 19 Dollar führten zu Einbußen für den Iran und Libyen bis zu 42 Prozent. Algerien erlitt sogar noch größere Verluste.

Im Oktober 1986 entließ Fahd seinen Ölminister Yamani, der die Ölpolitik des Landes 24 Jahre hindurch wesentlich bestimmt hatte. Zwei Monate später legte die OPEC gemeinsam mit dem neuen saudischen Ölminister Hischam Nazir den Barrelpreis auf 18 Dollar fest. Den Iranern und Irakern überließ man es jedoch, den Preis für ihre Exporte selbst zu bestimmen.

Im November 1986 kam es jedoch zu einer Verschärfung des Golfkonfliktes. Die Kriegspartei Iran feuerte fünf Raketen gegen den Golfanrainer Kuwait. Das Land ersuchte sofort um internationalen Schutz für seine Schiffe. Die UdSSR verpachtete daraufhin Kuwait einige Tanker, die USA erlaubte 11 kuwaitischen Tankern, die amerikanische Fahne zu führen. Sodann folgte ein Flottenaufmarsch im Golf wie zu keiner Zeit zuvor: Schiffe der NATO-Mitglieder USA, Italien, Frankreich, Großbritannien und der Niederlande drohten den Iranern. Gegenüber den offensichtlichen Kriegsverbrechen der Iraker – sie setzten seit 1985 Giftgas ein, das mit Hilfe westdeutscher und amerikanischer Ausrüstungen produziert wurde – schwiegen sie beharrlich.

1987 erwarben die Kuwaitis ein Zehntel der Aktien der britischen Erdölunternehmen in der Nordsee. Die Saudis hingegen kauften Tankstellen in 33 Bundesstaaten der USA und die Hälfte der Texaco-Raffinerien auf.

Die »Araber« kamen in die USA und nach Westeuropa.

*Staaten und Völker am Golf in der Gegenwart*

Das Königreich Saudi-Arabien ist völlig von den USA abhängig. Auf der anderen Seite sind die USA von den Milliarden der saudischen Dynastie abhängig, deren Kapital u. a. die Chase Manhattan Bank und Mobil Oil beherrscht sowie IBM und TWA kontrolliert. Die von Jahr zu Jahr größer werdende Clique der Angehörigen des Clans, deren Zahl zur Zeit zweitausend übersteigt, herrscht absolut über rund sieben Millionen Untertanen, von denen mehr als die Hälfte Analphabeten sind.

15 Prozent von ihnen bekennen sich zu der rigorosen Form des Islam der Wahhabiten, den die Saudis offiziell vertreten. Die in al-Hasa konzentrierten Schiiten machen ein Fünftel der Bevölkerung aus, sind aber weitgehend entrechtet und müssen als »Ketzer« Sondersteuern zahlen. Von Demokratie oder Menschenrechten wagt man in Saudi-Arabien kaum zu träumen, geschweige denn zu reden.[76]

Die Macht im Lande liegt völlig in der Hand einer kleinen, um den jeweiligen Monarchen gescharten Gruppe, zur Zeit um König Fahd, der den Titel eines »Beschützers der heiligen Stätten« für sich beansprucht. Wie dieser »Schutz« aussieht, zeigte sich, als 1979 einheimische Rebellen in einer Selbstmordaktion die Große Moschee von Mekka besetzten. Ihren Widerstand brachen französische »Paras«, indem sie Wasser in das Gebäude leiteten und Starkstromkabel hineinwarfen.

Bis jetzt wagte kein Präsident der USA, kein englischer Premier oder deutscher Bundeskanzler, Kritik an der seit Bestehen des Staates blutbesudelten Diktatur zu üben.

Der Gründer des gegenwärtigen Staates, Abd al-Aziz Abd ar-Rahman as-Saud, ein Zieh- und Pflegekind der Briten, regierte bis 1953. Im Verlauf seiner Amtszeit ließ er rund 400.000 Menschen umbringen, wobei er einige von ihnen höchstpersönlich ermordete, was die Briten nicht daran hinderte, ihm Subsidien zu zahlen. Während des 2. Weltkrieges übernahmen die USA die Finanzierung der Dynastie, dann flossen die Petrodollars.

Obwohl oder gerade weil es inzwischen mehr als 80 Dollarmilliärde unter den saudischen Prinzen gibt, ist der Staat bankrott. Das jährliche Defizit beträgt zur Zeit rund 100 Milliarden Dollar.

Aziz's Nachfolger Saud (1953 bis 1964) schwankte in der Politik hin und her. Zeitweise unterstützte er den nationalarabischen Kurs Gamal Abd an-Nasrs in Ägypten. 1964 stürzte ihn seine Familie und schickte ihn ins Exil. Neuer Herrscher wurde Faisal, der bereits unter seinem Vorgänger das Amt des Außenministers innegehabt hatte. Er rechtfertigte das Vertrauen, das der innere Familienkreis in ihn gesetzt hatte. Neun Zehntel des staatlichen Grundbesitzes verschenkte er an die »Emire«, die saudischen Prinzen und Günstlinge, Offiziere und Beamte. Das waren 92 bis 95 Prozent des Territoriums. So erhielt beispielsweise der 1986 entlassene Ölminister Yamani von ihm Land im Wert von 300 Millionen Dollar.

Faisal trieb eine aktive Außenpolitik in Absprache mit den USA, zahlte hohe Summen an konservative und auch extremistische Strömungen im Islam und unterstützte im jemenitischen Bürgerkrieg den ihm geistesverwandten Imam. Außerdem finanzierte er die amerikanische Politik in Somalia und Afghanistan sowie Zia ul-Haqq in Pakistan. Die ägyptische radikalislamische Fraktion der Muslimbrüder wurde von ihm bezahlt und ausgerüstet.

Sayyid Khuttub, der radikale Ideologe der ägyptischen Muslimbrüder, sagte wohl nicht zu unrecht, daß in jener Zeit »Amerika den Islam großgemacht« habe.[77]

Millionen Dollars gingen an die Presse in Europa und Amerika, um jede Kritik an dem Regime in Saudi-Arabien zu unterdrücken. Faisal fiel 1975 der Blutrache eines seiner Neffen zum Opfer.

Nachfolger wurde der herzkranke Khaled, der gegen seinen Willen an die Spitze dieses blutigen Finanzclans gestellt wurde. Er überließ die reale Macht dem Kronprinzen Fahd, der zu den sogenannten »sieben Sudairis« gehört, einer Familienclique im innersten Ring der Macht. 1982, nach dem Tod Khaleds, erhielt Fahd den Herrschertitel. Sein Privatvermögen wird auf 28 Milliarden Dollar geschätzt. Er gilt als Alkoholiker und Spieler. Diesen Ruf hat er sich in Monte Carlo erworben, als er in einer einzigen Nacht zwanzig Millionen Dollar verspielte.

Fahd ersetzte die gemeinsame OPEC-Politik durch eine Politik der Banken und Investitionen.

Er bezahlte u. a. die amerikanischen AWACS-Maschinen, die den Nahen Osten ausspionieren und kontrollieren. Über ihn liefen die Waffenlieferungen des Irangate-Deals. (Die USA hatten sich zur Nichteinmischung in den Golf-Konflikt und in Lateinamerika verpflichtet. Heimlich lieferten sie jedoch Rüstungsgüter in den Iran. Die Erlöse kamen den rechtsgerichteten Contras in Nikaragua zugute.)

Obwohl nie ein Saudi jemals eine Ausbildung als Offizier oder Imam erhalten hat, besetzten dennoch Angehörige des Clans alle militärischen und zivilen Kommandostellen des Landes. Die mangelhaften Kenntnisse Fahds und des Armeeministers, seines Bruders Abdullah, erlaubten es 1990 dem amerikanischen Verteidigungsminister Cheney, beiden einzureden, der irakische Einfall in Kuwait sei die

Vorstufe eines Angriffs auf Riad. Dadurch erhielt er Erlaubnis, amerikanische Truppen in Saudi-Arabien zu konzentrieren. Diese Zusage brachte die Dynastie in Konflikt mit den wahhabitischen Religionsgelehrten.

Eine charakteristische Gestalt der führenden Gruppe der Saudis war der 1988 gestorbene Prinz Abu Scharain, der seinen Ruf als blutiger Prinz bei der Niederschlagung des Aufstands der Ichwan 1929 erworben hatte, als er Dutzende wehrloser Gefangener erschoß. Er gab auch Anlaß zu einer der wenigen kritischen Kampagnen in der westlichen Öffentlichkeit gegen die Saudis.

Misch'al, eine seiner zahlreichen Enkelinnen, hatte es gewagt, mit einem Mann ihrer Wahl aus dem Libanon zusammenzuleben. Abu Scharain ließ beide einsperren, und als sich König Khaled weigerte, beide zum Tode zu verurteilen, befahl er seiner Leibwache, die Frau zu erschießen und den Mann zu köpfen und dies in aller Öffentlichkeit und vor laufenden Kameras. Aufnahmen von diesem Doppelmord gelangten in den Westen, und der Film »Death of a princess« machte das Verbrechen 1979/80 publik. Riad wandte rund 500 Millionen Dollar auf, um den Film und das Echo darauf zu unterdrücken. Trotz aller Bemühungen wurde ferner bekannt, daß ein anderer Prinz seine Tochter eigenhändig wegen Ehebruchs ertränkt habe. Khaled hatte eine private »Regelung« der Angelegenheit empfohlen. Frauen in Saudi-Arabien dürfen weder selbst Auto fahren noch sich organisieren oder Berufe ausüben, in denen sie mit Männern in Berührung kommen könnten.

Die Religionspolitik im Land dient dazu, jegliche Opposition niederzuhalten und fremde Einflüsse auszuschalten. Allein das Tragen eines Kruzifixes kann eine Bestrafung nach sich ziehen.[78] Selbst amerikanische und englische Bürger wurden eingesperrt, weil sie in ihren Häusern Weihnachtsfeiern abgehalten hatten.

All das hinderte aber weder Roosevelt noch Kennedy, Nixon, Ford, Carter, Reagan, Bush und Clinton daran, die saudischen Machthaber vorbehaltlos zu unterstützen.

Die Sklaverei im Lande wurde zwar 1963 formell abgeschafft, aber die Lage der Millionen Arbeitskräfte aus Südasien, Korea und Jemen , die seit den 60er Jahren nach Saudi-Arabien kamen und deren Zahl zur Zeit bei drei Millionen liegt, ist nicht weit von Sklaverei entfernt, denn sie sind völlig rechtlos und werden erbarmungslos ausgebeutet. Sie genießen keinen Schutz durch die diplomatischen Vertretungen ihrer Länder und erhalten auch keine Visa ohne Zustimmung ihrer Arbeitgeber. Sie dürfen sich nicht gewerkschaftlich organisieren und haben keinen Anspruch auf Urlaub. Es gibt für sie keine festgesetzten Arbeitszeiten. 1979 protestierten koreanische Bauarbeiter gegen ihre miserablen Arbeitsbedingungen – es wurden wahllos drei Mann ergriffen und erschossen. Als sich der Jemen im zweiten Golfkrieg, 1991, nicht der Anti-Irak-Front anschloß, wurden rund eine Million jemenitische Arbeiter gewaltsam in ihre Heimat zurückbefördert, wobei 32 von ihnen umkamen.

Die unvermeidbare Konsequenz einer Personendiktatur mit ungeheuren Einnahmen ist die durchgängige Korruption der Oberschicht und der von ihnen kontrollierten Verwaltung. Saudische Prinzen kassieren in der Regel hohe Provisionen bei Vertragsabschlüssen. Besonders bei den Waffenkäufen in den USA, in Großbritannien und Frankreich bewährt sich immer wieder die Interessengemeinschaft von Kriegsindustrie, strategischem Herrschaftsanspruch der USA und die Empfänglichkeit der Saudis für Bestechungen. Deutlich wird dies schon bei den jährlichen Ausgaben fürs Militär. 1982 kostete beispielsweise in den USA ein Soldat 103.000 Dollar – in Saudi-Arabien waren es 470.000 Dollar. (Saudi-Arabien hat 105.000 Mann unter Waffen – 50.000 beim Heer, 32.000 bei der Nationalgarde, 15.000 bei der Luftwaffe, 45.000 bei der Marine und 6.500 bei den Grenztruppen.) Für alle 105.000 Soldaten wurde beispielsweise eine Million Schutzanzüge gegen ABC-Waffen importiert. Also rund zehn Schutzanzüge pro Person.

Die größten Gewinne aus dem Waffengeschäft machen offenbar die British Airspace und die mit ihr verbundenen

Firmen. Das von ihnen 1985 mit Saudi-Arabien geschlossene Abkommen Yamana I umfaßte die Lieferung von 72 Tornados, Hawks und anderen Kriegsflugzeugen im Wert von 10 Milliarden Pfund . Laut Abkommen Yamana II, das seit 1990 in Kraft ist, soll England in zwanzig Jahren Rüstungsgüter für 55 bis 75 Milliarden Dollar liefern. Auf diese Weise soll der britische Beitrag am Eurofighter durch Riad finanziert werden.

Da Saudi-Arabien weder über Techniker verfügt, die das Gerät warten können, noch über qualifizierte Soldaten, die diese Waffen bedienen können, verdient man an den Exporten mehrfach.

An der britischen Industrie halten die saudische Prinzen Aktien. Und die USA stehen bereit, im Falle eines neuen Krieges die Technik zu übernehmen.

Die Golfkriege mit Hunderttausenden »Ungläubigen« im Gefolge und das pro-westliche Gehabe vieler saudischer Prinzen haben in führenden Kreisen der Religionsgelehrten kritische Stimmen aufkommen und unter den noch traditionell lebenden Stämmen und Städtern extremistische und sogar wahhabitische Oppositionsgruppen entstehen lassen. Im Verlauf der letzten Jahre hat sich eine zivile und militärische Intelligenz herausgebildet, denn seit den späten 80er Jahren sind jährlich 15.000 bis 20.000 Absolventen von Universitäten westlicher Staaten ins Land zurückgekehrt . Es ist zweifelhaft, ob es dem Regime gelingen wird, sie durch Bestechung und Terror auf lange Zeit wieder zu integrieren.

Gemessen an der Verkommenheit der Saudis ist die Herrschaft des Sultans Qabus[79] in Oman geradezu progressiv zu nennen. Sein jahrelang von den Briten ausgehaltener Vater Sa'id hatte die seit 1967 eingehenden Petrodollars sehr sparsam und kontrolliert eingesetzt. Der Sultan fürchtete die Modernisierung und hielt seinen in England auf einer Militärschule ausgebildeten Sohn Qabus von 1964 bis 1970 unter Hausarrest, da er ihm mißtraute. Ein Putsch stürzte Sa'id, der nach London ins Exil ging. Qabus kam zur Macht, ohne die dafür erforderliche

Erfahrung und Ausbildung zu haben. Doch erwies er sich als lernfähiger und energischer Politiker. Es gelang ihm 1974, den seit 1965 tobenden Krieg in Dhofar durch eine Kombination verschiedener Zugeständnisse, den Kauf einiger Führer der Opposition und Gewalt zu beenden. Die erforderlichen Geldmittel stellte ihm die »Development Oman Ltd.« zur Verfügung, die zu 85 Prozent der Royal Dutch/Shell, zu 10 Prozent den Franzosen und zu 5 Prozent Calouste Gulbenkian gehörte.

1974 übernahm Qabus drei Fünftel ihrer Aktien und begann ein breitgefächertes Entwicklungswerk, das großen Wert auf Schulbildung für Knaben und Mädchen legte. Acht pädagogische Hochschulen bildeten die benötigten Lehrer aus. Eine Universität ist vorwiegend technisch orientiert. Die Agrarprobleme des Landes erwiesen sich vor allem bei der Einfuhr von billigem Getreide aus Australien als ziemlich kompliziert.

Mit Regierungshilfe wurde viel gebaut.

Oman trat nicht der OPEC bei, fördert allerdings auch nicht allzuviel Öl. Im Jahre 1980 beispielsweise etwa 720.000 Barrel am Tag. Dennoch stammen 99 Prozent aller Einnahmen des Landes aus dem Ölgeschäft.

Oman gehört zu den Golfanrainern, die als »Renten«-Staaten bezeichnet werden, weil sie den größten Teil ihres Einkommens aus dem Verkauf von Bodenschätzen gewinnen. Die dadurch gewonnenen Mittel gehen an die Führungsgruppe, die damit andere Teile der Gesellschaft durch Teilzahlungen zufriedenstellt. Das verhindert die Herausbildung einer Sozialstruktur produktiv Beschäftigter. Die Regel sind Diktaturen, ausgeübt von einer Person oder einer Familie, die den Reichtum der Gesellschaft monopolisiert. Die Emirate von Oman bis Kuwait, die Nutznießer der gewaltigen Ölreserven unter dem Golf und seinen Randgebieten, gelten als klassische Beispiele solcher kleinen »Renten«-Staaten.

Sie weisen viele gemeinsame Züge auf, darunter vor allem der Ölreichtum. Vor 40 Jahren waren es noch unterentwickelte Scheichtümer, die, von den Briten von der

Außenwelt abgeschlossen und untereinander isoliert, auf einem niedrigen Niveau gehalten wurden. Beduinen und Perltaucher prägten die Gesellschaft. In wenigen Jahrzehnten haben sie sich in Zentren des Bankkapitals verwandelt. Für den Betrieb eines modernen Staatswesens ist die Zahl ihrer einheimischen Bürger zu gering, was zur Immigration einer ständig steigenden Zahl von Ausländern geführt hat. Heute steht eine fremdnationale Mehrheit, die die Arbeit zu leisten hat, einer Minderheit Einheimischer gegenüber, die weitgehend von den Herrschenden durch Anteile am Ölgewinn korrumpiert ist.

Die fortschreitende Industrialisierung führt zu einer harten Konkurrenz im Lande.

Seit den 80er Jahren werden die Minderheiten – Stämme altsüdarabischer Sprachen, Südasiaten und in der Vergangenheit als Söldner angeworbene Balutschen – immer stärker diskriminiert. Die Rüstungsausgaben verschlingen zudem mehr als 35 Prozent der Staatseinnahmen, und die USA unterhalten seit 1980 Luft- und Flottenstützpunkte in der Region, die den Golf und die Arabische See kontrollieren.

Die Scheichtümer westlich von Oman unterlagen bis 1960 einer strikten britischen Kontrolle, die »Verteidigung« genannt wurde. Ihre Grenzen waren bis 1955 nicht festgelegt, und alle Kontakte untereinander geschahen ebenfalls nur unter britischer Aufsicht. Diese »Schutzverträge« blieben bis 1971 in Kraft und wurden von den Briten genutzt, um die Gewährung von Ölkonzessionen an Konzerne oder Persönlichkeiten anderer Länder zu blockieren. Seit 1950 wurden die Scheichtümer als »Trucial Sheikhdoms« vom Foreign Office in London regiert. Als im Gebiet Spannungen auftraten, organisierten die Briten aus angeworbenen Balutschen »Trucial Oman Levies«, die 1956 in »Trucial Oman Scouts« umbenannt wurden.

1952 bildeten die Kolonialherren einen »Trucial State Council« aus den Scheichs unter Vorsitz des britischen Residenten und verliehen den Herrschern den Titel Emir. Die Aussichten auf Ölgelder ließen Konflikte zwischen den verschiedenen Emiraten ausbrechen, in deren Verlauf die kleinen Scheichtümer Kalba und Khor Fakhan von Fudschaira okkupiert wurden.

Die Briten versuchten die Emire zu bewegen, eine Föderation[80] zu bilden, doch verfügten diese kaum über Mittel, um auch nur einige Beamte zu bezahlen. Im ganzen Bereich arbeitete eine einzige Post- und Telegraphenstation, und dem einzigen britischen Arzt in Schardscha wurde erst nach langem Zögern erlaubt, auch Einheimische zu behandeln. Das erste Hospital nahm 1949 in Dubai seine Arbeit auf, und in Schardscha öffnete die erste Schule vier Jahre später ihre Pforten, obwohl die Briten den Aufbau eines modernen Schulwesens weiter zu verhindern trachteten und dem Emir untersagten, Lehrer aus Ägypten zu verpflichten. Als Dubai 1957 seine erste Schule öffnete, ließen die Briten einige der ohne ihre Erlaubnis angeworbenen Lehrer als »unzuverlässig« deportieren. Dennoch folgte die Inbetriebnahme einer Reihe weiterer Schulen. Die Ägypter bezahlten 18 Jahre lang die Lehrer am Golf.

Die in Bahrain und Kuwait entstehende Ölindustrie zog einen großen Teil der arbeitslosen Jugendlichen aus den Emiraten ab, die nach dem Beginn der Ausbeutung der Ölvorkommen in ihrer Heimat dorthin zurückkehrten und neue Ideen und Organisationsformen mitbrachten.

Der Emir von Dubai, Raschid b. Sa'd, betrieb eine energische Entwicklungspolitik. Er gründete die erste Bank in seinem Land und ließ Handelszentren und ein Krankenhaus errichten. Im Jahre 1956 wurde eine regionale Polizei gegründet. Ein Zivilflughafen schloß die Emirate an den internationalen Verkehr an und erleichterte die Einwanderung von Iranern, Indern und Pakistanis. Außerdem wurde eine Zivilverwaltung geschaffen und einige Elektrizitätswerke.

Die Emire verfolgten aufmerksam die Entwicklung im Iran, die mit Mossadeghs Namen verbunden war, denn es bestanden reale Aussichten, in den Emiraten ebenfalls auf reiche Öllager zu stoßen. Zwischen ihnen und ihren

Nachbarn brachen jedoch Konflikte auf, hinter denen der Streit zwischen England und den USA um die erwarteten Ölquellen stand. Im Jahre 1952 fielen saudische Truppen mit amerikanischer Unterstützung in die Oase Buraimi im Grenzgebiet von Oman und Abu Dhabi ein und wurden von Truppen unter britischem Kommando zurückgetrieben. Danach wurde eine Grenze zwischen den Interessensphären der ARAMCO und der British Oil Company vereinbart.

Die finanzielle Basis der Emirate war noch 1960 sehr begrenzt. Ihnen war lediglich gestattet, eigene Briefmarken herauszugeben und Pässe zu verkaufen. Ihre Situation änderte sich erst, als die Ölrevolution auch ihr Gebiet erreichte.

Der Bürgerkrieg in Dhofar gegen den Sultan von Maskat griff auf den Golf über, und Partisanengruppen beunruhigten auch die Emire. Abu Dhabi exportierte seit 1962 Erdöl und Geld kam in die Emirate, wenn auch der größte Teil der Gewinne nach England floß. Deshalb riefen die Emire 1965 die Arabische Liga an und beschwerten sich darüber, wodurch Spannungen mit Großbritannien ausgelöst wurden, das sich jede »Einmischung« am Golf verbat.

Dennoch sah es sich genötigt, von diesem Jahr an eine Million Pfund jährlich für die Entwicklung der Emirate zu zahlen. Bis 1971 blieb dort die reale Macht in der Hand britischer Militärs und Beamter, bis Englands Finanzmisere London schließlich dazu zwang, alle Stützpunkte »east of Suez« aufzugeben. Die Macht fiel an die USA, die vor allem im Schah von Iran ihren Hauptverbündeten sahen.

Der Emir von Abu Dhabi, Zayid b. Sultan an-Nahyan, investierte seit 1969 in wachsendem Maß große Summen in verschiedene Entwicklungsprojekte der Emirate. Er hatte im Jahr zuvor ein Kooperationsabkommen mit Dubai geschlossen, um eine Föderation aller Scheichtümer vorzubereiten. König Faisal und die Sabahs hatten dieses Vorhaben unterstützt, doch brachen die Gegensätze zwischen den verschiedenen Emiraten immer wieder auf. Qatar beanspruchte die Führungsrolle im Falle der

Vereinigung der neun Emirate, woran im Februar 1968 eine Konferenz der Emire gescheitert war.

Ra's al-Khaima trat als Führer der kleineren Emirate auf und schlug eine Föderation von sieben Staaten unter Ausschluß von Qatar und Bahrain vor, eine Konzeption, die der Schah unterstützte, da er die Absicht hatte, Bahrain zu okkupieren. (Trotz lebhafter Proteste der Araber ließ der Schah am 29./30. November 1971 drei strategisch wichtige Inseln besetzen.)

Die kleinere Föderation kam am 2. Dezember 1971 als Vereinigte Arabische Emirate (VAE, englisch UAE) zustande. Sie durchlebte eine Zeit innerer und äußerer Konflikte, was sie unter anderem dazu veranlaßte, 1981 den Golf-Kooperationsrat – die Union der Ölreichen des Golfes – mit Saudi-Arabien, Oman, Kuwait und Bahrain zu bilden. Die Bevölkerung in ihrem Gebiet wuchs rasch an und überschritt 1980 bereits eine Million, doch handelte es sich dabei zu 78 Prozent um Ausländer – Iraner, Inder und Pakistanis. Dazu kamen noch mehrere Hunderttausend illegale Immigranten. Sie stellen über neun Zehntel der Arbeitskräfte und verdienen hier beträchtlich mehr Geld als in ihren Heimatländern. Doch sie blieben eine Unterschicht minderen Rechts, auch wenn ihre Situation besser war als die der »Fremdarbeiter« in Saudi-Arabien.

Die Emire der VAE bilden heute einen wesentlichen Teil der internationalen Bankherren und besitzen in den USA, Japan und Westeuropa Anlagen im Wert von vielen Milliarden Dollar.

Qatar war 1934/35 infolge der Perlenkrise – Japan konnte synthetische Perlen herstellen – am Ende. Etwa die Hälfte seiner knapp 30.000 Einwohner emigrierte. Die Scheichs des Thaniclans und zwei Händlerfamilien kontrollierten das gesamte Land. 1935 wurde die erste Ölkonzession an die Anglo-Iranian Oil Company vergeben, die 1939 Öl fand. Während des 2. Weltkriegs wurden aber alle weiteren Arbeiten eingestellt. Erst 1949 wurde wieder Öl gefördert. Die große Nachfrage nach Arbeitskräften bewog die ath-Thani-Scheichs 1962, ihre Sklaven »freizulassen«

und zur Arbeit auf die Felder der Qatar Petroleum Development Ltd. zu schicken. Im Jahr 1956 schlossen sie mit den USA ein Abkommen über die Errichtung eines Flottenstützpunktes in as-Sabane. Die geringe Anzahl an Einheimischen zwang auch Qatar, ausländische Arbeitskräfte zu importieren. Die Beduinen des Landes wurden mit gut bezahlten Posten in der Polizei und Armee versehen und an der Herrschaft beteiligt.

Qatars Einnahmen stammen zu 99 Prozent aus Erdölrevenuen. Konflikte um ihre Verteilung spielen sich vorwiegend innerhalb der Herrscherfamilie ab, die keine einheimische bürgerliche Konkurrenz hat. 1963 kam der Emir Chalifa durch einen Aufstand zur Macht, er verwirklichte in den folgenden Jahren ein umfangreiches Entwicklungsprogramm und nationalisierte 1976 das Erdöl.

Auf den Inseln Bahrains existierte eine alte städtische Gesellschaft, die mit der Seefahrt, dem Handel, dem Perltauchen und dem Handwerk verbunden war. Hier nahm die Erdölgewinnung am Golf ihren Anfang, hier wurden zugleich auch ihre Probleme zuerst erkennbar. Die Ölquellen ließen nach, und der Druck, strukturelle Änderungen vorzunehmen, wurde schon in den Kriegsjahren spürbar.

Ein Aufstand führte 1951 zur Ablösung des alten Scheichs, drei Jahre später erzwang ein Generalstreik die Zulassung von Gewerkschaften. Die zwischen der schiitischen Stammbevölkerung und der sunnitischen Herrschergruppe latent bestehenden Spannungen wurden vom Iran systematisch angeheizt. Der Schah erklärte Bahrain nach dem Abzug der Briten zur iranischen Provinz und hielt im Senat seines Landes einen Platz für den Vertreter der Insel frei.

Bahrain ist stärker »verwestlicht« als die anderen Staaten am Golf und besitzt eine gute Einnahmequelle im Tourismus aus Saudi-Arabien und den Emiraten.

Kuwait genoß durch seine strategische Lage die Unterstützung der Briten. Es besaß eine relativ breite Schicht von Händlern und Seefahrern, die jedoch durch die »Perlenkrise« 1934/35 schwer gelitten hat. Es gelang ihr, ihre Beteiligung am beginnenden Ölboom durchzusetzen. Erdöl wurde bereits 1938 im Land entdeckt, doch die »Goldenen Jahre« für die Sabahs kamen erst nach dem Krieg. Die seit 1951 rasch steigenden Gewinne stärkten die Position der Emire gegenüber der alten Händlerschicht und den Briten. Scheich Abdullah (1950 bis 1959) überließ den einheimischen Oberschichten den Privatsektor der Wirtschaft mit Bauwesen, Banken, Verkehr und Importgeschäft. Als »Kuwaitis« wurden die Bürger anerkannt, deren Vorfahren seit 1914 im Lande wohnten. Ihnen wurden große soziale Rechte eingeräumt, während Einwanderern, vorwiegend aus Ägypten und Palästina, die intelligenzintensiven, die schweren und die schmutzigen Arbeiten überlassen wurden. Eigentum an Grundbesitz, Banken und Betrieben war und ist den Kuwaitis vorbehalten.

Die Briten mußten 1961 die Unabhängigkeit Kuwaits anerkennen und ihre dortigen Positionen an die USA abtreten.

Die Sabahs behielten sich das Ölgeschäft vor. Mit Jabir Ahmad kam 1977 ein erfahrener Ökonom an die Regierung, der die Petrodollars in Aktien amerikanischer und europäischer Banken und Unternehmen anlegte, so daß 1987 die Einnahmen aus den Investitionen im Ausland mit 6,3 Milliarden Dollar mehr Gewinn abwarfen als das Ölgeschäft, das 5,4 Milliarden erbrachte. Nach dem Bürgerkrieg im Libanon übernahm Kuwait einen großen Teil der vormals in Beirut abgewickelten Bankgeschäfte.

Während des ersten Golfkriegs unterstützten die Sabahs den Irak mit hohen Anleihen. Unter den Kuwaitis bildeten sich starke konservative und islamistische Strömungen heraus, die u .a. durchsetzten, daß christliche Feiern im Lande und der Import von Alkohol verboten wurden.

Im Ölgeschäft einigten sich die Sabahs mit den Saudis auf eine Politik der niedrigen Preise durch den Export großer Mengen von Öl, um die Einnahmen aus ihren Investitionen in der »westlichen« Industrie zu sichern und die Konkurrenz auszuschalten.

Der Irak war eine Schöpfung der Briten, die drei sehr unterschiedliche Regionen zwangsweise in einem Staat vereinigten, den schiitischen Süden mit einer überwiegend arabischen Bauernbevölkerung, den gleichfalls vorwiegend arabischsprachigen Raum um Bagdad, in dem die Sunniten die Mehrheit bildeten, und den kurdischen Norden. In osmanischer Zeit waren diese Gebiete drei getrennte Provinzen, Mosul, Bagdad und Basra, in denen verschiedene ethnische und religiöse Minderheiten mehr oder weniger friedlich nebeneinander und miteinander lebten.

In Bagdad und in den Bergen des Nordens wohnten mehr als 100.000 aramäischsprachige Juden, und um Sindschar siedelten die kurdischsprachigen Jazidis, Anhänger einer nur teilweise bekannten Religion mit alten Bestandteilen.

In den Bergen im Nordwesten gab es eine Anzahl Dörfer der christlichen »Assyrer«, und im Gebiet um Kirkuk hatten Reste der von den Schammar aus den Steppen zwischen Euphrat und Tigris vertriebenen Turkmenen überlebt.

Die Bevölkerung in den Bergen im Norden und Osten umfaßte verschiedene kurdische Stämme und Splittergruppen anderer Volksgruppen sowie mehrere kleine religiöse Gemeinschaften.

Während des Ersten Weltkriegs kämpfte die Mehrheit der Kurden auf türkischer Seite, während die Assyrer Ostanatoliens den Osmanen den Krieg erklärt hatten. Sie wurden besiegt und mußten aus ihren Wohngebieten fliehen. Ihre versprengten Reste begaben sich zum Teil zu den Russen nach Norden oder retteten sich unter schweren Verlusten zu den von Süden heranziehenden Briten. Ihre Milizen wurden nach dem Krieg gezwungen, als Hilfstruppen der Briten gegen die Kurden zu dienen, die wiederholt versuchten, ihre Unabhängigkeit oder wenigstens eine Autonomie zu erkämpfen – so von 1921 bis 1925 die Baban und 1932 die Barzani.

In Bagdad war nach dem Scheitern der direkten britischen Verwaltung Faisal, der von den Alliierten verratene Führer des »Aufstands in der Wüste«, als Marionette eingesetzt worden. Nachdem die Briten dem König 1932/33 die Macht überlassen hatten, bildete sich die Vormachtstellung der sunnitischen Araber heraus, die die Minderheiten im Lande weiterhin mit britischer Hilfe unterdrückten. 1936 putschten sich sunnitische Offiziere mit nationalen Losungen zur Macht und hatten in dem jungen König Ghazi einen überzeugten Nationalisten, der den britischen Einfluß, vor allem den der IPC, der faktischen Herrscherin, zurückzudrängen bestrebt war. Er wurde das Opfer eines nie aufgeklärten Autounfalls.

Der vormalige osmanische Offizier Nuri as-Sa'id bildete mit englischer Unterstützung eine pro-britische Regierung, die 1941 durch eine national-arabische Gruppierung gestürzt wurde.

Ein erneuter Aufstand der Barzanis war 1939 mit Hilfe gekaufter Stämme und der britischen Luftwaffe niedergeschlagen worden. Führer der Barzanis war der später weltweit bekannt gewordene Partisanenführer Mulla Mustapha Barzani, der sich mit einer Gruppe seiner Getreuen nach der Niederlage in den Nordiran zurückgezogen hatte, weil dort sowjetische Besatzungstruppen die kurdischen Notabeln zu gewinnen trachteten.

Die neue Regierung unter Raschid Ali al-Gailani hoffte hingegen auf deutsche Unterstützung, da Hitlers Truppen bereits im Kaukasus und vor Alexandria standen. Aber der Bagdad zugesagte Nachschub beschränkte sich auf einige Flugzeuge und das Versprechen, die von den Franzosen nach Syrien gelieferten Waffen nach Bagdad bringen zu wollen.

Anglo-indische Truppen zerschlugen diese erste selbständige Regierung des Irak, und der 1941 gestürzte Nuri as-Sa'id kam als Vertreter der Kolonialmacht zurück.

Nachdem 1946 die Truppen des Schahs mit amerikanischer Hilfe die im Nordwestiran gebildete Kurdische Demokratische Republik zerschlagen hatten, kehrten die Barzani und einige kurdische Offiziere, die aus der irakischen Armee desertiert waren und sich den Barzanis angeschlossen hatten, in ihre Heimat zurück. Die Offiziere wurden gefangengenommen und ermordet. Mulla Mustapha jedoch gelang es, sich mit einigen Hundert Anhängern in die UdSSR durchzuschlagen, wo er bis 1958 blieb.

Nuri as-Sa'id ließ nach dem Krieg auf Empfehlung der Briten im Irak eine Reihe kleinerer Parteien – mit Ausnahme der Kommunisten – zu, verbot diese jedoch wieder, als der Kalte Krieg begann. Die Gründung Israels veranlaßte die irakische Regierung 1948, die jüdischen Gemeinden im Irak in Absprache mit der israelischen Regierung zu deportieren und sich große Teile ihres Besitzes anzueignen. Währenddessen bildeten sich in der Illegalität erneut Parteien – vorwiegend aus den Reihen der seit den 30er Jahren wachsenden Intelligenz und im Norden aus dem Kreis der Stammesführer.

1958 stürzten national gesinnte Offiziere die Regierung Nuri as-Sa'id. Die Truppe war vor ihrem Abtransport an die israelische Front mit scharfer Munition ausgestattet worden. Das wurde Nuri as-Sa'id sowie vielen leitenden Beamten zum Verhängnis. Ihr Regime war grausam gewesen und erntete, was es gesät hatte.

Die Parteien traten an die Öffentlichkeit und formierten eine »Nationale Front« aus Kommunisten (KPI), kurdischen Demokraten (KDPI), Nationalisten, Baath und mehreren kleineren, zumeist linken Gruppen. Die Baath trat bald wieder aus und wandte sich gegen die Führer der Militärs und Ministerpräsident Abd al-Karim Kassem, da dieser es abgelehnt hatte, den Irak sofort mit der »Vereinigten Arabischen Republik« – gebildet aus Ägypten und Syrien – zu vereinigen. Zumindest wurde dies als Argument benutzt.

Die Baathpartei im Irak war ein Zweig der in Damaskus entstandenen Bewegung, die sozialistische Forderungen in einem idealisierten Großarabien verwirklichen wollte. Sie war heterogen, und ihr rechter Flügel begann schon bald, mit individuellem Terror gegen die einflußreiche KPI, die ihrerseits ihre Bedeutung für die Militärs weit überschätzte, vorzugehen. Die KPI wurde 1959 in den Untergrund gedrängt und einer Splittergruppe die Lizenz, als KPI aufzutreten, erteilt.

General Kassem operierte in den ersten Monaten seiner Herrschaft mit dem Begriff des Irak als eines Staates der Araber und Kurden. Er verließ diese Linie jedoch bald wieder. 1960 erhoben sich die Kurden erneut, dabei wurden sie von den USA, England und Israel unterstützt.

Im Oktober 1959 betrat ein 18jähriger Mann die politische Bühne des Irak: Saddam Hussein. Mit einigen Gesinnungsgenossen schoß er mitten in Bagdad auf Kassem. Das Attentat schlug fehl, der Terrorist floh über Syrien nach Beirut zur englischen Botschaft. Diese leitete den noch unerfahrenen, aber offensichtlich brauchbaren Mann an die Botschaft der USA weiter. Von hier aus brachte ihn die CIA mit dem ägyptischen Geheimdienst in Verbindung, der dem jungen Iraker eine entsprechende »Fach«-Ausbildung zuteil werden ließ.

Saddam Hussein kehrte nach dem Studium nach Beirut zurück und nahm mit seinem Onkel Abu Bakr und dem Mitbegründer der Baath, Michel Aflaq, einem zum Islam konvertierten syrischen Christen, erneut Verbindungen zu den Botschaften der USA und Großbritannens auf.[83]

Ihnen wurde von beiden Seiten zugesichert, daß ein Putsch der Baath in Bagdad und eine Regierung dieser Partei unterstützt werden würde.

Die infolge des blutigen und ergebnislosen Krieges in Kurdistan geschwächte Regierung Kassem, die sich von den Linken wie den Rechten isoliert hatte, endete in einem Umsturz. Am 8. Februar 1963 übernahm die Baathpartei, in deren Führung zu jener Zeit extremistische nationalistische Kräfte dominierten, die Macht in Bagdad. Demonstrationen des Volkes wurden von den Baath mit Maschinengewehren und Napalm zerschlagen. Der Geheimdienst unter Leitung Saddam Husseins ermordete jeden, der als Mitglied oder Sympathisant der KPI galt. Schätzungen beziffern die Zahl der Opfer auf mehr als 10.000 allein in den ersten Wochen des Baath-Regimes.

Die CIA hatte Saddam Hussein die Listen der Mitglieder der KPI übergeben, und an Hand dieser wurden Kommunisten verhaftet und ermordet.

Die Massaker stießen eine Gruppe nationalistischer Offiziere ab. Am 18. November 1963 verübten sie einen Staatsstreich und inthronisierten Abd us-Salem Aref als Präsidenten. Dieser rief eine »Republikanische Garde« ins Leben, um die Opposition niederzuhalten. Er wurde von Amerikanern und Briten mißtrauisch beobachtet, da er sich an Gamal Abd an-Nasr anlehnte. Aref nationalisierte die Banken, Versicherungen und mehr als dreißig Unternehmen. Damit verlor er die Unterstützung des städtischen Bürgertums, das sich der Baath zuwandte. Daraufhin wechselte Präsident Aref seinen Kurs und ließ wieder Kurden und Kommunisten verfolgen.

Die Führer der Baath, Saddam Hussein und Ahmad Hasan al-Bakr, gewannen erneut die Unterstützung der USA und eroberten durch einen Putsch am 17. Juli 1968 die Macht. Al-Bakr wurde Präsident, Chef des Revolutionsrates und des Rates der Fünf. Die Baath verwandelte die Armee, den Geheimdienst und die Verwaltung in Werkzeuge ihrer Führungsgruppe. Saddam Hussein reorganisierte die Nationalgarde und schuf ein System sich gegenseitig kontrollierender Geheimdienste.

Die internationale Lage veranlaßte den Revolutionsrat, Kontakte mit der KPI und der KDPI aufzunehmen, um sie aus der Illegalität führen und kontrollieren zu können. Die Baath machte beide Parteien zu machtlosen Partnern in einer »Nationalen Front«. Die Regierung setzte sich mit der UdSSR in Verbindung, und beide Seiten unterzeichneten 1971 ein Kooperationsprotokoll und ein Jahr darauf einen Freundschaftsvertrag. Irak brauchte Rückhalt, um die Erdölindustrie nationalisieren, d. h. die IPC und damit England verdrängen zu können, was noch 1972 geschah. Durch diese Maßnahme fand Irak Anschluß an die Explosion der Einnahmen der Ölstaaten und wurde zu einem »Renten«-Staat wie seine Nachbarn im Süden. Die regierende Clique bekam eine ungeheure finanzielle Basis, die sie von allen anderen Gruppen im Lande unabhängig machte. Betrugen ihre Einnahmen 1972 etwa 75 Millionen Dollar, so waren sie drei Jahr später bereits auf 8 Milliarden Dollar geklettert.

Einen Teil der Mittel verwandte die Baathführung zur Entwicklung des Landes. Dadurch konnte der Lebensstandard der Bevölkerung in beachtlichem Maße gesteigert werden, wodurch sich ihre nationale und internationale Reputation festigte. Zugleich stiegen ihre Ambitionen auf die Vorherrschaft in der arabischen Welt.

Industrie, Schulwesen und Verkehrswesen wurden ausgebaut, doch viel größere Summen flossen in die Armee und die Geheimdienste, die das Land mit einem Terrornetz überzogen.

1976 erhoben sich die Kurden erneut, diesmal unterstützt von Israel und den USA, die die zwischen der Sowjetunion und dem Irak abgeschlossenen Verträge als Angriff auf die amerikanischen Ölinteressen im Golf betrachteten.

Der Schah seinerseits half den Barzanis, um Druck auf Bagdad auszuüben. Objekt seines Streites mit der Baath waren die Schiffahrtsrechte auf dem Schatt al-Arab, der Wasserstraße nach Abadan. Die Briten hatten die irakische Grenze zum Iran an das iranische Ufer des Schatts gelegt, weshalb der Irak von den nach Abadan gehenden Schiffen Zoll verlangte. Als der Schah Kriegsschiffe in das umstrittene Gebiet schickte, gab der Irak de facto nach, ohne jedoch seinen Anspruch aufzugeben. Im Jahre 1975 einigten sich die Baath und der Schah dann auf die international in entsprechenden Fällen übliche Regelung für Grenzflüsse. Als Grenze galt von da an die tiefste Fahrrinne. Nachdem der Schah sein Ziel erreicht hatte, ließ er die Kurden augenblicklich fallen, so daß sie kapitulieren mußten. Kurdenführer Mulla Mustapha emigrierte in die USA mit dem Fluch: »Mein größter Fehler war, den USA zu vertrauen.«

Die Schiiten im Süden des Irak unterlagen einer massiven Unterdrückung und waren deshalb Ziel der iranischen Propaganda. Unter ihnen entstand mit der »ad-Da'wa al-Islamija«, dem »Islamischen Ruf«, eine geheime Widerstandsbewegung, die zu individuellem Terror griff. Protestdemonstrationen in Kerbela, Nedschef und den schiitischen Stadtteilen der Hauptstadt wurden 1974 brutal unterdrückt.

Präsident Hasan al-Bakr war geneigt, den Schiiten entgegenzukommen, während sein Vizepräsident Saddam Hussein auf Gewalt setzte und die jährlichen Pilgerfahrten zu den schiitischen Heiligtümern verbieten ließ. Polizisten feuerten in die Demonstrationen, und Dutzende Teilnehmer starben.

Der Sieg Chomeinis 1979 im Iran verschäfte die Lage in Südirak. Der bekannteste Ayatollah in Nedschef, Baqir as-Sadr, begrüßte die iranische Revolution und wandte sich öffentlich gegen die Regierung in Bagdad, die ihn einsperren, Demonstrationen seiner Anhänger zusammenschießen und mehr als 3.000 von ihnen in Lagern internieren ließ. Saddam verlangte eine exemplarische Exekution der schiitischen Führer und einiger Offiziere, die als Mitglieder von ad-Da'wa erkannt worden waren.

Präsident al-Bakr lehnte es ab, den Mordbefehl zu unterzeichnen und wurde deshalb von Saddam Hussein zum Rücktritt gezwungen.

Am 16. Juli 1979 übernahm dieser alle Ämter seines Vorgängers, er regierte fortan mit grenzenlosem Terror. Chomeini hatte bereits am 8. April 1979 zum Sturz der Baath aufgerufen, und bald schon brachen Grenzkonflikte zwischen beiden Staaten aus.

Die Iraker trieben zunächst 15.000 Personen iranischer Herkunft, vorwiegend Luren, über die Grenze ins Nachbarland, und Saddam Hussein versuchte, den verhafteten Ayatollah Sadr zum Widerruf seiner Verdammung der Baath zu bewegen. Er erntete jedoch entschiedene Ablehnung und Verachtung. Daraufhin ließ er den Ayatollah und seine Schwester ermorden. Die Spannungen mit dem Iran nahmen zu.

Die Iraner indes bildeten junge Männer aus dem Kreis der aus Irak Geflüchteten und Vertriebenen an Waffen aus und schickten sie wieder in das Land zurück, woraufhin Bagdad weitere Tausende Schiiten auswies.

Während Radio Teheran zum Sturz Saddam Husseins aufrief, stellten die Iraker dem monarchistischen General Oweissi und dem vertriebenen Ex-Premier Schapur

Bachtiar je einen Sender für anti-iranische Propaganda zur Verfügung.

Iranische Emigranten und CIA unternahmen es, mit aufgebauschten und falschen Informationen über das angebliche Chaos im Iran, Saddam Hussein davon zu überzeugen, daß er bei einem Angriff auf seinen Gegner dank seiner disziplinierten Armee leichtes Spiel haben würde. Hussein sah sich bereits als Herrn der ölreichen Provinz Chusistan. Er flog im August 1980 nach Riad und Kuwait, wo er volle Rückendeckung und eine zinsfreie Anleihe in Höhe von 2 Miliarden Dollar von den Sabahs bekam.

Am 22. September 1980 ließ er seine Truppen in den Iran einmarschieren. Ein schrecklicher Krieg nahm seinen Anfang.

Im Iran hatte der ehemalige Kosakenhauptmann Reza Chan das Land mit eiserner Faust geeinigt bzw. die widerstrebenden Stämme und Städte gewaltsam angeschlossen. (1925 bis 1932) Er errichtete ein Regime der Grundherren und begann, das Land zu industrialisieren, wobei er sich weder an die Sowjetunion noch an England anlehnen mochte, verständlich in Anbetracht der Erfahrungen, die Persien im Ersten Weltkrieg mit beiden Staaten gemacht hatte. Die Franzosen bemühten sich um Einfluß, und auch die Deutschen umwarben den selbsternannten Monarchen, der sich der Hitlerdiktatur geistig nahe fühlte. Seine Ölpolitik war vorsichtig, da ihm das große Interesse vor allem Englands an dem gewinnbringenden Bodenschatz bekannt war. Er war der erste Staatschef im Nahen und Mittleren Osten, der der Anglo-Iranian Company von 1928 bis1933 höhere Zahlungen abnötigte.

Sein Sturz 1941 samt seiner Verbannung war ein Akt der Intervention seitens der UdSSR und Großbritanniens, die ein Vordringen der deutschen Armee fürchteten und sich die Transitstraßen für militäische Transporte sichern wollten. Sie setzten den bislang kaum in Erscheinung getretenen Kronprinzen Muhammad als Schah ein, der jedoch bis 1945 keine eigene Rolle spielte. Er suchte Unterstützung bei der mächtigen schiitischen Geistlichkeit und lehnte sich in fortschreitendem Maß an die Briten an, da er die Sowjets fürchtete. 1946 konnte er mit westlicher Unterstützung den Abzug der sowjetischen Truppen aus dem Norden des Landes durchsetzen. Dabei ließen die Sowjets die mit ihrer Hilfe gegründeten Republiken der Azeri und Kurden im Stich. Beide Republiken wurden von der persischen Armee brutal zerschlagen.

Der Iran trat im Kalten Krieg der antisowjetischen Front bei, erhielt 1947 seinen ersten umfangreichen amerikanischen Kredit zum Ankauf moderner Waffen und schloß im folgenden Jahr ein Militärabkommen mit den USA.

Aus der Frage nach der Verfügung über das Erdöl entwickelte sich 1951 die erste Massenbewegung des Landes, die eine Nationalisierung dieses Bodenschatzes forderte. Am 13. August 1953 putschte sich General Zahedi an die Macht, Ministerpräsident Mossadegh wurde abgesetzt. Mit dieser Entwicklung begann die offene Vorherrschaft der USA, und der Schah schlug eine Politik der Modernisierung des Landes nach monopolkapitalistischen Methoden unter den Bedingungen einer absoluten Personenherrschaft ein.

Der Iran ist ein polynationaler Staat, in dem die Perser vorherrschen, nach denen das Land bis 1936 benannt war: Persien. Der Schah wählte den Namen Iran als Staatsbezeichnung, um die Tatsache zu verschleiern, daß die Mehrheit seiner Untertanen sehr unterschiedlichen Volksgruppen angehört. Alle sollten als »Iraner« gelten.

Im Südosten siedeln die Baludschen und im Nordosten iranisierte Paschtunen und Turkmenen. Letztere stellen auch die Mehrheit der Bevölkerung bis zum Kaspischen Meer.

Südlich dieses Meeres wohnen verschiedene iranischsprachige Völker, und in Aserbaidschan dominieren die turkmenischen Azeri, an die sich im Westen und Süden zahlreiche kurdische Stämme anschließen. Von Teheran bis Isfahan herrschen die Perser vor. In den Städten leben Armenier, Assyrer, Inder, Araber und Angehörige anderer Minderheiten.

Der mittlere Zagros ist das Gebiet der eventuell den Kurden zuzurechnenden Luren und der wahrscheinlich eigenständigen Bachtiyaren westiranischer Zunge.

Nach Südosten hin folgen turksprachige Qaschqai, und in den Küstenregionen gibt es Araber und Iraner verschiedener Gruppen.

Die Mehrheit der Bewohner Irans bekennt sich zur Schia, doch sind die Azeris und viele Kurden Sunniten. Christlichen Glaubens sind die Armenier und Assyrer. Eine vom Islam abgespaltene Richtung ist der Bahaismus, der besonders unter den Persern verbreitet ist. Eine kleine Minderheit hängt noch dem Zarathuschtrismus an.

Die spezifische Struktur der iranischen Schia hat die Geschichte des Iran seit dem 16. Jahrhundert mitbestimmt und sollte auch die Krise der 70er Jahre unseres Jahrhunderts prägen.

Der verleumderische Artikel des Informationsministers Humayun vom 7. Januar 1978 hatte nach zwei Tagen einen Aufruhr unter den Studenten und Bazaris in Qom ausgelöst, der von Polizei und Militär niedergeschlagen wurde. Die üblichen Totenfeiern vierzig Tage nach dem Tod der Opfer wurden ebenfalls zusammengeschossen, und die Demonstrationen wiederholten sich. Die Regierung schüttete noch Öl ins Feuer, indem sie die Löhne senkte und Hunderttausenden die Arbeit nahm. Der Widerstand nahm zu, und so sollte die Opposition durch eine Provokation in Mißkredit gebracht werden, indem man ihr die Schuld am Brand eines vollbesetzten Kinos in Abadan und damit den Tod von 410 Menschen anzulasten versuchte.

Daraufhin fanden in Teheran Massendemonstrationen statt, die vom 7. bis 16. August 1978 andauerten und die die Regierung durch die Verhängung des Kriegsrechts zu unterdrücken beabsichtigte. Der nachts verkündete Ausnahmezustand war in der Stadt noch nicht bekanntgeworden, als sich am frühen Morgen Zehntausende Männer, Frauen und Kinder auf dem Jalehplatz in Teheran versammelten. Anrückende Truppen sperrten die Zugänge und eröffneten das Feuer ohne Warnung. Tausende Menschen wurden getötet, ausbrechende Straßenkämpfe brutal unterdrückt und der Ruf nach einem Generalstreik erhoben.

Anfang November massakrierten Schahtruppen weitere Hunderte Demonstranten auf den Straßen Teherans.

Der Schah nahm Kontakt zu US-Präsident Carter auf, der ihm riet, eine Militärregierung zu bilden und Gewalt anzuwenden. Die Regierung der Generäle nahm am 6. Januar 1978 ihre Arbeit mit der Ausrufung des Ausnahmezustands in Chusistan auf. Sie befahl der Armee, überall mit Gewalt durchzugreifen.

Diese feuerte am 21. November 1978 sogar auf die Menschen in der Moschee des Imam Ali in Meschhed und tötete auf den Straßen der Stadt 700 Demonstranten. Chomeini rief die Soldaten aus dem Exil auf, zu desertieren. Am 15. Dezember 1978 nahmen Hunderttausende in 55 Städten an Demonstrationen teil. Der Schah versuchte, die Bevölkerung durch Zugeständnisse zu beruhigen und ersetzte die Militärregierung durch ein Kabinett unter Schapur Bachtijar, der zur Führung der oppositionellen »Nationalen Front« gehörte. Als bekannt wurde, daß er zum Schah übergegangen war, schloß ihn seine Partei aus und behandelte ihn seitdem als Verräter. Präsident Carter sandte den kommandierenden amerikanischen General Huyser am 3. Januar 1979 in den Iran. Dieser ließ sich von den Generälen davon überzeugen, daß es möglich sei, die Rebellion durch ein energisches Vorgehen niederzuschlagen. Er empfahl ihnen, Muhammad Reza Schah ins Ausland zu schicken. Carter setzte sich mit Chomeini in Verbindung und versuchte, ihn zu bewegen, im Ausland zu bleiben.

In Teheran traf sich General Huyser am 10. Januar mit Ayatollah Beheschti und dem führenden Oppositionspolitiker Bazargan. Am 16. Januar 1979 verließ der Schah das Land. Die Amerikaner versuchten danach, einen Militärputsch auszulösen. Die Kaiserliche Garde besetzte den Flughafen der Hauptstadt vom 24. bis 26. Januar, um die Rückkehr Chomeinis zu verhindern.

Dieser flog ungeachtet dessen von Paris nach Teheran, wo ihn drei Millionen Menschen enthusiastisch begrüßten.

In seinem Auftrag bildete Mehdi Bazargan eine provisorische Regierung gegen das noch amtierende Kabinett unter Bachtijar. Eine Massenflucht der Reichen, Beamten und Offiziere setzte ein, der sich auch Bachtijar anschloß. Damit war die Macht in Teheran in der Hand Ayatollah Chomeinis und seines Islamischen Revolutionsrates, der die provisorische Regierung als Schutzschild benutzte – während der neue Terror begann. Die Armee löste sich auf, da drei Viertel ihrer Mannschaften desertierten. Nur die Garde blieb noch zusammen und wurde im August 1979 von den neuen Herren gegen die aufständischen Kurden eingesetzt. Iran schien auseinanderzubrechen.

So war die Situation im Iran zur Zeit des irakischen Angriffs vom 22. September 1980.

Im innenpolitischen Kampf spielte der Sturm auf die amerikanische Botschaft am 4. November 1979 eine große Rolle. Die Mullas konnten zwei Tage darauf die provisorische Regierung fallenlassen und Bazargan und Ali Yazdi zum Rücktritt zwingen. Bani Sadr wurde zunächst Außenminister und am 2. Februar 1980 Präsident, bis man in den beschlagnahmten Papieren der Botschaft entdeckte, daß er ein langjähriger Agent der CIA war. Bevor man ihn verhaften konnte, floh er nach Paris.

Im Iran versuchten inzwischen (1980 bis 1982) die Mujahedin-e Khalq, die Regierung durch eine Serie von Morden zu stürzen, was jedoch nur eine Verstärkung des Terrors gegen alle Oppositionellen zur Folge hatte und die Macht der Mullas weiter festigte. Auch der Krieg gegen den Irak konnte der Herrrschaft Chomeinis und seiner Nachfolger kein Ende bereiten, sondern festigte ihre Macht als Verteidiger der Heimat.

Die Golfregion war eines der Zentren der Weltkultur, und das Erbe der Sumerer, Akkader, Babylonier, Aramäer, Perser und Araber befruchtete nicht zuletzt die Entwicklung Europas. Auch wenn die christliche Tradition hier das Paradies, den »Garten Eden«, gesucht hat, so stand der Begriff »e-din-nu« den Sumerern für die Steppe, den Raum für Tiere und Nomaden. Vorderasiens Bewohner haben gearbeitet und gekämpft, gelitten und prachtvolle Kulturen geschaffen. Sie dienten im Mittelalter als Mittler zwischen Ost und West, als Wegbereiter zwischen Europa, China und Südasien, bis die Europäer in ihr Land einfielen und die Reichtümer des Ostens gewaltsam entführten.

Die Portugiesen errichteten ihr maritimes Imperium, um den Handel kontrollieren und die Gewinne abschöpfen zu können. Ihre Festungen und Flotten beherrschten den Golf mehr als ein Jahrhundert. Sie mußten den Holländern und Briten weichen, die die Erzeugerländer der Gewürze mit Gewalt unterwarfen und ihre Seeherrschaft mit dem Aufbau großer Kolonialreiche verbanden.

Der Kampf um die Aufteilung der Welt zwischen Franzosen und Briten gab den Völkern des Golfs eine Phase relativer Freiheit, die nach der Entscheidung für Großbritannien einer gnadenlosen Unterdrückung wich. Bis in die 60er und 70er Jahre dieses Jahrhunderts hielten britische Beamte und Soldaten die Stämme und Städte südlich des Golfes in Unwissenheit, Sklaverei und Elend.

Im Konflikt mit Deutschland und den sich Berlin unterordnenden Osmanen bezahlten die Briten die blutdürstigen Herren der Steppen und stützten die Scheichs von Kuwait, wie sie gemeinsam mit den Russen das zerfallende Persien in Einflußzonen aufteilten. Bis zur Eröffnung des Suezkanals ging es ihnen um die kürzeste Verbindung zwischen England und Indien über Basra und dann um den Ausschluß der zum Golf strebenden Deutschen, die Englands »Kronjuwel« Indien bedrohten.

Der um die Vorherrschaft in der Welt ausgetragene Erste Weltkrieg zerrüttete auch die Region am Golf und endete mit ihrer scheinbar endgültigen Unterwerfung unter die britische Herrschaft. Jetzt ging es nicht mehr um die Passage von Basra zum Mittelmeer, sondern um den gewaltigen Schatz im Boden der Ebenen am Golf, um die riesigen Erdölvorkommen, die zur Grundlage der Industrie und der Militämacht Westeuropas wurden. Die Briten beteiligten die Franzosen daran und mußten schließlich auch den Amerikanern die »Tür« zum Öl öffnen. Sie blieben jedoch bis zum Zweiten Weltkrieg die dominierende Macht am Golf, die die Ausbeutung des Erdöls unter weitgehendem Ausschluß der Einheimischen betrieb. Sie erhielten dort die Sklaverei und stützten Tyrannen wie Ibn Saud. Unter ihrem Regime war die Erdölindustrie des Nahen Ostens ein kolonialer Fremdkörper in einem künstlich in Stagnation und Rückständigkeit gehaltenen Gebiet.

Erdöl lieferte anfangs vor allem Amerika, während in Europa Kohle die Hauptenergiequelle bis in die Nachkriegszeit blieb – mit Ausnahme des militärischen Sektors, der völlig von dem flüssigen Treibstoff abhing. Beide Weltkriege wurden nicht zuletzt durch die Verfügbarkeit über Erdöl entschieden. In den USA, die selbst reich an Erdöl waren, setzte sich der neue Treibstoff vor fast 100 Jahren durch und wurde zur Basis einer milliardenschweren Industrie, die, von einigen wenigen Banken gesteuert, zur Grundlage amerikanischer Weltherrschaft wurde.

Ernste Konkurrenz erwuchs den Amerikanern im Erdöl aus dem Kaspischen Meer, das für die Gruppe Nobel/Rothschild nach Europa und Asien exportiert wurde. Dazu kam noch die Royal Dutch Company, die Öl aus Sumatra lieferte. Das Kaspi-Öl wurde zweimal die Hoffnung der deutschen Regierungen, 1918 und 1942. Zweimal erfüllte sie sich nicht. Das sowjetische Öl war bis in die 80er Jahre im Blick der US-Öllobby.

Seit dem Ende des Zweiten Weltkriegs drangen amerikanische Firmen mit Unterstützung ihrer Regierung an den Golf vor und drängten die »Verbündeten« mehr und mehr zur Seite. Sie nutzten den aufflammenden Widerstand regionaler Kräfte gegen die Briten zum Aufkauf und zur Übernahme der Herrschaft aus, so beispielsweise im Iran, in Saudi-Arabien und in den ehemaligen Scheichtümern der VAE. Die amerikanische Ölpolitik ging einen anderen Weg als die britische. Amerikanische Bankiers nahmen Emire, Könige und Präsidenten in ihre Reihen auf, überließen ihnen Milliarden an Gewinnen und sorgten dafür, daß große Teile dieser Gelder als Bezahlung für umfangreiche Rüstungsexporte oder als Aktienkapital in die »westliche« Wirtschaft flossen.

Die Herrscher am Golf wurden zu Mitgliedern des die Welt beherrschenden Klubs der Milliardäre, doch waren sie, mit Ausnahme Irans und Iraks, nie stark genug, sich gegen fremde Mächte zu verteidigen. Der Iran wurde im Kalten Krieg zum Hauptstützpunkt der amerikanischen Politik gegen die UdSSR, bis der Schah den Bogen überspannte und 1979 von einer Volksbewegung unter konservativer Führung gestürzt wurde.

Die Öl- und Bankkonsortien sahen ihre Milliardenprofite von der Gefahr bedroht, daß das iranischen Beispiel Schule machen könnte und hetzten den irakischen Diktator Saddam Hussein gegen Iran. Im acht Jahre dauernden ersten Golfkrieg wurde der Iran zwar geschwächt, die Herrschaft der Mullas aber nicht beseitigt. Die akute »Gefahr« für die Ölmilliardäre war abgewendet, und der vermeintliche Sieger Saddam Hussein blieb mit 100 Milliarden Dollar Schulden, Hunderttausenden Toten und Arbeitslosen sowie einer Millionenarmee zurück.

Die Kräfte, die ihn vorher gestützt hatten, allen voran der aus der Öllobby gekommene US-Präsident Bush, beschlossen, die Macht des Irak zu beschneiden und lockten ihn daher in den zweiten Golfkrieg, der die zweitstärkste Militärmacht am Golf zwar empfindlich schwächte, sie aber nicht vernichtete. Saddam Hussein verblieben seine Elitearmee, die »Republikanische Garde«, seine Hubschrauberflotte und noch genügend Panzer, um auch die Mujahedin-e Khalq mit mehr als 50.000 Mann modern bewaffnen zu können. Die USA hetzten die irakischen Schiiten und Kurden in aussichtslose Aufstände, die erneut Hunderttausenden Menschen das Leben kosteten und verhinderten, daß der Irak in seine Bestandteile zerfiel, weil sich womöglich die Schiiten dem Iran angeschlossen hätten.

Der Iran war und bleibt das Hauptproblem für die Amerikaner am Golf. Zwar hat das Land seine militärische Rolle als Bedrohung der Südregionen der UdSSR inzwischen ausgespielt, aber seine strategische Rolle im Kampf um die anscheinend beträchtlich größeren Erdöl- und Erdgasreserven nördlich des Iran ist kaum zu überschätzen.

Das Kaspi-Öl ist nur der südwestliche Ausläufer riesiger Vorkommen von Turkmenien bis nach Afghanistan, von Kasachstan bis nach Westsibirien und von der Wolga aufwärts bis an das Eismeer. Aber nur das Öl bringt Profit, was auf den Markt gebracht. Bis zum Zusammenbruch der Sowjetunion war dieses Öl Devisenbasis und Energieträger der UdSSR. Viktor Tschernomyrdin, der letzte Generaldirektor des staatlichen Erdölkonzerns Neftprom, privatisierte die Erdölindustrie – wie es heißt gegen 1 Prozent der Aktien –, verlor aber die Kontrolle über die zentralasiatischen Vorkommen und das Kaspi-Öl. Mit großer Anstrengung konnte er ein Zehntel des privatisierten Kaspi-Öls für Rußland sichern, ein weiteres Zehntel blieb dem Iran und 5 Prozent dem ehemaligen Politbüromitglied Haidar Aliew, dem heutigen Präsidenten Aserbaidschans.

Es handelt sich dabei um ungeheure Vorräte. Allein unter dem von Aserbaidschan beanspruchten Teil des Kaspischen Meeres sind Vorräte von rund 1 Milliarde Tonnen Öl und 600 Milliarden Kubikmeter Gas nachgewiesen worden. Seither stürzen sich die internationalen Ölgesellschaften auf die Schätze aus dem früheren Besitz der UdSSR. Man hat diesen Beutezug bereits mit dem »Great Game«, dem Wettlauf der Briten und Russen um die Herrschaft über Zentralasien, verglichen.[85]

Die Nachfolgestaaten der Sowjetunion verstehen in unterschiedlichem Maß ihre Interessen zu wahren, wobei die Azeriführer anscheinend am geschicktesten sind und vom Wohlstand der Golfemire träumen. Die entstehenden Ausbeuterstrukturen knüpfen an die Erfahrungen am Golf und in Libyen an.

Eine Azerbaijan International Operating Company (AIOC) bildete sich als erstes internationales Konsortium heraus, das 1994 mit Aserbaidschan einen Vertrag über 7,5 Milliarden US-Dollar zugesagter Investitionen abschloß. Beteiligt waren daran British Petroleum mit 17,1 Prozent, AMOCO (USA) mit 17 Prozent, The State Oil Company of Azerbaijan (SOCAR) mit 10 Prozent, UNOCAL (USA) mit 10 Prozent, LUKoil (Rußland) mit 10 Prozent, die norwegische Statoil mi 8,6 Prozent, EXXON (USA) mit 8 Prozent, Turkish Petroleum mit 6,8 Prozent, Pennzoil (USA) mit 6,25 Prozent, McDermott (USA) mit 2,4 Prozent, RAMCO Energy (Großbritannien) mit 2,1 Prozent und die saudische Firma Delta Nimir mit 1,7 Prozent. Die japanische Firma Itochu kaufte McDermotts und Pennzoils Anteile auf und hält nun 7,5 Prozent.

Die AIOC kontrolliert zwischen drei bis fünf Milliarden Tonnen an Vorkommen und plant eine Ölpipeline von Baku zur georgischen Küste, wobei sie aber auf das Problem der von Georgien abgefallenen Abchasen stößt. Vorerst wird die russische Ölleitung durch Tschetschenien benutzt.

Die SOCAR hat ein weiteres Konsortium für die Ölfelder Aschrafi und Dan Uludzu ins Leben gerufen, von dessen Anteilen AMOCO 30 Prozent, die UNOCAL gemeinsam mit Delta Nimir weitere 30 Prozent und SOCAR und Itochu je 20 Prozent besitzen. Die französische Elf Aquitaine hat mit SOCAR einen Vertrag über die Ölfelder Astarademiz und Lenkorandemiz geschlossen, deren Regionen aber umstritten sind. Die Kasachen und die Azeri-Regierung haben diesen Vertrag verworfen.

In Japan wurde ein rein japanisches Konsortium zur Ausbeutung der Ölfelder im Südteil der Kaspi-See gegründet, während eine andere japanische Gruppe Vereinbarungen mit SOCAR getroffen hat. Mitsui, Mitsubishi und Toyo Engineering sind seit 1994 in Kasachstan eingestiegen und bauen dort eine Großraffinerie. Eine 1993 geschaffene Kazakstancaspiishelf (KCS) besteht aus der italienischen Agip Sp. A, British Gas PLc (BPCoPLc), den Norske Stats Olgeselskap AS (Statoil), Mobil Corporation, Royal Dutch/Shell und Total SA. Der Japan National Oil Company (INOC) ist der Beitritt angeboten worden.

Die englische RAMCO schuf ein eigenes Konsortium mit der amerikanischen Mobil, beide je 40 Prozent, und der französischen Total mit 20 Prozent.

Das Feld Schah-Deniz beuten zu je 25,5 Prozent BP und Statoil und zu je 10 Prozent LUKoil, Elf Aquitaine, SOCAR und die National Iranian Company (NIOC) und zu 9 Prozent die Turkish Petroleum aus. Später erzwangen die USA den Ausschluß der Iraner aus dem Geschäft.

Die UNOCAL und Delta Nimir planen mit der Turkmenrosgaz, eine Central Asian Pipeline (CAP) für 2 Milliarden Dollar für Erdgas und eine weitere für 2,6 Milliarden Dollar für Erdöl durch Afghanistan nach Pakistan zu errichten, womit sich Aufgabe und Erfolg der von Pakistan und den USA ausgehaltenen Taliban erklären.

Die Caspian International Oil Company schloß einen Vertrag mit der SOCAR über ein Karabagh genanntes Ölfeld in der Kaspi-See. Partner sind hier LUKoil mit 32,5 Prozent, Pennzoil und Agip mit je 30 Prozent und SOCAR mit 7,5 Prozent.

Viel Bewegung gab und gibt es zum geplanten Bau einer Caspian Pipeline von Westkasachstan nach Novorossisk. Beteiligt sind daran Rußland, Kasachstan und Oman mit 24, 19 und 7 Prozent, Chevron mit 15 Prozent, LUKoil mit 12,5 Prozent, Rosshell – ein Joint Venture der russischen Rosneft mit Royal Dutch/Shell – mit 7,5 Prozent, Mobil mit 7,5 Prozent, British Gas und Agip mit je 2 Prozent , Oryx und die kasachische Munaigaz mit je 1,75 Prozent. Es scheinen aber noch Ansprüche der russischen Transneft in diesem Gebiet zu bestehen, weshalb der Plan noch nicht realisiert worden ist.

Außerdem gibt es Vereinbarungen zwischen den russischen und iranischen Ministerien für Energie über eine

Zusammenarbeit, über deren Verwirklichung noch wenig bekannt ist. Eine Iranian-Russian-Turkmen Company existiert bisher nur als Regierungsübereinkunft. Ein umfassender Vertrag der Chevron Company mit dem kasachischen Staatskonzern Munaigaz sicherte 1992 dem Land einen Kredit von 20 Milliarden Dollar für Investitionen im Tengiz-Feld zu, doch stieß der Abtransport des Öls auf Schwierigkeiten, so daß Chevron ihre Zusagen stark reduzierte.

Unterdessen haben sich Mobil Oil und LUKoil um Anteile an dem Geschäft bemüht. Die Reserven des Ölfeldes Tengiz werden auf drei bis zehn Milliarden Tonnen Öl und rund eine Trillion Kubikmeter Erdgas geschätzt.

Der Ausbau der einzigen turkmenischen Raffinerie in Turkmenbaschi, früher Krasnovodsk, wird von mehreren internationalen Firmen, darunter der Deutschen Bank, finanziert und von Mannesmann sowie zwei japanischen und einem türkischen Unternehmen durchgeführt.[86] Die vorliegenden Angaben über die zu erwartenden Gewinne variieren. Ismayil[87] gibt für die bisher geschlossenen Abkommen mit Aserbaidschan für die kommenden dreißig Jahre eine Produktion von 1150 Millionen Tonnen Öl an und nennt BP mit 14,01 Prozent Anteil am Gewinn den Hauptverdiener – vor SOCAR mit 12,09 Prozent und AMOCO mit 11,3 Prozent. Aber die Realisierung der Gewinne setzt den Transport des Öls zur Küste der südlichen Ozeane voraus. Pläne und Projekte gibt es reichlich.

Doch das Transportproblem bleibt. Der Turkmen-Ata, gleichfalls ein früherer Parteisekretär, träumt von seiner Pipeline durch Afghanistan und Pakistan.

Die Azeri haben im Süden den Iran und im Westen die Armenier, und die russischen Erdölleitungen laufen über Grosny nach Tuapse und Novorossisk. Das Problem des Erdöltransports lag auch dem Krieg gegen Tschetschenien zugrunde, kann doch ein unabhängiger Staat im Nordkaukasus diesen Transport erheblich verteuern.

Ein anderer Vorschlag sieht vor, eine Pipeline durch Georgien in die Osttürkei zu führen, aber dort tobt der

Krieg gegen die Kurden. So bleibt also der Iran als günstigstes Transitland.

Die staatlichen Strukturen in den neuen Staaten Zentralasiens sind noch immer denkbar instabil. Die alten Eliten stehen unter dem Druck islamisierender Bewegungen, und der Turkmen-Ata ist nicht mehr der Jüngste. Sein tadschikischer Nachbar kämpft seit Jahren mit rebellischen Muslimen, die von Afghanistan unterstützt werden, und sucht wie sein usbekischer Kollege Hilfe in Teheran. Der Usbeke ist zudem dabei, den Islam national umzudeuten, indem er den Schrecken der Völker, Timur, zum gütigen Landesvater und Freund aller Menschen umstilisieren läßt.

Kasachstan hat eine fremdnationale Mehrheit innerhalb seiner Grenzen, und so bleibt der Iran der volkreichste und zumindest zur Zeit stabilste Staat in dieser Region, durch den der Weg zum zentralasiatisch-sibirischen Erdöl geht. Wie die Öllobby der USA dieses Problem lösen wird, ist zur Zeit noch offen. Sicher ist nur, daß es keine demokratische Lösung sein wird, sondern daß mit der Anwendung jeder Art von Gewalt, Einfluß und Unterwanderung gerechnet werden muß.

Die »neue Weltordnung« der USA beruht nicht zuletzt auf der Verfügung über Erdöl und wird auf instabile Strukturen reagieren. Die Mittel, die der einzigen Weltmacht und ihren Dienern dabei zur Verfügung stehen, sind bereits in den beiden Golfkriegen angewandt worden: Giftgas, Uranmunition, Flächenbombardements, Zerstörung der Lebensbasis der Zivilbevölkerung und viele andere mehr. Und wer an der Skrupellosigkeit der Verantwortlichen zweifelt, sollte einmal zur Geschichte der amerikanischen Plutoniumindustrie greifen, die Michail d'Antonio in seinem Buch »Bomben-Ernte«[88] 1994 beschrieben hat. Diese Industrie machte nicht vor der Verstrahlung zahlloser amerikanischer Bürger halt – zum Teil in höheren Dosen als die Opfer des Tschernobyl-Gaus. Und dies als Folge gezielter Experimente, ohne Wissen oder Einwilligung der Betroffenen. Der Autor belegt, daß allein bei dem Plutoniumwerk Hanford im Staat Washington

18 Milliarden Hektoliter durch Plutonium verunreinigtes Wasser in das Erdreich flossen, daß rund 500.000 Stahlfässer mit Plutoniumabfällen einfach in der Wüste vergraben wurden und 230 Quadratmeilen Land um Hanford herum kontaminiert sind.

Im Jahr 1949 wurden während eines »Experimentes« radioaktive Emissionen freigesetzt, um zu testen, wie man aus der Luft sowjetische Atomwerke feststellen könnte. Zu diesem Zwecke wurde ein Gebiet mit vielen Hundertausenden Bewohnern von Hanford bis nach Kalifornien hin kontaminiert.

Auch ist der Einsatz von Agenten der CIA oder die Anwerbung künftiger politischer Führer im Nahen Osten, wie Bani Sadr oder Saddam Hussein, durch Geheimdienste ist durchaus keine Besonderheit des Orients. Bush war einst Direktor der CIA, Kinkel Chef des BND, und die Rolle des Amtes Gehlen beim Aufbau der Bundesrepublik ist bekannt. Der BND schreckte nicht einmal vor Piraterie auf offener See zurück, als er u. a. den estnischen Frachter Waalhave auf offener See überfallen und entführen ließ. Das Schiff hatte Bauteile für eine syrische Raketenfabrik geladen.[89]

Derartige Aktionen sind keine Ausnahme sondern die Regel, und die Mystifikation östlicher Geheimdienste ist so verlogen wie das Gerede über den Kampf für Menschenrechte und Demokratie, wenn es in Wahrheit um Öl, Waffenexporte und Dollars geht. Geheimdienstarbeit ist die Politik des jeweiligen Staates ohne den Mantel der Propaganda.

Auch ein Kabila (Zaire/Kongo) tauchte nicht wie ein Wundertier aus dem Urwald auf, sondern wird getragen von politischen und besonders von ökonomischen Entscheidungen in den USA.Wie wenig bei einer so wesentlichen Frage wie der Herrschaft über den an Bodenschätzen reichen Kongo »Europa« gefragt wurde, zeigte sich deutlich bei den Verhandlungen über Mobutus Rücktritt, bei denen der französische Botschafter nicht einmal als Zuhörer zugelassen, sondern an die Bar verwiesen wurde, und der deutsche sowie der britische Botschafter kamen nicht einmal auf das südafrikanische Schiff, auf dem die Gespräche stattfanden. Die Diamanten, das Gold und wiederum das Erdöl des Landes waren wichtiger als der langjährige treue Diener Mobutu, als sich die Möglichkeit bot, die Franzosen aus Zentralafrika zu verdrängen.

Die USA, die recht widerwillig eine »Schutzzone« für die Kurden im Nordirak einrichteten, unterstützten nichtsdestotrotz die türkischen Militärs im Nordirak, die immer wieder Kurdenjagden in der »Schutzzone« veranstalten. Im Juni 1997 erklärte ein Sprecher des amerikanischen Außenministeriums laut Nachrichtenagentur Reuter: »Es gibt aus US-Sicht keinen Grund, das Vordringen der türkischen Armee auch auf irakisches Gebiet zu kritisieren. Die Türkei ist ein Verbündeter, und in Irak gibt es einen Job zu erledigen.«[90] Dieser bestand in der Ermordung Hunderter Kurden – angeblich alles PKK-Partisanen. In Wahrheit waren es zumeist Zivilisten.

Präsident Bush erklärte am Ende des zweiten Golfkrieges, nun käme die Zeit der Abrüstung am Golf, und eine Woche darauf unterzeichnete sein Verteidigungsminister Cheney Verträge über Waffenlieferungen in dieses Gebiet im Werte von rund 30 Milliarden Dollar. Worte der Politiker dienen nur zum Verschleiern ihrer Taten. Sie formulieren Ansichten, die die Völker vertreten sollen, nicht aber ihre Absichten.

Das kommende Jahrtausend beginnt im Schatten einer Weltmacht, die, auf ihre Atomwaffen gestützt, jeden Gegner zu vernichten droht. Die Massenmedien der Informationsgesellschaft sorgen objektiv dafür, daß die drohenden Gefahren in den Nachrichtenströmen untergehen.

### *Postscriptum nach der Februarkrise*

Die vorherstehenden Teile des Textes entstanden im Sommer 1997, und die Entwicklung der amerikanischen Politik bis zum Februar 1998 drohte, den vom Verlag gewählten Titel »Vor dem 3. Golfkrieg« zu antiquieren. Die

Vorgänge sind bekannt. Das Embargo gegen den Irak hält seit sieben Jahren an, das Volk verelendet immer mehr und zahllose Kinder, Frauen und Männer sind ihm und den Nachwirkungen des zweiten Golfkrieges bereits erlegen.

Nicht betroffen davon ist die Person, die der Propaganda fast aller westlichen Länder seit 1990 als Popanz dient: Saddam Hussein. Nach Meldungen der »Berliner Zeitung« hat er seit Kriegsende rund 4 Milliarden Dollar für Palastbauten ausgegeben.

Wer zahlte ihm diese Summen, da doch die Auslandskonten des Landes eingefroren sind und der Außenhandel blockiert ist? Das irakische Volk war es sicher nicht.

Die irakische Regierung schiebt eine ungeheure Schuldenlast vor sich her. Ungefähr 100 Milliarden Dollar für den ersten und mindesten die gleiche Summe für den zweiten Golfkrieg. Dazu kommen die Zinsen, die vermutlich noch einmal Dutzende Milliarden betragen. Abzahlen könnte sie diese Unsummen in vielen Jahren nur, wenn das Embargo aufgehoben und den Irakern wieder ein menschenwürdiges Leben geboten wird. Die irakische Regierung steht zudem seit sieben Jahren unter dem Druck der Unscom, der formell von der UNO gestellten Rüstungskontrollkommission, in der das Wort und die Interessen der USA ausschlaggebend sind. Zumindest ein Teil der amerikanischen Kontrolleure geht dabei mit dem unverkennbaren Charme und Takt der Marineinfanterie der USA vor, indem sie Türen zu Präsidentenresidenzen eintreten und irakisches Personal wie »ihre Nigger« zuhause behandeln.

Angeblich soll das irakische Militär auf Weisung der Regierung versucht haben, Teile der Rüstungsgüter zu verbergen. Diverse Geheimdienste, CIA, Secret Service, BND, haben wiederholt die sogenannten Paläste Saddam Husseins als Lager und sogar Produktionsstätten von biologischen und chemischen Kampfstoffen bezeichnet, ohne allerdings bisher Beweise für ihre Behauptungen beizubringen, und der Irak verweigerte bislang die Durchführung von Kontrollen in diesen Residenzen.Über ihre Anzahl und Größe verbreiteten hauptsächlich amerikanische Stellen, allen voran Clinton selbst, phantastische Berichte. So waren zunächst die Zahlen 78 und 68 im Umlauf, während jetzt acht Anlagen übriggeblieben sind. Auch hieß es, eine dieser Anlagen sei größer als ganz Paris. Die im Februar von der UNO entsandten Vermesser stellten fest, daß sie nur halb so groß waren wie angegeben – und daß es sich nur bei einer um einen echten Palast handele.[92]

Seit Ende 1997 gingen die USA und England auf einen offenen Kriegskurs. Hunderte Flugzeuge, vier Fluzeugträger und Dutzende Kampfschiffe mit mehr als 30.000 Soldaten wurden in die Golfregion entsandt und sollten den Irak vom 24. bis 28. Februar 1998 bombardieren, wobei die amerikanische Regierung als vermutete Bilanz an Toten – natürlich auf irakischer Seite – über 1.500 annahm.[93] Ihr Versuch, einen erneuten Freibrief zum Verwüsten des Landes vom Sicherheitsrat zu erhalten, scheiterte ebenso wie ihr Bemühen, die Allianz des zweiten Golfkriegs wiederzubeleben. Selbst Saudi-Arabien und Ägypten, ansonsten getreue Vasallen der USA, verweigerten sich.

Im Sicherheitsrat drängten vor allem Rußland und Frankreich auf eine diplomatische Lösung und eine baldige Aufhebung des Embargos. China schloß sich ihnen an, und weitere Mitgliedsländer folgten. Schließlich konnte der UNO-Generalsekretär Kofi Annan in Bagdad einen Vertrag abschließen, der bisher einen Einsatz der Waffen verhindert hat, doch die nächste Krise ist schon vorauszusehen.

Die Propagandamaschinerie lief im Anschluß an die Propaganda des zweiten Golfkrieges mit der Anklage gegen den »zweiten Hitler«, »den größten lebenden Verbrecher« an, und erfuhr eine Steigerung durch den britischen Premier Anthony Blair, der behauptete, Saddam Hussein sei in der Lage, die gesamte Weltbevölkerung zu vernichten, da er über Nervengase, Anthraxbakterien und weitere chemische und biologische Waffen verfüge.[94]

Die Berliner Zeitung rechtfertigte im voraus den geplanten Angriff und seine Wiederholungen in der Zukunft, indem sie schrieb: »Ein Militärschlag, der einen Teil der

Horrorwaffen zerstört, wäre ein Gewinn. Auch wenn die Operation wiederholt werden müßte«[95]. Sie fragte allerdings nicht, woher der Irak VX-Material, die Anthrax (Milzbrand-)kulturen und anderen Giftstoffe erhalten habe.

Die Anthraxkultur wurde mit Genehmigung des Pentagons aus den USA geliefert, VX kam aus London und den Produktionsstätten aus der BRD und den USA. Das geschah natürlich zur Zeit des ersten Golfkriegs, als der Irak den Iran überfallen hatte. Damals wurden Iraner und Kurden mit Kampfgasen aus Hubschraubern bundesdeutscher und spanischer Produktion angegriffen, und obwohl persische Opfer solcher Angriffe in deutschen, schweizerischen und schwedischen Krankenhäusern behandelt wurden, fanden die berechtigten Anklagen nichtstaatlicher Organisationen und einiger Journalisten kein Gehör beim Sicherheitsrat oder den Regierungen der Großmächte. Schließlich belieferten sie beide Parteien mit Waffen, damit möglichst viele Iraner und Iraker sich gegenseitig umbringen konnten.

Heute gräbt man diese Massaker in den Medien wieder aus. Aber: Warum hat man damals das Material geliefert und geschwiegen, obwohl es viele Tausende Opfer gab?

Die neue Weltpolitik der USA hat im Irak einen geeigneten Prügelknaben gefunden, der von dem ursprünglich CIA-eigenen Erzlumpen Saddam Hussein fernsehgerecht repräsentiert wird, und dies in zwei Dimensionen – zum einen, um die absolute Militärherrschaft der USA herauszustellen, und zum anderen im Rahmen der Erdölprofite.

Seit der Berliner NATO-Ratstagung 1996[96] ist es offizielle Politik der USA und ihrer Verbündeten, gegen Länder, die nicht zur NATO gehören und verdächtigt werden, Massenvernichtungsmittel zu besitzen oder solche entwickeln zu wollen, auch mit Atomwaffen vorzugehen. Eine Ausnahme bildet dabei natürlich Israel, das neben mindestens 300 Atomsprengköpfen über die Neutronenbombe und über mehr als genug qualifizierte Chemiker und Biologen verfügt, die durchaus in der Lage sind, auch chemische und biologische Waffen zu entwickeln.[97]

Zudem ist die Produktion von chemischen und biologischen Waffen in jedem halbwegs ausgerüsteten Labor selbst in Futterfabriken möglich.[98]

Bereits im 12. Jahrhundert setzten chinesische Techniker Giftgas im Kampf ein, und im 20. Jahrhundert war es die deutsche Armee, die mit dem Kampfgaseinsatz begann. Senfgas, Nervengas und biologische Kampfmittel können heute in nahezu allen Staaten produziert werden – und es sind welche nach 1945 auch wiederholt, vor allem von den USA, eingesetzt worden. Nach eigenen Angaben verfügen die USA gegenwärtig über 20.000 Tonnen derartiger Kampfstoffe – abgesehen von tausenden Atomsprengköpfen. Und sie haben die Transportmittel, um sie an jedem beliebigen Punkt der Erde einzusetzen. Sie reichen ähnlich wie die entsprechenden russischen Bestände aus, alle Lebewesen auf diesem Planeten zehn- oder zwanzigfach auszurotten.

Wer bombardiert nun die amerikanischen oder russischen Depots?

Zur Zeit werden rund zwanzig Staaten als Besitzer solcher Kampfmittel aufgeführt und der NATO reicht der Verdacht. In erster Linie richten sich derartige lebensgefährlichen Verdächtigungen gegen den Iran, Syrien, Libyen, Algerien und den Sudan, und da wird die Absicht der USA, angenommene Bunker mit entsprechenden Lagern zu bombardieren, zur akuten Gefahr.

Bereits im April 1997 ging die Nachricht durch die Weltpresse, die USA hätten eine Atomwaffe entwickelt, die tiefliegende Bunker zerstören könne, da die CIA berichtet habe, daß »Staaten wie Irak, Syrien, Libyen, Iran und Nordkorea sowohl zum Schutz ihrer Führungseliten als auch zur Waffenlagerung zunehmend zum Bau tiefer unterirdischer Bunker übergehen« würden.[99]

Im Februar 1998 wurden auch im deutschen Fernsehen Testeinsätze derartiger Waffen vorgeführt, wobei der Kommentator bedauerte, daß sie noch nicht gegen echte Gasdepots eingesetzt werden konnten. Verschwiegen wurde dabei, daß es sich um Atomwaffen handelte. Der amerikanische Verteidigungsminister William Cohen versicherte danach trotzdem ausdrücklich, keine Atomwaffen gegen Irak einsetzen zu wollen.[100]

Auch das Stockholmer Friedensforschungsinstitut SIPRI beteiligte sich an der Kampagne gegen den Irak[101] und überhöhte sie sogar noch mit einer Denunziation: »Die Giftgaschemiker und -techniker sind weiter im Lande und mit ihnen die Kenntnisse«. Sollen sie erschossen werden oder in Zukunft in der amerikanischen Giftküche von Fort Dettrick arbeiten?

Wenn alle Chemiker, die nach den vorliegenden und frei zugänglichen Publikationen Giftgas herstellen können, verhaftet oder liquidiert werden sollten, müßte die Weltchemie eingestellt werden. Konsequent wäre dann auch die Schließung aller biologischen und medizinischen Laboratorien und die Internierung aller Ärzte und Biologen, da ein halbwegs gebildeter Fachmann Bakterien- oder Virenkulturen auch auf kleinstem Raum züchten kann.

Die Drohung gegen den Irak gilt aller Welt, und der Einsatz der teuren Waffen wäre zum einen ein reicher Gewinn für die Kriegsindustrie und zum anderen eine Machtdemonstration von globaler Bedeutung.

In den USA haben Clinton und seine Mannschaft große Probleme, ihrer Bevölkerung die Ziele eines neuen Krieges am Golf zu erklären.[102] Kaum jemand glaubt, daß Saddam durch eine Bombardierung beseitigt werden würde, oder daß es gewünscht sei. Klarsehende amerikanische Bürger retteten das Ansehen der Friedensbewegung, die in Deutschland so kläglich untergegangen ist, als sie in offener Konfrontation mit ihren Ministern erkläten: »Wir sind gegen euren rassistischen Krieg«. Auch die katholische Kirche der USA stellte sich gegen den Kriegskurs Clintons und Albrights.[103] Hingegen erklärten sich die Bonner Regierungsparteien und die SPD völlig mit Clinton solidarisch, was am Ende darauf hinauslaufen dürfte, daß Bonn wieder einmal die amerikanischen Kriegskosten am Golf zum großen Teil übernehmen wird. Sie betragen für die ersten zwei Monate 1998 rund 700 Millionen Dollar.

Klaus Kinkel erklärte für die Bundesregierung: »Die USA und Großbritannien können sich auf die Solidarität Deutschlands verlassen, und zwar absolut.«[104]

Selbst den Konservativen der USA ist Clintons Irakpolitik imkompetent und halbherzig, da sie keine Antwort auf die Frage gibt, was denn nach einem Militärschlag kommen solle.

Die zweite Kompenente der Krise bleibt im Verborgenen, und nur wenige Kommentare weisen auf das Erdölgeschäft hin, in dem 1997 ein weltweiter Konflikt ausbrach. Der Ölpreis fiel um ein Fünftel und droht, die britischen Ölfelder in der Nordsee, die amerikanischen Felder in Alaska, die kanadische Ölsuche im Norden und auch das zur Zeit als krisensicher angesehene Erdöl Zentralasiens unrentabel zu machen. Am Golf liegen die Produktionskosten für ein Barrel (157 Liter) unter einem Dollar. Das Öl wirft selbst bei einem Preis von 5 Dollar pro Barrel noch einen Gewinn von 400 Prozent ab, während das Öl der Arktis, der Nordsee und die noch erforderlichen Investitionen in Zentralasien einen beträchtlich höheren Preis verlangen, der zur Zeit (Anfang März 1998) zwischen 12 und 14 Dollar steht.

Der Ölpreis fiel erneut, als das von Annan geschlossene (vorläufige) Abkommen von Bagdad zur Verhinderung eines neuen Krieges bekannt wurde. Schon berechnet ar-Riad seine monatlichen Verluste auf 1 Milliarde Dollar, und die OPEC erwartet einen Verlust von 18 Prozent. Das trifft besonders die Emirate und Saudi-Arabien, die sich zu 90 Prozent (VAE) bzw. zu 75 Prozent aus dem Ölexport finanzieren.[105]

Kuwait ist in einer anderen Lage, denn es zieht schon lange größere Gewinne aus seinen Industrieinvestitionen in den industriell entwickelten Ländern als aus dem Ölexport.

Bisher beschränkte das Embargo den Export von Öl aus dem Irak, der über nahezu 10 Prozent der bekannten Weltreserven verfügt. Das war den arabischen Ölscheichs nur recht. Nun aber ist ein Kampf um die irakischen Öllager entbrannt. Gazprom aus Rußland, chinesische Firmen und Elf Aquitaine, Total, Agip und Repsol aus Frankreich, Italien und Spanien haben schon Vorverträge mit dem Irak geschlossen, dessen Ölfelder ja nationalisiert sind.

Bereits das gemeinsame Engagement Frankreichs und Rußlands im Südiran ließ Clinton aus der Haut fahren. Er genehmigte daraufhin dem Shell-Konzern Bau und Betrieb einer Pipeline von Turkmenien durch den sonst so verteufelten Iran in die Türkei. Geplant ist eine Doppelrohrleitung durch Afghanistan nach Pakistan, zu deren Sicherung das Talibanregime von der CIA installiert wurde.

Um den USA und den Briten den Zugang zum irakischen Öl zu sichern, wurde wieder einmal die UNO vorgeschoben. Das »humanitäre« Programm »Öl gegen Nahrung« kontrolliert den Verkauf des irakischen Öls und spielt auf dem Preiskampffeld mit. Immerhin könnte der Irak nach Wiederherstellung seiner Industrie bis 600 Millionen Barrel täglich produzieren, und schon heute stürzt der Ölpreis ab.

Diese Verhältnisse standen und stehen hinter der Haltung Rußlands und Frankreichs, die ein Ende des Embargos fordern, und auch hinter der der USA, die es möglichst lange beibehalten und mit einem neuen Krieg beleben möchten. Daher ist das Annan-Abkommen nur ein Zwischenspiel, keine Lösung des andauernden Konflikts, der Millarden Dollar schwer ist.

Abschließend muß man selbst einmal Ayatollah Ali Chomenei zustimmen, der erklärte: »Ich glaube, die amerikanischen Staatsmänner meinen, daß die Welt ihr Reich ist, und die Vereinigten Staaten sind der Herrscher.«[106]

*Chronologie der Februarkrise 1998*

*1997* – Der Ölpreis fällt um 20 Prozent

*Januar 1998* – USA auf offenem Kriegskurs

*4.Februar 1998* – Jelzin warnt vor Weltkrieg nach US-Militärschlag, Duma-Resolution: Rußland nach US-Militärschlag nicht mehr an Embargo gebunden; Ägypten für arabisches Gipfeltreffen; USA für Verdoppelung des irakischen Ölexports

*6. Februar 1998* – Ex-Geheimdienstchef Wathik al-Samarrai befürwortet Bombardierung Iraks

*8. Februar 1998* – Blair: Saddam kann die Weltbevölkerung vernichten; Kohl stellt Luftwaffenbasen zu Verfügung, übt »Solidarität«, wird von Scharping unterstützt

*9. Februar 1998* – Streitkräfte am Golf reichen jetzt für Schlag gegen Irak; Türkei kündigt Einmarsch in den Nordirak an

*12. Februar 1998* – Kinkel: »Die USA und Großbritannien können sich auf die Solidarität Deutschlands verlassen, und zwar absolut.«; Albright: USA sammeln Material, um Saddam Hussein als Kriegsverbrecher anzuklagen

*15. Februar 1998* – UNO-Experten vermessen »Paläste«, finden sie um die Hälfte kleiner als von den USA behauptet und nur einen »echten Palast«; amerikanische Presse behauptet, Iraker hätten Waffenfabriken im Sudan gebaut; amerikanische Militärs bezweifeln, daß Luftbombardements Iraks Waffenprogramm auslöschen könnten

*17. Februar 1998* – Clinton droht erneut, Iran verurteilt amerikanische Drohungen

*18. Februar 1998* – Cohen dementiert den Plan, Atomwaffen einzusetzen

*19. Februar 1998* – amerikanische Bürger wenden sich öffentlich gegen Clintons Kriegskurs

*20. bis 22. Februar 1998* – Kofi Annan verhandelt in Bagdad

*23. Februar 1998* – USA erklären, »notfalls« ohne Zustimmung der UNO zu handeln, um ihre »nationalen Interessen« zu verteidigen

*24. Februar 1998* – Rohölpreis in London fällt, niedrigster Stand seit vier Jahren

*3. März 1998* – USA verlangen weiterhin das »Recht«, einen Militärschlag durchführen zu können ohne Beschluß des Sicherheitsrats der UNO, falls die Kontrollauflagen verletzt werden sollten und setzen Suche nach Verbündeten gegen den Irak fort

## *Anmerkungen*

1. Neues Deutschland, 14.4.1997, S. 7, US-Atombombe gegen Bunkeranlagen.
2. Schumann, Berliner Zeitung, 14.4.1997, S. 8.
3. Schähling, 1991, S. 73-96.
4. Steinbach, 1988.
5. Hiro, 1992.
6. Yergin, 1991.
7. Brentjes, 1970.
8. Brentjes, 1981.
9. Burgholder, 1972.
10. Tosi, 1987.
11. Lal, 1997.
12. Bibby, 1973.
13. Wasserbau Ostarabien, Scholz, 1990.
14. Brentjes, 1978.
15. Bengtson, 1965.
16. Hätel und Yaldiz, 1982.
17. Maier, 1968.
18. Bounni, 1982.
19. Seckel, 1964.
20. Brentjes, 1973.
21. Andrae, 1932.
22. Gibb und Kramers, 1953.
23. Albaum und Brentjes, 1978.
24. Scharabi, 1985.
25. Houran, 1951; Spuler, 1970, Whitehouse 1983.
26. Ashtor, 1982.
27. Brentjes, 1988.
28. Brice, 1981.
29. Pearson, 1987, S. 103.
30. Miquel, 1977.
31. Keddie, 1971.
32. Ahmad, 1971.
33. Gibb und Kramers, 1973, S. 534f; Miquel 1977, S. 100f.
34. Subrahmanya und Thomaz, 1987.
35. Ashtor, 1982, S. 3ff, 23.
36. Dols, 1977.
37. Ashtor, 1982, S. 219.
38. Boxer, 1985.
39. Boxer, 1985, S. 415f.
40. Steensgaard, 1973.
41. Chejne, 1983.
42. Basset, 1960.
43. Bulloch, 1984.
44. Steensgaard, 1973, S. 348f Savory, 1980, S. 113f.
45. Flynn, 1987.
46. Flynn, 1987, S. 354f.
47. Laurence, 1938.
48. Shaw, 1971.
49. Kochwasser, 1969.
50. Keddie, 1971.
51. Keddie, 1971, S. 179f.
52. Bulloch, 1984, S. 162f.
53. Scholz, 1990.
54. Dostal, 1985.
55. Crystal, 1990-1991.
56. Crystal, 1990-1991, S.16f.
57. Philby, 1928.
58. Brentjes, 1974, S. 118.
59. Crystal, 1990-1991, S. 89f.
60. Habil, 1978.
61. Hiro, 1985.
62. Shaw, 1971, S. 142f.
63. Aburish, 1995, S. 20f.
64. Taryam, 1987.
65. Yergin, 1991.
66. Yergin, 1991, S. 183.
67. Pearl Harbor, Yergin, 1991, S. 310.
68. Yergin, 1991, S. 400f.
69. Yergin, 1991, S. 515.
70. Yergin, 1991, S. 672.
71. Hiro, 1985.
72. Yergin, 1991, S. 702.
73. Hiro, 1989.
74. Hiro, 1989, S. 250f.
75. Hiro, 1992.
76. Aburish, 1995.
77. Aburish, 1995, S. 192f.
78. Aburish, 1995, S. 112.
79. Ferchl, 1995.
80. Taryam, 1987.
81. Ferdinand, 1991.
82. Stöser, 1992.
83. Darwish, 1994.
84. Hiro, 1985.
85. Die Hinweise sind Herrn Dr. Rainer Freitag Wirminghaus zu verdanken.
86. s. Caspian Sea Consortiums. In: New Europe, S. 20, 29.12.1996 und 7.1.1997.
88. Zohrab Imayil: Oil contracts. In: Caspian Basin, 97, S. 6f.
89. D'Antonio, 1994, S. 10, 157f.
90. Ulfkotte, 1997. Der Verfasser feiert den BND für seine Verdienste.
91. USA decken Einmarsch, In: Neues Deutschland, 14.-15. Juni 1997, S. 6.
92. Frank Herrmann: Irak bietet Inspektionen an und stellt Bedingungen

In: Berliner Zeitung, 12.2.1998, S. 7.

93. Max Böhnel: Das Kopfweh von Ohio. In: Neues Deutschland, 23.2.1998, S. 7.
94. Premier Blair warnt: Saddam kann die Weltbevölkerung vernichten. In: Berliner Zeitung, 9.2.1998, S. 1.
95. Dieter Schröder: Clinton bleibt kaum eine andere Wahl. In: Berliner Zeitung, 13.2.1998, S. 4.
96. Tobias Damjanov: Ein Atomschlag am Golf. In: Neues Deutschland, 5.2.1998, S. 8.
97. Roland Heine: Rätseln um VX-Gas und Milzbrand. In: Berliner Zeitung, 18.2.1998, S. 4; BND ist Giftgas-Labors im Irak auf der Spur. In: Neues Deutschland, 20.2.1998, S. 4.
98. Rene Heilig: Wenn Fliegen gegen Saddam fliegen.In: Neues Deutschland, 11.2.1998, S. 3.
99. Neues Deutschland, 14.4.1997.
100. William Cohen: Kein A-Waffeneinsatz. In: Berliner Zeitung, 19.2.1998, S. 9.
101. Bagdad, der große Leugner. In: Neues Deutschland, 7./8.2.1998, S. 7; Kontroverse über Irak-Einsatz irritiert US-Regierung nicht. In: Berliner Zeitung, 20.2.1998, S. 7.
102. Max Böhnel: Das Kopfweh von Ohio. In: Neues Deutschland, 23.2.1998, S. 7.
103. Tobias Damjanov: Pfiffe für Frau Albright. In: Neues Deutschland, 20.2.1998, S. 8.
104. Ada Brandes: Rußland warnt die USA vor Militärschlag. In: Berliner Zeitung, 13.2.1998, S. 1.
105. Werner Goldstein: Erdölschwemme auf dem Weltmarkt. In: Neues Deutschland, 25.2.1998, S. 11; Thomas Fischermann: Die Preise für Erdöl sinken. In: Berliner Zeitung, 24.2.1998, S. 2.
106. Berliner Zeitung, 18.2.1998, S. 1.

*Literatur*


Aburish, Said K.:
Ölscheichs und Tyrannen. Der mächenhafte Aufstieg und Verfall des Saudiarabischen Königshauses, Frankfurt/Main/München 1995

Ahmad, Aziz.:
Der Islam in Indien, In: Grunebaum, Gustave Edmund von: Der Islam II, Fischers Weltgeschichte, Bd. 15, Frankfurt/Main 1971, S. 240-241

Albaum, Lazar I. und Burchard Brentjes:
Herrn der Steppe, Berlin 1978

Algar, Hamid:
The opposition. Rôle of the Ulama in twentieth century Iran, In: Keddie, Nikki R. (Red.): Scholars, Saints and Sufis Muslim religious institutions since 1500, University of California Press, Berkeley Los Angeles London 1972, S. 231-233

Andrae, Tor:
Muhammad. Sein Leben und sein Glaube, Göttingen 1932

Anonymus:
US-Atombombe gegen Bunkeranlagen, In: Neues Deutschland, Berlin,14.4. 1997, S.7

Arfa, Hassan:
Under five Shahs, London 1964

Asche, Hartmut:
Moderner Wandel und nomadische Bevölkerungsgruppen in der nordomanischen Küstenebene al-Batinah, In: Scholz, Fred (Red.): Beduinen im Zeichen des Erdöls. Mit Beiträgen von Hartmut Asche, Jörg Janzen, Fred Scholz und Wolfgang Zimmermann, Beihefte TAVO, Reihe B, Nr. 45, Wiesbaden 1981

Ashtor, Eliyahu:
Levant Trade in the Later Middle Ages, Princeton 1982

Basset, David K.:
The trade of the English East India Company in the Far East 1623-1684; Part I 1623-1665, In: Journal of the Royal Asiatic Society, London 1960, S. 32-47; Part II 1665-1684, S. 145-157

Bengtson, Herrmann:
Alexander und die Eroberung des Perserreiches (336-323 v.Chr.), In: Bengtson, Herrmann: Griechen und Perser. Die Mittelmeerwelt im Altertum, Bd. 5, Frankfurt, 1965, S. 283-310

Bibby, Geoffroy:
Dilmun, die Entdeckung der ältesten Hochkultur, Hamburg 1973

Blumberg, Herbert H. und Christopher C. French:
The Persian Gulf war, Lanham/New York/London 1994

Blume, Helmut:
Saudi-Arabien, Tübingen/Basel 1976

Bounni, Adnan:
Palmyra. Oasen- und Handelsstadt, In: Land des Baal, Berlin 1982, S. 352ff

Boxer, Charles R.:
Portuguese conquest and commerce in Southern Asia 1500-1770, London 1985

Brady, Thomas A.:
The rise of merchant empires, 1400-1700: A European counterpoint. In: Tracy, James.D. (Red.): The political economy of merchant empires, Cambridge 1987, S. 117-160

Brentjes, Burchard:
Die orientalische Welt, Berlin 1970

Brentjes, Burchard:
Die Söhne Ismaels. Die Araber, Leipzig 1973

Brentjes, Burchard:
Chane Sultane Emire, Leipzig 1974

Brentjes, Burchard:
Völker am Euphrat und Tigris, Leipzig 1981

Brentjes, Burchard:
Die Ahnen Dschingis-Chans, Berlin 1988

Brice, William C.:
An Historical Atlas of Islam, Leiden 1981

Bulloch, John:
The Gulf, London 1984

Bulloch, John und Harvey Morris:
The colonial legacy; In: Blumberg,. Herbert, H. und Christopher C. French: The Persian Gulf War, Lanham/New York/London 1994, S. 41-49

Burkholder, Grace:
Ubaid Sites and Pottery in Saudi Arabian: Archaeology, XXV, 4, New York 1972, S. 262-268

Chejne, Anwar George:
Islam and the West. The Moriscos, Albany 1983

Crystal, Gill.:
Oil and politics in the Gulf: Rulers and merchants in Kuwait and Qatar. In: Cambridge Age Middle East Library, XXIV, Cambridge 1990-1991, S. XIX

D'Antonio, Michael:
Bomben-Ernte. Amerikas atomare Erbschaft, Berlin 1994

Darwish, Adel:
The rise of the Ba'athists, In: Blumberg, Herbert H. and Christopher C. French: The Persian Gulf War, Lanham/New York/London 1994, S. 51-66

Davis, Katia:
Das Pentagon pokert um Tote and Kranke, In: Neues Deutschland, Berlin, 10.12.1996, S. 3

Davis, Katia:
Senator Riegle und das Golfsyndrom, In: Neues Deutschland, Berlin, 10.12.1996, S. 3

Dols, Michael S.:
The Black Death in the Middle East, Princeton/New York 1977

Dostal, Walter:
Egalität und Klassengesellschaft in Südarabien, In: Wiener Beiträge für die Kunde des Morgenlandes, Bd. XX, Wien 1985

Ferchl, Dieter:
Jemen und Oman, München 1995

Ferdinand, Klaus:
Bedouins of Qatar, London 1993

Flynn, Daniel O.:
Comparing the Tokugawa Shogunate with Hapspurg Spain: Two silver-based empires in a global setting, In: Tracy, James.D. (Red.): The political economy of merchant empires, Cambridge 1987

Franke-Vogt, Ute:
The Settlement of Central Shimal, Paper held at the conference at Göttingen

Gibb, H.A.R. und H. Kramers:
Shi'a, In: Shorter Encyclopedia of Islam, Leiden 1953

Guhani, Ali D.:
The myth of the OPEC Cartel. The rôle of Saudi Arabia, Dhahran Chichester 1980

Habil, John S.:
Ibn Sa'ud's Warriors of Islam, Leiden 1978

Härtel, Hans und Margarete Yaldiz: Along the Ancient Silk Routes, New York 1982

Hinz, Walter:
Das Reich Elam, Stuttgart 1964

Hiro, Dili:
Iran under the Ayatollahs, London 1985

Hiro, Dili:
The longest war, the Iran-Iraq military conflict, London 1989

Hornung, Klaus:
Krisenherd Naher Osten, Weinheim 1991

Hourani, George F.:
Arab Seafaring in the Indian Ocean in ancient and early

medieval times,
Princeton 1951

Israel, Jonathan I.:
Empires and entrepots . The Dutch, the Spanish Monarchy and the Jews, 1585-1713, London/Ronceverte 1990

Jansen, Michael u.a:
Vergessene Städte am Indus, Mainz 1987

Keddie, Nikki R.:
The roots of the Ulama's power in modern Iran, In: Studia Islamica, XXIX, Paris 1969, S. 31-35

Keddie, Nikki R.:
Iran und Afghanistan, In: Grunebaum, Gustave Edmund von: Der Islam II, Fischers Weltgeschichte, Bd. 15, Frankfurt/Main 1971, S. 179-189

Kochwasser, Friedrich Helmut:
Kuwait, Tübingen/Basel 1969

Labat, Rene:
Assyrien und seine Nachbarländer, In: Fischer Weltgeschichte, 4, Die altorientalischen Reiche III, Frankfurt/Main 1967, S. 7-11

Lal, B. B.:
The earliest civilization of South Asia, New Delhi 1997

Lockhart, Laurence:
Nadir Shah, London 1938

Maier, Franz Georg:
Die Verwandlung der Mittelmeerwelt, In: Fischer Weltgeschichte, Bd. 9, Frankfurt/Main 1968

Marshall, John:
Mohenjo Daro and the Indus Civilization, London 1931

Massarrat, Mohsen:
Britisch-amerikanischer Ölimperialismus und die Folgen für den Mittleren und Nahen Osten. In: Massarrat, Mohsen (Red): Mittlerer und Naher Osten, Münster 1996, S. 280-291

Mehner, H.:
Die iranische Agrarwirtschaft, ihre Strukturen und gegenwätige Produktion. In: Orient, I, Leverkusen Opladen 1978

Menard, Russell R.:
Transport costs and longrange trade, 1300-1800: Was there a European »Transport Revolution« in the early modern era? In: Tracy, James D. (Red.): The political economy of merchant empires, Cambridge 1987, S. 228-275

Miquel, Andre:
L'Islam et sa civilisation, Paris 1977

Naini, Ahmad:
Die Revolution in Iran, In: Deutsches Orientinstitut. Aktueller Informationsdienst

Moderner Orient, Sondernummer V, Hamburg 1979

North, Douglas C.:
Institutions transactions costs and the rise of merchant empires, In: Tracy, James D. (Red.): The political economy of merchant empires, Cambridge 1987, S. 22-40

Oates, Joan, Davidson, T.E., Kamilli, D., and H. McKerrell:
Seafaring merchants of Ur? In: Antiquity, LI, London 1977, S. 230-234

Parker, Geoffrey:
Europe and the wider world, 1500-1700: The military balance, In: Tracy, James D. (Red.): The political economy of merchant empires, Cambridge 1987, S. 161-195

Pawelka, Peter:
Ökonomie und Herrschaft im Vorderen Orient: Die politische Problematik des Rentierstaates, In: Krell, Gert and Bernd W. Kubbig (Red.): Krieg und Frieden am Golf, Frankfurt/Main 1991, S. 30-40

Pearson, Michael N.:
Merchants and states, In: Tracy, James D. (Red.): The political economy of merchant empires, Cambridge 1987, S. 41-116

Perotin-Dumond, Anne:
The Pirate and the Emperor Power and Law on the Seas, 1450-1850, In: Tracy, James D. (Red.): The political economy of merchant empires, Cambridge 1987, S. 196-227

Philby, Harry S. J.:
Arabia of the Wahhabis, London 1928

Potts, Daniel:
The Chronology of the Archaeological Assemblages from the head of the Arabian Gulf to the Arabian Sea (8000-1750 BC), In: Ehrich, Robert W.: Chronologies in Old World Archaeology, Bd. II, Chicago London 1992 , S. 63-77

Savory, Roger:
Iran under the Safavid, Cambridge 1980

Scharabi, Mohammed:
Der Bazar: Das traditionelle Stadtzentrum im Nahen Osten und seine Handelseinrichtungen, Tübingen 1985

Schlaga, Rüdiger:
Die Wahrheit als erstes Kriegsopfer; die Rolle der Medien im Golfkrieg, In: Stein, Gill (Red.): Nachgedanken zum Golfkrieg, Heidelberg 1991, S. 226-243

Schmähling, Elmar:
Moralische und rechtliche Aspekte des Golfkrieges und Konsequenzen für die Bundesrepublik Deutschland, In:

Stein, Gill (Red.): Nachgedanken zum Golfkrieg, Heidelberg 1991, S. 73-96

Scholz, Fred:
Muscat Sultanat Oman, Berlin 1990

Schumann, Dietmar:
Eine Armee probt den Blitzkrieg gegen die Mullahs, In: Berliner Zeitung, 14.4. 1997, S.3

Schuveck, Hans:
Der Persische Golf als Schiffahrts- und Seehandelsroute in achämenidischer Zeit und in der Zeit Alexanders des Großen, In: Bonner Jahrbücher, Bonn 1962, S. 4-97

Schweizer, Gerhard:
Bandar 'Abbas und Hormuz. Schicksal und Zukunft einer iranischen Hafenstadt am Persischen Golf, In: TAVO Beihefte, Reihe B 12, Wiesbaden 1972

Seckel, Dietrich:
Kunst des Buddhismus, In: Kunst der Welt, Baden-Baden 1964, S. 56-57

Shaw, Stanford J.:
Das osmanische Buch und die moderne Türkei, In: Grunebaum, Gustave Edmund von: Der Islam II, Fischers Weltgeschichte, Bd. 15, Frankfurt/Main 1971, S. 100ff

Spuler, Berthold:
Trade in eastern Islamic countries in the early centuries, In: Richards, David S.: Islam and the trade of Asia: Papers on Islamic History, II, Oxford 1970, S. 11-20

Steensgaard, Niels:
Carracks, caravans and companies. The structural crisis in the European-Asian trade in the early 17th century, Odense 1973

Steensgaard, Niels:
The Asian trade revolution of the seventeenth century. The East India Companies and the decline of the caravan trade, Chicago/London 1973

Steinbach, Udo:
Der Golfkrieg, Ursachen, Verlauf und Auswirkungen, Hamburg 1988

Stöger, Christian J.:
Kuwait. Geburt und Wiedergeburt eines Wüstenstaates, Wien 1992

Subrahmanyan, Sanjay und Louis Filipe F. R. Thomaz:
Evolution of empire: The Portuguese in the Indian Ocean during the sixteenth century, In: Tracy, James D. (Red.): The political economy of merchant empires, Cambridge 1987, S. 298-331

Taryam, Abdullah Omran:
The establishment of the United Arab Emirates 1950-

1985, London/New York/Sidney 1987
Tosi, Maurizio:
Die Indus-Zivilisation jenseits des indischen Subkontinents, In: Jansen, Michael u.a.: Vergessene Städte am Indus, Mainz 1987, S. 119-132
Tracy, James.D. (Red.):
The political economy of merchant empires, Cambridge 1987
Weisgerber, Gerd:
Makan and Meluhha third millenium BC copper production in Oman and the evidence of contact with the Indus Valley, In: Allchin, Bridget (Red.): South Asian Archaeology 1981, Cambridge 1984, S. 191-201
Ulfkotte, Udo:
Verschlußsache BND, Berlin 1997
Whitehouse, David:
Siraf, a medieval port on the Persian Gulf, In: World Archaeology, II, London 1970, S. 141-158
Whitehouse, David:
Maritime trade in the Gulf: The 11th and 12th centuries, In: World Archaeology, XIV, 3, London February 1983, S. 328-334
Wirz, Albert:
Sklaverei und kapitalistisches Weltsystem, Frankfurt/Main 1984
Yergin, Daniel:
The prize The epic quest for oil, money, and power, New York/London 1991

*Siegwart-Horst Günther*

# Der Golf nach den Kriegen. Der erste Golfkrieg 1980/88

*Der BRD-Geheimdienst im Nahen Osten*

Seit mehr als vier Jahrzehnten habe ich Kontakte zum Irak. Während meiner Tätigkeit an der Universität in Kairo erhielt ich 1956 die erste Einladung, an der Universität in Bagdad Vorlesungen zu halten. Zu jener Zeit herrschte König Feisal an Euphrat und Tigris. Auch unter General Abd Al-Karim Kassem, der 1958 an die Macht gekommen war und fünf Jahre später als Ministerpräsident gestürzt und erschossen werden sollte, wurde diese akademische Verbindung aufrechterhalten. Bei einer öffentlichen Veranstaltung hatte ich ein kurzes Gespräch mit ihm, es sollte meine einzige Begegnung mit ihm bleiben. Einzig während des ersten Golfkrieges, der im September 1980 zwischen dem Irak und Iran ausbrach und per Waffenstillstand am 20. August 1988 beendet wurde, war diese Verbindung unterbrochen.

Die DDR, deren Staatsbürger ich war, lebte im heftigen Zwiespalt. Einerseits unterhielt (Ost-)Berlin gute Beziehungen zum Irak, obgleich die dortige KP seit den 70er Jahren in der Illegalität kämpfte und es auch unter Saddam Hussein, der am 16. Juli 1979 die Macht in Bagdad übernommen hatte, keine innenpolitischen Lockerungsübungen gab. Andererseits hoffte man ebenso, profitable wirtschaftliche Beziehungen zum Iran zu bekommen (und bekam sie punktuell auch). So sah man denn auf beiden Seiten der Front LKW vom Typ W 50 aus Ludwigsfelde, aber in den DDR-Medien kaum Berichte über die kriegerischen Auseinandersetzungen, um der Gefahr zu entgehen, von der jeweils anderen Seite der Parteinahme bezichtigt zu werden und wichtiger wirtschaftlichen Beziehungen verlustig zu gehen. Die offizielle Haltung der

DDR bewegte sich nach meinem Eindruck zwischen Ignoranz und Heuchelei, wenn man das Fähnchen der Nichteinmischung schwenkte.

Aufgrund meiner wiederholten – im Ganzen auf mehrere Jahre ausgedehnten – Tätigkeit an ägyptischen Universitäten war ich in arabischen Ländern bekannt. Das war auch der Grund, weshalb ich am 12. Juni 1960 als ordentlicher Professor für Pathophysiologie und Tropenmedizin an die Medizinische Fakultät der Universität Damaskus in Syrien berufen wurde. Am 1. Februar 1958 war von den Präsidenten Nasser und Al Quwatli die Vereinigte Arabische Republik (VAR) proklamiert worden. Den späteren Einzug der beiden Präsidenten in Damaskus erlebte ich ebenso wie den syrischen Militäraufstand unter Abdel Karim Mahlawi am 28. September 1961. Führende Positionen in Syrien waren mit Ägyptern besetzt worden, die sehr arrogant auftraten, zudem war ihr arabischer Dialekt in Syrien nur sehr schwer verständlich. Den unmittelbaren Anlaß für diese Revolte lieferte die Anweisung Nassers, alle Goldreserven nach Kairo zu bringen. Die bereits beladenen Flugzeuge wurden schließlich auf dem Flugplatz am Abflug gehindert und die ägyptischen Generäle, die sich in Damaskus in den Räumen des Geheimdienstes versammelt hatten, festgesetzt. Dort, und nur dort, kam es zu Feuergefechten, wobei einige Geschosse auch in die Wohnung des Leiters des deutschen Goethe-Instituts einschlugen, die sich in unmitelbarer Nähe befand. Binnen 24 Stunden mußten alle ägyptischen Staatsbürger sowie mehrere ausländische Professoren, die sich zu sehr politisch engagiert hatten, das Land verlassen. Ihr Eigentum wurde konfisziert, sie selbst über den Libanon abgeschoben.

Noch am Tag des Aufstandes wurde die unabhängige Syrische Arabische Republik (SAR) ausgerufen, die VAR, der sich inzwischen auch andere arabische Staaten angeschlossen hatten, am 5. Oktober 1961 offiziell aufgelöst. Ein Volksentscheid am 2. Dezember 1961 in Syrien bestätigte den Schritt der Trennung von Ägypten. An diesem Tage wurde Nazim Al Qudsi als Staatspräsident eingesetzt, weil der frühere Präsident Al Quwatli es wiederholt abgelehnt hatte, noch einmal zu amtieren.

Erster Ministerpräsident der SAR wurde Salah El Din Al Bitar, den ich bald kennenlernen sollte. Allerdings fand er später ein gewaltsames Ende – er wurde in Paris ermordet. Sein Bruder Mounir Bitar arbeitete als Assistant-Professor in meinem Institut in Damaskus; diese Verbindung führte auch zu einem freundschaftlichen Verhältnis zu Farouk Al Shara, dem heutigen syrischen Außenminister.

Am 8. März 1963 übernahm die Baath-Partei die Macht in Syrien, deren Mitbegründer Michel Aflaq mir gut bekannt war. Wir führten viele anregende Gespräche miteinander. (Aflaq – Jahrgang 1903 – galt als führender Theoretiker der Sozialistischen Arabischen Baathpartei. Er starb in den 90er Jahren im Irak, wo er bereits etliche Jahre lebte. Wir sahen uns wiederholt in Bagdad.)

Ich blieb drei Jahre im Lande, war also nicht mehr vor Ort, als Israel 1967 gegen seine arabischen Nachbarn zu Felde zog und unter anderem die syrischen Golan-Höhen besetzte, was sie bis zum heutigen Tage noch sind. General Hafez Al-Assad wurde 1970 zum Generalsekretär der Baath-Partei gewählt und im Jahr darauf zum Staatspräsidenten. Auch das ist er bis zur Stunde.

Zu Beginn der 60er Jahre arbeitete ich an Problemen der Sterilitätsbekämpfung und in besonderen Versuchsreihen an Hunden über äußere Einflüsse, die zu Mißbildungen an Föten und Änderungen der Geburtsfunktion führten. Es waren Forschungsgebiete, die ich an der Universität Kairo begonnen hatte und an denen moslemische Länder besonders interessiert waren.

Meine wissenschaftliche Tätigkeit machte Fortschritte, wiederholt erschienen Rektor und Dekan in meinem Labor. Nach wenigen Monaten schon konnte ich erste Ergebnisse in internationalen wissenschaftlichen Zeitschriften publizieren. Die Untersuchungen wurden, soweit ich es mitbekam, weltweit registriert und in medizinische Handbücher aufgenommen. Meine Forschungsergebnisse wurden auf Wunsch der westdeutschen Botschaft in Buchform in mehreren Sprachen gedruckt und in alle arabischen Staaten versandt.

An meinen Versuchsergebnissen – besonders am Aufbau meiner tierexperimentellen Untersuchungen über fötale Mißbildungen durch äußere Einflüsse – zeigte sich allerdings nicht nur die medizinische Fachwelt interessiert, sondern auch westdeutsche Dienststellen, wie ich bald merken sollte. Vertreter der BRD traten eines Tages an mich heran und schlugen mir vor, meine Forschungen an einem Institut in den USA fortzusetzen. Dazu sollte ich als Oberfeldarzt der Bundeswehr beitreten. In diesem Gespräch gewann ich den Eindruck, daß das Interesse besonders darauf zielte, mögliche Auswirkungen atomarer Kampfstoffe für Menschen zu erforschen, was ich als gläubiger Katholik aus ethisch-moralischen Gründen ablehnte. Schweitzers Credo »Ehrfurcht vor dem Leben« war auch das meinige.

Auch bei späteren Begegnungen mit Diplomaten der Bonner Vertretung wurde mit mir immer sehr freundlich gesprochen. Ich war zwar Bürger der DDR, doch ich wähnte mich frei in meinen Entscheidungen und nahm Einladungen zu Veranstaltungen in der westdeutschen Mission gern an, zumal die DDR zwar eine eigene Vertretung unterhielt, aber von Syrien offziell noch nicht anerkannt war. Das machte sich folglich auch bemerkbar bei den Aktivitäten des Hauses, die sich in überschaubaren Grenzen hielten. (Seinerzeit leitete Botschafter Horst Grunert die Einrichtung; er berichtet darüber ausführlich in seinen Erinnerungen »Für Honecker auf glattem Parkett«, die in der edition ost erschienen sind.)

Einmal suchte mich ein Herr der BRD-Botschaft sogar an der Universität auf und bat mich zu Gesprächen in die Mission, die dann fortgesetzt wurden. Mir wurden zuweilen diese und jene Experten vorgestellt, wir sprachen meist belangloses Zeug, Smalltalk eben. Nach einigen Monaten hatte man wahrscheinlich meine Biographie und meine ablehnende Haltung zur DDR soweit ausgespäht, daß man glaubte, mir einen westdeutschen Paß und ein monatliches

Salär in Höhe von 2.000 DM anbieten zu können. Ich nahm das Geld nur an, weil meine Eltern in der Bundesrepublik in äußerst bescheidenen Verhältnissen lebten, und bat um Überweisung auf ihr Konto. Ich gebe zu, daß ich reichlich naiv war und nicht entfernt ahnte, was da auf mich zurollte.

Wenig später bekam ich in meiner Wohnung Besuch. Ein Diplomat der Bonner Botschaft bat mich, einige hochgestellte Persönlichkeiten als Arzt zu behandeln. Offenkundig hatte man ein entsprechendes Angebot unterbreitet. Jedenfalls bekam ich nun einen Minister, mehrere Staatssekretäre und einen Brigadegeneral als Patienten zugewiesen. Der Militär leitete das Beschaffungsamt der syrischen Streikräfte und war ein persönlicher Freund des seit 1954 amtierenden ägyptischen Staatsoberhauptes Gamal Abdel Nasser.

In dieser Zeit erschien in der westdeutschen Presse eine Meldung, in der auf meine Tätigkeit in Syrien verwiesen wurde. Wörtlich hieß es unter der Überschrift »Ehrenvolle Berufung«: »Dr. Günther ist der erste ausländische Professor an dieser Universität. Diese Berufung bedeutet eine besondere Auszeichnung für die Bundesrepublik.« Das war Hochstapelei mit politischem Kalkül.

Nach einiger Zeit besuchten mich zwei unbekannte Deutsche, die sich mit Diplomatenpässen auswiesen. Ich schrieb ihre Visite zunächst meiner medizinischen Arbeit zu, denn sie gaben vermeintliches Lob meiner syrischen Patienten wieder. Sodann nahm das Gespräch jedoch eine jähe Wendung. Ich wurde unmißverständlich aufgefordert, den Brigadegeneral zu bewegen, mir – das heißt ihnen – eine neuartige sowjetische Panzergranate zu beschaffen, die die syrische Armee seit kurzem besaß. Man wolle die dabei entstehenden »Unkosten« gern übernehmen. (Wir wissen heute, daß im Sechs-Tage-Krieg 1967 die syrische Armee eine heftige Niederlage trotz moderner sowjetischer Panzer erlitt, was nicht zuletzt darauf zurückgeführt wurde, daß die Syrer diese Technik nicht beherrschten.) Ich warf die beiden aus meiner Wohnung und erntete dafür eine Drohung etwa der Art, ich würde schon sehen, was ich davon habe, wenn ich einmal in die Bundesrepublik kommen sollte.

Meine nach dem zweiten Golfkrieg keimende Vermutung, die dort eingesetzte DU-Munition (»Depleted Uranium«) habe bereits Vorläufer in den 60er Jahren gehabt, was das exorbitante Interesse der westdeutschen Experten hervorrief, bleibt natürlich Spekulation. Im November 1994 sprach ich auf einer internationalen Tagung mit russischen Militärs und Wissenschaftlern über diesen Verdacht – die einzige Reaktion war höfliches Lächeln. Es gab also keine Zustimmung, allerdings auch kein Dementi. Das Bundesverteidigungsministerium informierte auf Anfrage ein halbes Jahr später, daß man bereits in den 70er Jahren auf »die Entwicklung und die Beschaffung« (!) sogenannter DU-Munition verzichtet habe und dies aus politischen Gründen mit Rücksicht auf Personen und Umweltgefährdungen auch weiterhin tun werde. (In diesem Kontext ist es allerdings nicht unerheblich zu wissen, daß der Düsseldorfer Rheinmetall-Konzern, der das Geschütz für den deutschen Leopard-Panzer fertigt, auch Lizenzen für amerikanische Geschütze besitzt, was ja nur Sinn macht, wenn man irgendetwas damit anfängt. Es kann also nicht ausgeschlossen werden, daß auch die Technologie für die panzerbrechenden Uranprojektile in der Bundesrepublik entwickelt wurde. Mir liegt inzwischen die Aussage eines deutschen Arztes vor, der einen Patienten behandelt, welcher nach Reparatur eines beschädigten Panzers schwer erkrankte und Entschädigung verlangte.)

Bei meiner dreijährigen Tätigkeit in Damaskus und aufgrund häufiger Kontakte mit der Botschaft bemerkte ich zuweilen eigenartige Dinge, die nach meinem – zugegeben: naiven – Verständnis von Diplomatie und den Aufgaben von Diplomaten nicht statthaft waren. So erfuhr ich beispielsweise, wie im Diplomatengepäck Handfeuerwaffen in die Botschaft gebracht worden waren, oder daß Syrer, die offenkundig für die Westdeutschen spioniert hatten, mit Diplomatenfahrzeugen in den Libanon ausgeschleust wurden, als der Boden für sie zu heiß geworden war. Ich gewann den

Eindruck, daß deutsche und israelische Geheimdienstler eng miteinander kooperierten, was erstere nicht daran hinderte, mit einem Mann unter dem Namen »Rosello« zusammenzuarbeiten. Rosello besaß einen spanischen Paß, lebte in Syrien und beschaffte Information vornehmlich auf militärischem Gebiet. Der Botschaft war bekannt, daß Rosello als Mitarbeiter des in Nürnberg hingerichteten Nazi- und Kriegsverbrechers von Ribbentrop, einst Hitlers Außenminister, von den Niederlanden steckbrieflich gesucht wurde. Er trug Verantwortung für die Deportation holländischer Juden in die deutschen Vernichtungslager. Als er einmal schwer erkrankte, bekam ich von der Botschaft den Auftrag, ihn zu behandeln. Ein Honorar wurde mir von einer westdeutschen Stelle überwiesen. Rosello hatte aber auch den Auftrag, die Post der Deutschen zu überwachen (wovon auch die Botschaft der BRD profitierte). Rosello wurde von den westdeutschen Diplomaten sehr respektvoll behandelt und wiederholt darauf hingewiesen, daß ihm als ehemaligem deutschen Diplomaten nach deutschem Recht auch eine Pension zustehe.

Nach meinem Eindruck waren westdeutsche Diplomaten bzw. im Umfeld der BRD-Botschaft tätige Personen nicht unwesentlich an der Informationsbeschaffung für die israelische Armee beteiligt. Die Übermittlung der Aufmarschpläne der Syrer, Angaben über ihre Truppenkonzentrationen und Bewaffnung halfen den Israelis, binnen Tagen die Syrer zu besiegen. Die Frage, ob dies mit den Aufgaben einer Botschaft zu vereinbaren sei, kann sicherlich divergierend beantwortet werden. Ich selbst halte es jedenfalls für unvereinbar – Botschaften sollten Brücken bauen und nicht als Spionagezentralen wirken.

Im wesentlichen konzentrierte ich mich jedoch auf meine wissenschaftliche Tätigkeit und auf die Einarbeitung meines Nachfolgers, da mein Arbeitsvertrag auf drei Jahre befristet war und ich nicht beabsichtigte, meinen Aufenthalt zu verlängern. Ich hatte eine Einladung von Albert Schweitzer erhalten, an seinem Urwald-Hospital in Lambaréné zu praktizieren, und wollte dieser Bitte gern nachkommen.

Mein designierter Nachfolger hieß Mounir Bitar. Er war der Bruder des Ministerpräsidenten. Wiederholt war ich Gast in seinem Hause, gelegentlich auch zusammen mit Michel Aflaq. Einmal kam es auch zu einer Begegnung mit Präsident Nasser und seinem syrischen Amtskollegen Quwatli.

## *Deutsche Rüstungs- und Giftgasexporte*

Nachdem ich persönlich in den 60er Jahren unfreiwillig Kontakte mit westdeutschen Geheimdienstlern in Nahost hatte, entnahm ich verschiedenen Quellen Nachricht von deren fortgesetzter Tätigkeit in dieser Region – unter anderem von einem mir gut bekannten Diplomaten, der auf mysteriöse Weise in den 80er Jahren auf dem Bonner Hauptbahnhof ums Leben kam. Hans H. hatte mich kurz zuvor in Berlin aufgesucht und um Hilfe gebeten, da er ein Attentat fürchte; als Ostdeutscher konnte ich ihm leider nicht helfen. In der Zeitung las ich einige Zeit später, er habe sich in Bonn vor den Zug geworfen. Ich bin davon überzeugt, daß er gestoßen worden war – der angebliche Selbstmord war keiner.

Mit dem westdeutschen Diplomaten Hans H. war ich seit 1955, seit meiner Tätigkeit in Ägypten befreundet, er machte mir gegenüber aus seinem Unmut über verschiedene Vorgänge keinen Hehl. Von ihm erfuhr ich beispielsweise, daß Bonn die Pläne von Präsident Nasser zur Vereinigung arabischer Staaten entschieden ablehnte. Man wollte keinen moslemischen Machtblock. Von der westdeutschen Botschaft in Kairo wurden deshalb angeblich – so hörte ich jedenfalls – Widerstandsgruppen finanziert, die sich in Mittel- und Oberägypten gebildet hatten. Er hatte Informationen, daß deutsche Geheimdienstler am Zustandekommen der Chemiewaffenproduktion im Irak beteiligt seien, Ausrüstungen und Grundstoffe seien mit deren Hilfe in das Land von Saddam Hussein geliefert worden. Im August 1990 bestätigte das ARD-Fernsehmagazin diesen Verdacht. Auch das Nachrichtenmagazin

»Spiegel« enttarnte einen BND-Agenten, der zwischen 1986 und 1989 zusammen mit einer westdeutschen Firma dem Irak beim Aufbau einer Giftgasproduktionsstätte in Samarra und bei der Herstellung entsprechender Granaten behilflich gewesen war. Für diese Granaten beispielsweise lieferte ebenfalls ein westdeutsches Unternehmen eine Abfüll- und Verschraubungsanlage für 122-mm-Granaten. Am 17. August 1990 wurden der Manager und fünf leitende Mitarbeiter eines westdeutschen Unternehmens verhaftet.

Daß diese Waffen im Golfkrieg gegen Soldaten der NATO-Partner der Bundesrepublik Deutschland eingesetzt wurden, bestätigte der US-Wissenschaftler Brad Roberts Mitte 1996 auf einer Tagung in Bonn. Irakische Truppen hätten Giftgase, Bakterien und hochgiftige Toxine, die mit deutscher Technologie hergestellt und in Granaten gefüllt worden seien, gegen die Allierten verschossen. Gegen diese ABC-Waffen wären sie jedoch nur ungenügend geschützt gewesen.

Die Bundesregierung wußte davon übrigens seit 1983. Washington hatte damals eine Reihe von Hinweisen erhalten, daß der Irak mit Hilfe deutscher Firmen angeblich Giftgas produziere. Da Bonn nicht reagierte, machten die amerikanischen Geheimdienste diese Nachricht öffentlich. Im Frühjahr 1984 brachte die New York Times einen entsprechenden Artikel. Die Frankfurter Allgemeine Zeitung zog nach und wiederholte den Verdacht, daß die von zwei deutschen Firmen gelieferten Laboranlagen für die Entwicklung von Schädlingsbekämpfungsmitteln in Wahrheit der Produktion von Kampfgasen dienten.

Zu dieser Zeit befand sich der Irak im vierten Kriegsjahr.

Am 15. September 1980 hatte Saddam Hussein im Fernsehen das Abkommen von Algier aus dem Jahre 1975 zerrissen. Dort hatten sich die arabischen Brüder geeinigt, daß der Iran den halben Schatt al-Arab, das Mündungsgebiet von Euphrat und Tigris, ein weites Sumpfland, erhielt. Im Gegenzug sollten sie künftig nicht mehr die irakischen Kurden militärisch aufrüsten. Iraks Staatspräsident kündigte das Abkommen auf und fiel eine Woche später – mit stillschweigender Zustimmung der USA – über den Iran her. Die Strategie des Irak fußte auf Überlegungen britischer Militärberater, die einst an der Kriegsakademie in Bagdad entwickelt worden waren, und versuchte den Blitzkrieg der Israelis von 1967 zu kopieren. Mit massiven Luftangriffen auf iranische Flugplätze am ersten Tag versuchte man das Regime in Teheran existentiell zu vernichten – doch die Angriffe brachten nicht die erhoffte Wirkung. Die iranische Luftwaffe blieb intakt und schlug zurück. Dabei stellte sich heraus, daß der Irak eine nur unzureichende Luftabwehr besaß. Frankreich lieferte auf Anforderung umgehend ein neues Luftabwehrsystem. Und auch andere Staaten verdienten mit Rüstungsgütern an diesem Krieg. Eine britische Firma lieferte Röhren, die sich als Bausteine für ein Raketenprojekt entpuppten. Die USA strichen 1982 den Irak von der Liste der terroristischen Länder, nahmen 1984 volle diplomatische Beziehungen zu Bagdad auf und lieferten Waffen (allerdings auch in den Iran). Einige Ostblockstaaten, u.a. auch die DDR, sandten Militärberater und/oder militärische Hilfsgüter.

### *Tod und Massenvernichtung durch Gas-Kampfstoffe*

Nachdem sich bereits in den ersten Tagen die irakische Strategie zerschlagen hatte, griff Bagdad zu international geächteten Mitteln. Ende 1980 berichtete erstmals die iranische Regierung, daß die Gegenseite Giftgas eingesetzt habe. Eine UN-Kommission wies 1984 nach, daß dies zuträfe. Am 21. März 1986 wurde der Irak vom UN-Sicherheitsrat wegen des Einsatzes chemischer Waffen – ein Verstoß gegen das Genfer Protokoll von 1925 – verurteilt. Es handelte sich keineswegs um eine einmalige Entgleisung, sondern um systematischen Einsatz. Zwölf Stunden lang wurde auf dreißig Kilometer Breite und in einer Tiefe von zwanzig Kilometern Senfgas verblasen, in der Mitte setzte man Nervengas ein. Nach fünf Stunden war das

Nervengas verflogen und hatte in die iranische Front eine Schneise geschlagen, durch die die irakischen Panzer dann vorstießen. Aber nicht nur dort setzte man diese schreckliche Waffe ein. Man richtete sie auch gegen Zivilisten im Inland. Im April 1987 beispielsweise wurden rund fünfzig Kurdendörfer in den Gebieten von Dokan, Erbil und Suleymaniya sowie die Stadt Quara Degh mit Giftgasbomben aus der Luft angegriffen. Im März 1988 attackierte man die kurdische Stadt Halabja, die zuvor von iranischen und kurdischen Soldaten besetzt worden war. Bei diesem größten Giftgaseinsatz seit dem 1. Weltkrieg starben etwa 10.000 Menschen – rund ein Zwölftel aller Opfer während des ersten Golfkrieges, die vom türkischen Innenministerium mit 120.000 angegeben wurden.

Holländische Ärzte untersuchten die Leichen. Sie wiesen keinerlei Schußverletzungen auf, hatten aber blau angelaufene Gesichter, Finger und Zehen, und die Haut wies – besonders bei Kindern – Blasen auf. Die Untersuchungsberichte gingen vom Einsatz eines sehr giftigen und schnell wirkenden Gases aus, mit hoher Wahrscheinlichkeit Cyanide und Senfgas.

Erst nach diesen entsetzlichen Massakern erklärte sich die Bundesregierung – man hielt nunmehr die indirekte Beteiligung deutscher Firmen am Giftgaskrieg für »höchstwahrscheinlich«.

Im Herbst 1990 – zwei Jahre nach dem Ende des Krieges und am Vorabend des nächsten – präsentierte US-Senator Jesse Helms in Washington eine Liste mit 132 internationalen Unternehmen, die am irakischen C-Waffenprogramm beteiligt waren und Technologien für Raketen und Rüstungsbetriebe an den Irak verkauft hatten. Mehr als die Hälfte der genannten Kriegsgewinnler zahlten in der Bundesrepublik Deutschland ihre Steuern...

# Der zweite Golfkrieg 1991

Am 31. Oktober 1990, keine vier Wochen nach dem Ende der DDR, bat mich das Ministerium für Forschung und Ausbildung in Bagdad zu einer neuerlichen ärztlichen und Vorlesungstätigkeit in den Irak. Ich war zwar bereits 66 Jahre alt und mithin Rentner, doch der Eid des Hippokrates ist an keinen Kalender gebunden.

Seit August wirkten die Sanktionen der UNO. Die Vereinten Nationen hatten die Ausfuhrmenge des Öls limitiert, des wichtigsten und einzigen Devisenbringers des nach acht Jahren Krieg wirtschaftlich zerrütteten Landes. Dadurch konnten erheblich weniger Lebensmittel und andere Güter auf den internationalen Märkten gekauft und eingeführt werden, was sich unmittelbar auf die Lebenslage der Menschen auswirkte. Embargos dieser Art verfehlen nach meinem Eindruck ihre Wirkung, weil sie stets die Falschen treffen. Die politische Führung, die dadurch in die Knie gezwungen werden soll, hält aus und weiß sich zu versorgen, und die einfachen Leute erheben sich nicht, sondern leiden und hungern und bilden mit ihrer Führung eine Schicksalsgemeinschaft, aus der sie nicht ausbrechen oder sich gar erheben. Die Zeche zahlen der einfache Mann auf der Straße, die Kinder und Frauen.

Ich besuchte Krankenhäuser und war entsetzt. Die Sterblichkeitsrate bei Kindern hatte sich verdoppelt. Schwangere, Säuglinge und Kleinkinder litten an Unterernährung, Tausende starben, noch ehe sie das fünfte Lebensjahr erreicht hatten. Am 24. Dezember 1990 kehrte ich mehr als erschrocken nach Deutschland zurück und überlegte, wie diesen Menschen geholfen werden könne. Ich suchte am 7. Januar 1991 die Regierungs-Außenstellen in Berlin auf, erstattete dort mündlich Bericht und übergab auch einen entsprechenden Schriftsatz zur Weiterleitung an die Bonner Zentralen, also an das Bundesministerium für Jugend, Familie und Gesundheit und das Auswärtige

Amt. Die Übergabe der Berichte ließ ich mir quittieren. In beiden Schreiben informierte ich darüber, was ich im Irak gesehen hatte, und bat inständig um humanitäre Hilfe. Ich bekam keine Antwort.

Drei Jahre später las ich in der Deutschen Ärzte-Zeitung vom 11. Mai 1994, daß der zur selben Zeit vom irakischen Gesundheitsminister an die Bundesregierung gerichtete Appell, das Embargo zumindest für pharmazeutische und medizinische Artikel aufzuheben oder zu lockern, abgewiesen worden war. Da mußte ich mich nicht wundern, wenn meine Schreiben in Bonn einer Antwort nicht für wert befunden wurden. Zumindest anderenorts wurden die Hilferufe vernommen. Die Regierungen von Großbritannien, Italien, Kanada und der Schweiz zeigten sich nicht so engstirnig und kleinherzig wie die deutsche...

Bei meinem ersten Aufenthalt in der Zwischenkriegszeit im Herbst 1990 hatte ich auch verschiedene Gespräche mit irakischen Beamten oder Funktionären. Ich bin Mediziner und kein sonderlich politischer Mensch, mich interessieren Patienten mehr als politisches Pokern, Zusammenhänge sind für mich nur insofern von Belang, als sie unmittelbar Konsequenzen haben für die Lage einfacher Menschen. Die Ehrfurcht vor dem Leben ist bei mir erheblich größer als die vor Ämtern und Institutionen. Ich komme mit dem Vorwurf gut zurecht, in meiner erschreckenden Naivität und Unbedarftheit wäre ich für die eine Seite ein nützlicher Idiot und für die andere ein störrischer Quälgeist. Ich bin Arzt. Mehr nicht.

Bei diesen Gesprächen in Bagdad hörte ich wiederholt, daß einige Wochen vor dem Überfall auf Kuweit am 2. August 1990 die amerikanische Botschafterin bei Saddam Hussein gewesen sein soll. Er habe ihr die Absicht der irakischen Seite erläutert, alte territoriale Besitzansprüche seines Landes in Bezug auf Kuweit einfordern zu wollen. Diplomatisch verklausuliert, aber für Leute vom Fach durchaus entschlüsselbar. Die Botschaft war für Washington bestimmt, anderenfalls hätte Saddam auch mit seinem Leibarzt darüber reden können.

Die USA reagierten jedoch nicht. Das wertete die irakische Seite als schweigende Zustimmung – und schlug zu. Ohne nennenswerte Kampfhandlungen besetzte ihre Armee Kuweit. Die Botschafterin der USA wurde abberufen und verschwand von der politischen Bühne. Die UNO verhängte ihre Embargomaßnahmen und kündigte, getrieben von den USA, Vergeltungsmaßnahmen an. Die Uhr lief.

Doch noch ehe der erste Schuß am 16. Januar 1991 fiel und Raketen in Bagdad einschlugen, starben im Irak Tausende an Hunger und Krankheit. In den Krankenhäusern – ich überzeugte mich per Augenschein – fehlten die wichtigsten Medikamente und einfachstes medizinisches Gebrauchsmaterial. Das waren die noch immer klaffenden Wunden des Krieges in den 80er Jahren. Es fehlten Milch und Babynahrung, Kohletabletten und Trinkwasser, Krankenbetten und Bettzeug... Es gab eine bemerkenswerte Zunahme bei Infektionskrankheiten mit schwerwiegenden Komplikationen, insbesondere Tuberkulose, Diphterie, Keuchhusten, Varizellen, Masern, Hepatitis, Meningitis, Bilharzia und nach Ausbruch der Kampfhandlungen sogar Gürtelrose bei Kleinkindern.

Im Dezember 1990 hatte mich der Geschäftsträger der Bonner Botschaft in Bagdad einbestellt. Nach einer kurzen Befragung zu meiner Arbeit im Lande teilte er mir mit, daß es nicht in deutschem Interesse sei, wenn ich mich weiter im Irak aufhielte. Ich solle so schnell wie möglich nach Deutschland zurückkehren. Zur Bekräftigung händigte er mir die Kopie eines Fernschreibens aus, das per Hand überschrieben worden war: »Merkblatt für die Unterrichtung der Auslandsdeutschen«. Im Text waren Ausführungen zum Kriegswaffenkontrollgesetz (Kwkg) gemacht worden mit seinen Ergänzungen, die die Bundesregierung am 10. Januar 1989 beschlossen hatte. Fortan, so las ich, würden »Hilfeleistungen Deutscher zur Entwicklung und Herstellung von ABC-Waffen mit Strafe bedroht« werden, egal, ob dies im In- oder Ausland geschehe. »Dies gilt auch für Handlungen, die nur mittelbar dem Aufbau einer ABC-

Produktion dienen. Strafbar sind nicht nur das vorsätzliche Entwickeln und Herstellen, sondern auch das vorsätzliche und das leichtfertige (grob fahrlässige) Fördern solchen Tuns. Nach einer gebräuchlichen Formel handelt leichtfertig, wer die sich ihm aufdrängende Möglichkeit der Tatbestandsverwirklichung aus besonderem Leichtsinn oder aus besonderer Gleichgültigkeit außer acht läßt...«

Entrüstet wies ich die Vorhaltung an meine Adresse als unsinnig zurück und berichtete stattdessen, woran es unter anderem lag, daß die Kindersterblichkeit von über 4.000 im Säuglings- und Kleinkindesalter in den letzten Monaten in die Höhe geschnellt sei. Die irakischen jungen Frauen, zumindest in den Großstädten – und dort lebten mehr als 60 Prozent der Menschen-, folgten seit Jahren europäischen Schönheitsidealen und setzten darum beizeiten ihre Säuglinge ab. Nun allerdings, da viele Betriebe, die Milchpulver und Babynahrung produzierten, außer Betrieb wären bzw. keine Rohstoffe bekämen, würden die ungestillten Säuglinge an Unterernährung sterben. Der Diplomat machte eine wegwerfende Geste und erklärte arrogant, es handele sich um eine »normale Mortalitätsrate«. Der bei diesem Gespräch anwesende Geschäftsführer der DDR, versuchte mir zu helfen. Es nützte nichts. Ich war konsterniert und verließ die Botschaft. Als ich Tage später neuerlich dort anrief in der Hoffnung, daß vielleicht Vernunft inzwischen die Oberhand gewonnen hätte, wurde das Telefonat mit dem Hinweis abgebrochen, ich habe Weisung zum Verlassen des Landes erhalten, jede weitere Intervention meinerseits wäre zwecklos.

Wenig später fielen 430.000 US-Soldaten und eine Viertelmillion Allierte mit dem Mandat der UNO über den Irak her. Es war praktisch ein Weltkrieg. Nicht nur, weil daran politisch die UNO und damit alle ständigen Mitglieder des Sicherheitsrates und viele andere Länder beteiligt waren. Nicht nur, weil sich die wichtigsten Mächte der Welt militärisch unmittelbar engagierten und in die Kämpfe eingriffen. Es war vor allem ein Weltkrieg, weil dieser Krieg ein Krieg der globalen Medien und ein Krieg um die Beherrschung der öffentlichen Meinung in der Welt war. Das Fernsehen berichtete live oder ein wenig zeitversetzt, wie mit elektronisch gesteuerter Genauigkeit Stellungen bombardiert und Bunker mit Raketen beschossen wurden. Auf Bildschirmen rund um den Globus sahen Milliarden Menschen Zielkreuze und die anschließende Detonation. Wie bei einem Computerspiel flogen Wohngebäude und Fabrikhallen auseinander, mit der unerbittlichen Präzision eines Uhrwerks stiegen Flugzeuge in den Himmel und rasten mit neuen Waffen, die meterdicke Betonwände durchbrechen und unvorstellbare Hitze entwickeln konnten, in das irakische Hinterland. Binnen Tagen war Kuweit befreit und der irakische Aggressor geschlagen, das Pentagon hatte das noch immer schmerzende Vietnam-Syndrom von der amerikanischen Seele getilgt – doch Saddam Hussein, den man doch zum Teufel jagen wollte, lebte und gab Interviews in seinem Präsidentenpalast. Im Frühjahr 1991 reiste ich erneut in den Irak. Die Situation in dem Land, das viermal so groß ist wie die untergegangene DDR, aber nur knapp 14 Millionen Menschen zählte, hatte sich nach dem Waffengang dramatisch verschlechtert. Geächtet von der Völkergemeinschaft, wirtschaftlich von Embargobestimmungen und Boykotten geknebelt, politisch isoliert, zahlten die einfachen Menschen den Preis für die Fehler ihrer Führer.

### *Verweiflung, Hunger und Sterben im Irak: Das Embargo wirkt*

Entgegen den Darstellungen der westlichen Berichterstatter waren nicht nur militärische Einrichtungen vernichtet und Soldaten getötet worden. Der »saubere Krieg« hatte auch mehreren Zehntausend Zivilisten das Leben gekostet – allein bei dem Angriff auf den Al-Amariya-Schutzbunker in Bagdad starben anderthalbtausend Menschen, darunter sehr viele Kinder. Ihre Schatten hatte die Gluthitze in die Betonwände gebrannt. Ich sah die zerstörten Kraftwerke, in denen sonst Strom zum Leben erzeugt wurde, und die zerfetzten Trinkwasseranlagen. Menschen schöpften aus den Flüssen das Wasser und tranken es unabgekocht, weil es nichts gab, womit sie es hätten erhitzen können. Und weil den Kläranlagen Chlor und Ersatzteile fehlten (auch sie fielen unter die Embargo-Bestimmungen) liefen die Abwässer ungeklärt in die Flüsse. Allein in Bagdad, wo mehr als drei Millionen Menschen lebten, etwa ein Viertel aller irakischen Staatsbürger, flossen nunmehr Monat für Monat 10,5 Millionen Kubikmeter Abwässer ohne Behandlung in den Tigris. Nicht nur in Basra, der Millionenstadt im Süden, stauten sich die Abwässer zu stinkenden Teichen auf, die sich in der Sommerhitze von über 40 Grad zu gewaltigen Brutstätten aller denkbaren Krankheitserreger entwickelten. An ihren Ufern spielten Kinder auch in Bagdad.

Es dauerte nicht lange und eine Cholera-Epidemie überzog das Land. Desgleichen eine Typhus-Epidemie. Die UNICEF vermutete, daß allein 1993 etwa 80.000 bis 100.000 im Irak gestorben sind – in den beiden Jahren davor wird sich diese Rate in gleicher Höhe bewegt haben. Und sie dauert an.

Anfang 1998 galten etwa 960.000 Kinder als unterernährt – seit 1991 ein Anstieg um 72 Prozent. Der Direktor von UNICEF in Bagdad, Thomas Ekvall, ist der Auffassung, daß für den Irak ein Notprogramm für 83,2 Millionen Dollar benötigt werde, doch von dieser Summe stünden nur 12,7 Prozent real zur Verfügung.

Landesweit, so mußte ich feststellen, lag das Geburtsgewicht der Babies, die die unterernährten Frauen zur Welt brachten, unter fünf Pfund. Zudem war es vielerorts durch den Kriegsschock zu Fehlgeburten gekommen, allein in der Provinz Najaf hatte man in dieser Zeit etwa 7.000 registriert. Nicht bekannt, nur geahnt war die Größe der illegalen Aborte, deren dramatische Zunahme offensichtlich war. Die Mediziner bemerkten es, wenn die Mütter mit Komplikationen – in den meisten Fällen durch Sepsis hervorgerufen – in die Hospitäler gebracht wurden. Doch es gab keine Antibiotika, viele Mütter – meist kinderreich – starben. Eine große Zahl Zivilisten, darunter viele Kinder, waren durch Bombendetonationen verstümmelt worden. Nun traten Sekundärinfektionen – einschließlich Tetanus –auf. Ich sah, wie Schwerkranke von Hospitälern und Apotheken weggeschickt wurden, weil selbst die einfachsten Medikamente fehlten. Der Zustand der meisten Säuglinge und Kleinkinder war hoffnungslos. Noch im März 1994 starben 11.480 Kinder im Irak.

Wegen der Überfüllung der Hospitäler wurden Schwerverletzte auch nach Jordanien verlegt. Allerdings war der Transport nicht ganz ungefährlich. Die Allierten griffen während des Krieges auch Fahrzeuge mit dem roten Kreuz und dem roten Halbmond an, wobei auch Ärzte ums Leben kamen. Das führte dazu, daß mir bereits im Januar 1991 jordanische Behörden untersagten, mit einem Transport nach Bagdad zurückzukehren.

Die Statistik des Gesundheitsministeriums und auch der UNICEF bezifferten das Verhältnis von Totgeburten zu Lebendgeburten in der Vorkriegszeit auf 25 zu 1.000. Nunmehr war es 148 zu 1.000, also sechsmal so hoch. Dramatisch zugenommen hatten auch die Mortalitätsraten der Mütter bei notwendigen geburtshelfenden Eingriffen und die Zahlen der psychisch kranken Kinder. Schon bei einem leichten Gewitter verkrampften sie, zitterten am ganzen Körper, schrien ängstlich und verkrochen sich. In einem der ärmsten Bezirke von Bagdad sah ich solche Kinder, die – in Ermangelung von Medikamenten zur Ruhigstellung – mit Stricken wie Hunde an Häuserwände gebunden waren. Selten hat mich etwas derart erschüttert wie dieser Anblick.

Insgesamt war die Versorgung mit Lebensmitteln miserabel. Das Land besteht zu 80 Prozent aus Steppe und fünf Prozent Wüste, dazu kommt noch Gebirge. Das Gebiet am Persischen Golf gehört zu den heißesten der Erde. Nur das Tiefland nördlich von Bagdad, genannt Al-Dschasira, und das südlich von Bagdad – das Irak Arabi –, bestehend aus versalztem, episodisch überflutetem Schwemmland, wurde landwirtschaftlich genutzt. Die meisten Lebensmittel mußten importiert werden, sie wurden mit Petrodollars bezahlt. Das mit Bodenschätzen reich gesegnete Land erzielte als einer der größten Erdölproduzenten der Welt etwa 95 Prozent seiner Außenhandelserlöse durch den Verkauf des schwarzen Goldes. Doch diesen Hahn hatten die Vereinten Nationen nunmehr zugedreht.

Die wenigen im Land erzeugten Lebensmittel werden mittels eines Kartensystems verteilt und zu den billigen Vorkriegspreisen abgegeben. Die Rationen wurden aber in den 90er Jahren wiederholt gekürzt, in der Regel sind die Mengen, die für vier Wochen reichen sollen, bereits in der Hälfte der Zeit aufgezehrt. Es sind Hungerrationen. Eiweißreiche Nahrung wie Eier, Fleisch und Fisch sind ausschließlich auf dem freien Markt erhältlich – die Preise dort sind jedoch um das Tausendfache gestiegen und kaum bezahlbar. Das monatliche Durchschnittseinkommen 1997 lag zwischen 3.000 bis 6.000 Irakischen Dinar (ID). In jenem Jahr kostete ein Ei auf dem Markt 75 ID, ein Kilo Fleisch 1.800 ID, ein Huhn 2.500 ID. Eine Dose Milchpulver, die früher 3 ID kostete, ist nicht mehr unter 1.000 ID zu bekommen. (Vor dem Krieg bezahlte man für 1 ID zweieinhalb US-Dollar, inzwischen muß man für einen US-Dollar 1.600 Dinar hinlegen.)

Die Versorgungssituation verschlechtert sich unablässig weiter. Im Januar 1998 sah ich in den Morgen- und in den Abendstunden völlig verdreckte Kinder mit Säcken in den Müllhaufen auf den Straßen nach Eßbarem suchen, und Nachts fallen Rudel von meist kranken Hunden in die Straßen Bagdads ein, die sich tagsüber in Gebüschen am Tigris versteckt halten.

Die Hauptstadt gleicht inzwischem einem riesigen Basar. Die kleinen Leute haben ihre bescheidenen Ersparnisse längst aufgezehrt, im Kampf ums Überleben verkaufen sie nunmehr ihre letzten winzigen Habseligkeiten. Betroffen von der Not sind aber auch die Angestellten mit Einkommen, dessen Wachstum hinter der Inflation zurückbleibt. Ich traf Universitätsprofessoren am Lenkrad von

Taxis, die sich etwas dazuverdienen wollen. Kostbare Privatbibliotheken und Teppiche gingen für Spottpreise nach Jordanien – inzwischen sind die Grenzen für Gold, Antiquitäten und Bücher geschlossen – zu spät, wie es heißt, zuviel sei bereits außer Landes gegangen.

Zugenommen haben landesweit Betrug und Diebstahl. Kein Auto ist mehr sicher – es fehlt überall an Ersatzteilen. Banden durchziehen das Land, Transportunternehmen weigern sich, nachts Aufträge auszuführen. Auf den wichtigen Fernstraßen überwacht inzwischen Militär den Verkehr, in Überlandbussen reisen zum Schutz bewaffnete Soldaten mit.

Oft sind es desertierte Soldaten, die marodieren und morden. Die eingezogenen Rekruten müssen von ihren Familien mitversorgt werden, weil die Armee nichts hat. Und da die Familien hungern, können sie auch die Familienangehörigen in Uniform nicht mehr verpflegen. Die Armeeführung greift mit drakonischen Maßnahmen durch: Deserteuren wird ein Ohr abgeschnitten, wenn man ihrer habhaft wird. Ärzte, die sich weigerten, diese mittelalterliche Strafe zu vollstrecken, sollen – wie es hieß – erschossen worden sein. Für Diebstahl und illegale Geldgeschäfte wird die Hand abgehackt. Das habe sich angeblich ebenso wirkungsvoll gezeigt wie das Aufhängen von Geschäftsleuten vor ihren Niederlassungen, wenn sie der Korruption und anderer Wirtschaftsvergehen überführt worden waren. Nicht nur in Jordanien ist man ob dieser Justiz sehr verstimmt.

Die Folgen der chronischen Not sind auch in vielen anderen Bereichen erkennbar. Ich beobachtete bei den Kindern eine fortschreitende Verwahrlosung – sie gingen nicht mehr zur Schule und versuchten durch Betteln, Schuheputzen oder den Verkauf von geschmuggelten Waren sich durchzuschlagen, Prostitution eingeschlossen. Die Fälle von Aids, aber auch von Selbstmord, selbst unter Kindern, nehmen immer weiter zu…

Gelitten wurde meist stumm und unbemerkt; Mütter beobachteten apathisch das Verdämmern ihres Kindes und begruben es ohne Tränen. Selten wurden Vorfälle öffentlich wie jener in einem Provinzkrankenhaus, von dem eine amerikanische Ärztin berichtete. Sie mußte mit ansehen, wie einem Achtjährigen eine etwa 18 cm lange Bauchwunde ohne Anästhesie vernäht wurde. Der Schmerz war barbarisch, das Kind schrie bis zur Bewußtlosigkeit, die Mutter saß hilflos weinend daneben.

Nicht minder dramatisch waren die Zustände in den Leukämie- und Krebsabteilungen der Kinderkrankenhäuser in Bagdad, die ich wiederholt aufsuchte. Sie waren hoffnungslos überfüllt, weil viele Kranke aus dem Süden in die vermeintlich besser versorgte Hauptstadt gebracht wurden. Im Norden des Landes breitete sich explosionsartig eine Malaria-Epidemie aus.

Der Erzbischof und Patriarch der Chaldäischen Kirche im Irak erklärte verzweifelt: »Der Golfkrieg geht weiter, er setzt sich in diesem Embargo fort, das nun das gesamte Volk zu spüren bekommt. Das Embargo bedeutet eine echte und wahrliche Fortsetzung des Krieges, es ist ein grausamer Kampf gegen ein entwaffnetes Volk, das friedlich leben möchte und das mit lauter Stimme sagt: Schluß, Schluß, wir wollen Frieden, wir möchten ein ruhiges Leben in Würde führen. Dieses Embargo ist härter als der Krieg, unter dem wir gelitten haben und der uns langsam tötet und uns den Tod unserer Kinder vor Augen führt, der Jungen und der Alten, denn es fehlen die Lebensmittel, sauberes Wasser und die erforderlichen Arzneimittel. Ein Appell an alle Väter und Mütter auf der Welt, sie mögen sich unserer Kinder erbarmen, die wir sterben sehen, weil Lebensmittel und Medikamente wegen des Embargos fehlen. Ihr, die Verantwortlichen für das Embargo, habt Erbarmen für unsere Armen, denen nichts als das Leben bleibt.«

Die Weltgesundheitsorganisation appellierte an die internationale Staatengemeinschaft, die eingefrorenen Auslandskonten des Irak für den Kampf gegen Unterernährung und Krankheiten freizugeben. In der UNO wurde diskutiert, ob man dem Irak gestatten sollte, eine bestimmte

Menge Öl – trotz der fortbestehenden Sanktionen – zu verkaufen, damit im Gegenzug dafür Lebensmittel und Medikamente gekauft würden. Von den zunächst bewilligten zwei Milliarden Dollar sollten aber auch Reparationen an Kuweit gezahlt werden. Saddam Hussein, der im ersten Golfkrieg etwa 13.000 kurdische Kinder, Frauen und Männer – seine Landsleute – vergast hatte, verweigerte diesem Angebot seine Zustimmung. Er hielt an seiner Überzeugung fest, die er in seiner Ansprache am Morgen des ersten Kriegestages 1991 dem irakischen Volk verkündet hatte:

»Um 2.30 Uhr in der Nacht vom 16. auf den 17. Januar haben die Feiglinge mit ihrem Verrat angegriffen, und der Satan Bush hat sein Verbrechen begangen, er und der kriminelle Zionismus. Und die große Konfrontation, die Mutter aller Schlachten hat begonnen zwischen dem Recht, das mit der Hilfe Gottes siegen wird, und dem Bösen, das mit Gottes Hilfe zerstört wird…

Mit dem Beginn der Konfrontation und dem Widerstand der Gläubigen rückt der Tag des Heils der arabischen Nation näher, der Tag, an dem die auf der Verderbnis gebauten Throne der Verräter fallen werden, wenn der Willen des Satans im Weißen Haus und der des Wespennestes von Kriminellen in Tel Aviv zerschlagen sein wird.

Das teure Palästina und seine geduldigen und kämpfenden Söhne werden befreit, die Araber werden überall dort, wo sie unterdrückt worden waren, frei sein. Gott ist groß, Gott ist groß, Gott ist groß.«

### *Die Leiden der Kurden*

Die unerfreuliche Entwicklung in dem Gebiet der Kurdensiedlungen brachte diesem Volk endloses Leiden. Nach meinen Aufenthalten in Flüchtlingslagern der Kurden auf türkischem, iranischem, irakischem und unabhängigem Staatsgebiet hat dieses Volk mit seinen etwa 28 Millionen Menschen mein tiefstes Mitgefühl. Es wurde immer wieder zum Spielball der Politik. Die größten Fehler wurden von den Alliierten des ersten Weltkrieges gemacht. Die tapferen, mutigen Kämpfer wurden bis zum Zerfall des Osmanischen Reiches in dem unübersichtlichen gebirgigen Gebiet als Verbündete gebraucht. Als Gegenleistung wurde ihnen ein eigener Staat versprochen. Bis zum Friedensschluß in Lausanne 1923 hatten sich jedoch die Interessen der Alliierten geändert. Sie hielten sich nicht an die Versprechen. Die Grenzen, die sie zogen, berücksichtigen die Kurden nicht – diese lebten fortan auf den Territorien von fünf Staaten, die alle mehr oder minder unter alliierter Kontrolle standen. Seither leben 15 Millionen Kurden in der Türkei, sieben Millionen im Iran, vier Millionen im Irak und etwa eine halbe Million auf dem Gebiet der früheren Sowjetunion.

Bis heute ist keines dieser Länder bereit, Land für ein autonomes Kurdistan abzutreten, selbst nach dem verlorenen Krieg auch der Irak nicht. Seit dem Ende des ersten Weltkrieges erleben die Kurden Diskriminierungen, Leid und Tod mit immer wieder eintretenden und nicht endenden Fluchtbewegungen.Viele Kurden leben heute in Europa und Amerika und kämpfen verzweifelt und mitunter erbittert um einen Staat.

Auch in den beiden Golfkriegen wurden die Kurden immer wieder zum Spielball politischer Interessen. In diesem Kontext verweise ich auch auf den Giftgasangriff, den die irakische Luftwaffe gegen die Stadt Halabja im irakischen Teil Kurdistans geflogen hat, bei dem etwa 10.000 Menschen sofort starben und weitere 7.000 verstümmelt wurden. Fünf Schwerverletzte wurden seinerzeit im Krankenhaus Berlin-Buch in der DDR behandelt. Obwohl sich diese Kurden bei der Explosion der Giftgasbomben nicht direkt am Ort des Geschehens aufhielten und in der DDR eine intensive medizinische Behandlung erfuhren, blieben Schäden vor allem im Bereich der Haut, Augen und Atmungsorgane zurück.

In den Jahren nach dem 2. Golfkrieg hatten sich die Kurden, vor allem amerikanischen Aufrufen folgend, wiederholt erhoben. Die Aufstände wurden von irakischen

Truppen blutig niedergeschlagen; die erwartete Unterstützung durch die USA blieb aus. Inzwischen bestehen Interessengruppen, die vom Iran oder Irak dominiert werden.

Viele kurdische Familien leben auch in Großbritannien und in Deutschland. In London habe ich Demonstrationen miterlebt, und ich wurde zusammen mit dem Abgeordneten des britischen Unterhauses Tony Benn zu Sitzungen der Kurden eingeladen. Die Demonstrationen in den Straßen Londons wurden von der britischen Polizei geschützt, ihre Zusammenkünfte blieben ungestört. In Deutschland verbrannten sich verzweifelte Kurden auf offener Straße.

### *Das kurdische Flüchtlingslager Paveh im Iran 1991*

Im Mai 1991 brachte ich eine Hilfssendung ostdeutscher humanitärer Organisationen mit Unterstützung des iranischen Roten Halbmondes in das kurdische Flüchtlingslager bei Paveh, einem Talkessel in der Nähe der Stadt Bakhtaran. Zu meinem Erschrecken mußte ich zunächst feststellen, daß viele Flüchtlinge keine Schuhe hatten, was bei den äußerst notdürftigen hygienischen Verhältnissen zu Hakenwurmkrankheiten geführt hatte; die Temperaturen lagen bei über 30 Grad. Im gesamten Lagerkomplex mit 40.000 Zelten waren etwa 125.000 Flüchtlinge untergebracht. Sie lebten in diesen Zelten und erhielten vom Roten Halbmond einmal am Tag eine vorgekochte Mahlzeit und zwei Fladenbrote pro Person. Zur Trinkwasserversorgung waren 700 Fahrzeuge im Einsatz. Täglich wurden ganze Produktionen von Bäckereien in den anliegenden Provinzen aufgekauft. Von den teilweise noch funktionierenden Clans wurde jeweils ein Familienmitglied zur Essenausgabe abgestellt, doch im Mai 1991 war eine regelmäßige Versorgung nicht immer gesichert. Die Menschen wuschen sich und ihre Kleidung am Ufer des kleinen Flusses Sirwan, der lehmiges Wasser führte.

Zu jener Zeit erbrachte der Iran für die 1,25 Millionen kurdischen Flüchtlinge erhebliche humanitäre Leistungen, daran beteiligte sich die gesamte iranische Bevölkerung. Doch in Gesprächen wurde mir bewußt, daß diese Anstrengungen bestenfalls für 500.000 Menschen reichten. Der gesamte Lagerbereich von Paveh bestand aus sechs Einzellagern, in denen jeweils ein Arzt tätig war. Den iranischen Ärzten standen alte Ambulanzfahrzeuge zur Verfügung, Zeltbesuche erfolgten nur in schweren Fällen, die dann in ein kleines Militärkrankenhaus gebracht wurden. Dieses Hospital war während des 1. Golfkrieges in der Nähe zur irakischen Grenze errichtet worden. Schwere Erkrankungen wurden im Distrikt-Hospital Paveh behandelt, das aber mit 75 Betten und 11 Ärzten nach kurzer Zeit schon überfordert war. Moderne Ausstattungen für Diagnostik und Therapie fehlten.

Während meines Aufenthaltes habe ich an Krankenbesuchen und Krankenhaus-Visiten teilgenommen. Die Befunde waren erschreckend: Es gab ganze Familienverbände, die an Typhus oder bakterieller Ruhr erkrankt waren. Vor allem fand ich hier die ersten Cholera-Fälle, die unter der Diagnose Diarrhoe behandelt wurden. (Cholera tritt im Iran sonst kaum auf.) Darüber hinaus sah ich Amöben-Erkrankungen und Leberabzessen, die teilweise schon nach außen durchgebrochen waren. Viele Kinder litten an Ernährungskrankheiten, an Mangel an Eiweißstoffen und Vitaminen, an Durchfall und Erbrechen. Es gab Viren- und Pilzerkrankungen und aufgrund mangelhafter Hygiene Bandwurminfektionen. Vermutlich durch Umweltverschmutzung nahmen auch allergische Erkrankungen zu. Im gesamten Umkreis waren die kleinen Hospitäler völlig überfüllt. Die Sterblichkeitsrate lag in diesem kurdischen Flüchtlingslager bei 400 bis 500 pro Tag, meist betraf es alte Menschen und Kinder. Viele hatten Fußmärsche von bis zu 500 Kilometer hinter sich, sie hatten vereiste Pässe überquert und waren völlig entkräftet. Zu jener Zeit trafen täglich bis zu 1.000 Menschen im Lager ein.

Durch den 1. Golfkrieg gegen den Irak war der Iran selber ausgezehrt, aber man betonte immer wieder, daß die kurdischen Brüder und Schwestern willkommen seien –

und zwar solange, bis ihre Dörfer im Irak wieder sicher wären. Die vom Iran aufgebrachte Hilfe war umfangreich. Zum Teil stammten sie aus Reserven des Roten Halbmondes, zum Teil aus Sach- und Geldspenden der Bevölkerung. Es waren entsprechende Sammelstellen in Moscheen, Krankenhäusern, Schulen und Einrichtungen des Roten Halbmondes eröffnet worden. In den Moscheen war zu humanitärer Hilfe aufgerufen worden – trotz der im Land bestehenden Not kam sehr viel zusammen. Auch wir konnten mit einer sofortigen Geldspende helfen, die zum Ankauf von Medikamenten, Kindernahrung, Decken und Kleidung zweckgebunden war. Besonders auf medizinischem Gebiet wurden die großen Lücken, die der 1. Golfkrieg hinterlassen hatte, sichtbar. Es fehlte vor allem an Geräten im Bereich der Diagnostik, an Medikamenten, Milchpulver und Verbandsmaterial.

Europäer hatten sich in dieser Region noch nicht blicken lassen. Unter dem Eindruck des großen Notstandes wandte ich mich über den iranischen Roten Halbmond an die deutsche Bundesregierung und bat um rasche humanitäre Hilfe. Meinem Ersuchen wurde auch kurzfristig nachgekommen. Zunächst sandte man allerdings Kampfhubschrauber mit einer vorbildlichen Foto-Ausrüstung. Ich half, den Hubschrauberbesatzungen Landeplätze aufzuzeichnen, die für Hilfsflüge geeignet waren. Inzwischen hatten die Hilfen durch andere moslemische Staaten schon eingesetzt, vor allem aus Ägypten und Pakistan.

### *Das kurdische Flüchtlingslager Silopi in der Türkei*

Unter dem Eindruck der großen Not der Kurden in den Flüchtlingslagern im Iran forderte ich nach meiner Rückkehr in Deutschland, eine größere Hilfssendung zusammenzustellen. Ostdeutsche Organisationen waren sofort bereit zu helfen, insbesondere der Solidaritätsdienst International (SODI). Unter meiner Leitung machte sich bereits Ende Juni 1991 ein Konvoi – bestehend aus einem

Sattelschlepper, zwei größeren LKW und drei VW-Transportern – auf die etwa 7.000 Kilometer lange Reise. Wir fuhren durch die tschechische Republik, Ungarn, Jugoslawien, Bulgarien, Griechenland, die Türkei bis nach Iran. Die Hilfssendung im Wert von etwa 110.000 Mark mit Kleidung, Schuhen, Notbetten, Arzttaschen, Desinfektionsmitteln und Medikamenten wurde in der Türkei geteilt. Einige Fahrzeuge gingen zum Zentrallager des türkischen Halbmondes nach Belazig. Dort wurde die Sendung von uns dem Vizepräsidenten dieser Organisation, einem Kurden, übergeben. Der größere Teil der Hilfslieferung kam nach Paveh in den Iran. Ich selbst reiste mit einem ZDF-Team nach Silopi an der irakischen Grenze. Auch dort befand sich ein kurdisches Flüchtlingslager.

Bis Anfang 1991 waren dort auf einer eingezäunten Fläche von anderthalb Quadratkilometern 21.000 Kurden in Zelten untergracht worden.Die Situation wirkte bei unserem Besuch entspannt. Etwa die Hälfte der Flüchtlinge war bereits in ihre Dörfer zurückgekehrt – diese befanden sich in einem von den Westalliierten geschützten Landstrich. Zur Stunde waren rund 7.500 Kurden im Lager.

Nach meinem Eindruck waren Versorgung, sanitäre Bedingungen und medizinische Betreuung durch die türkischen Behörden ausreichend gewährleistet. Täglich starben aber noch immer zwei bis drei Menschen – vor allem Kleinkinder. Die Krankenstation wies 150 Betten auf, von denen nicht alle belegt waren. 14 türkische Ärzte und 38 Krankenschwestern arbeiteten dort.

Ich konnte mit den Kurdenführern im Lager frei und unbeaufsichtigt sprechen. Sie wirkten sehr deprimiert und kritisierten die scharfe Bewachung und Abriegelung des Lagers durch türkische Soldaten. Vor einer Rückkehr in den Irak fürchteten sie sich auch – sie hatten Angst vor der Brutalität irakischer Truppen.

Der bevorstehende Winter bereitete ihnen nicht weniger Sorgen – in dieser Gegend sinken die Temperaturen auf minus 30 Grad. Ihre Zelte würden dagegen nur wenig Schutz bieten, andere Quartiere waren bisher nicht errichtet worden. Während meines Aufenthaltes in Silopi lagen die Temperaturen bei über 40 Grad, die Wüstenluft war extrem trocken, der Wind, der durch die Zelte wehte, bot die einzige Kühlung. Säuglinge weinten unaufhörlich. Die mich begleitenden Mitglieder des deutschen TV-Teams verkrafteten dieses Klima nur schlecht, ein Kameramann brach zusammen und mußte nach Deutschland ausgeflogen werden.

Bei dieser Hitze nahm die Depression bei den Kurden zu, besonders als bekannt wurde, daß die Gespräche zwischen ihren Führern und Saddam Hussein ins Stocken geraten waren. Der Irak mußte nach dem verlorenen Krieg Reparationen zahlen. Das dafür zum Verkauf benötigte Öl wurde in den Kurdengebieten um Kirkuk und Mossul gefördert. Aus diesem Umstand war zu schließen, daß Saddam kaum dieses Territorium an die Kurden abtreten würde.

Zur Lösung des Kurden-Problems könnte m. E. nur eine bessere Integration der Kurden in den jeweiligen Staaten beitragen. Der Drang vieler Kurden nach Westeuropa wurzelt in dieser Ausgrenzung. Ich wurde mehr als einmal gebeten, mich für vereinfachte Einreisemöglichkeiten nach Deutschland einzusetzen. Sie wissen nicht, was sie hier erwartet: Ablehnung bis zum Haß, Arbeitslosigkeit, keine Perspektive, eine gänzlich andere Kultur. Ich schlage statt Westeuropa Australien vor – das Klima ist vergleichbar, es herrscht auf dem unterbevölkerten Kontinent Mangel an Menschen, und die Kurden sind zumeist fleißige, saubere Handwerker und Bauern.

Bevor ich aus Silopi nach Bagdad abreiste, erklärte ich in einem Interview, daß ich mich für eine Generalamnestie für Kurden einsetzen wolle. (Bei dem Kurdenaufstand, der von der irakischen Armee brutal niedergeschlagen worden war, hatte es Übergriffe auf beiden Seiten gegeben.) Als Christ plädierte ich für Vergebung und einen Neuanfang, an dessen Anfang Verzeihen stehen müßte. – Es gab später eine Generalamnestie.

Auf irakischem Gebiet war die Lage der Kurden nicht minder verzweifelt. Falls sie nicht nachweisen konnten, irakische Staatsbürger zu sein, gab es keine Lebensmittelkarten. Viele Flüchtlinge in den Lagern konnten diesen Nachweis nicht erbringen und wurden von ihren Landsleuten mitversorgt. Alle hungerten gemeinsam. Ich brachte mehrere Hilfssendungen des Gelben Kreuzes International, von Caritas und SODI dorthin. Auf Hilfskonvois wurden jedoch wiederholt Anschläge und Überfälle verübt. Inzwischen sind die Zufahrtsstraßen in den Norden des Irak durch militärische Stützpunkte und Kontrollen jedoch gesichert.

Mit ausländischer Unterstützung begann sich ein begrenzt autonomes Kurdistan im Norden zu entwickeln, das sogenannte Peschmerga-Gebiet. Dessen Lebensdauer scheint begrenzt. Die regionalen Kurdenführer sind zerstritten, sie beherrschen nur ihre kleinen Stammesgebiete und tragen ihre Rivalität gegeneinander militärisch aus. Die Differenzen zwischen Barsani und Talabani werden von verschiedenen Interessengruppen nicht nur gern gesehen, sondern auch gefördert. Ein zeitweilig gebildetes kurdisches Parlament blieb funktionsunfähig.

Mir wurde von kurdischen Flüchtlingen mitgeteilt, daß im Peschmerga-Gebiet immer mehr Familien von den Stammesführern genötigt würden, ihre Häuser zu verlassen und an kriegerischen Auseinandersetzungen teilzunehmen. Um sich diesem Druck zu entziehen, sind in den letzten Jahren etwa 200.000 Kurden in das von der irakischen Zentralregierung kontrollierte Gebiet geflohen, was wiederum zu einer weiteren Verschlechterung der Versorgungslage dort geführt hat. Ganze Clans landeten in Lagern der Iraker, die meist in alten, festungsartigen Kasernen aus der osmanischen Zeit eingerichtet wurden. Aufgrund der schlechten hygienischen Verhältnisse und Versorgung brachen auch dort Seuchen aus.

Solche Einrichtungen im Norden des Irak wollte ich mit Hilfsendungen versorgen. Bisher gelang mir das in acht

Fällen. Wir stellten in Jordanien die Konvois zusammen, was nicht einfach ist. Die Behörden dort halten sich streng an die UN-Auflagen. Zuweilen mußten wir vor der Grenze in den Autos schlafen, weil der Übergang geschlossen war. Und auf der anderen Seite kann nachts nicht gefahren werden. Für die 1.600 Kilometer lange Strecke von Amman (Jordanien) bis Mossul im Nordirak brauchten wir mitunter sechs bis sieben Tage.

Das Elend im gesamten Irak ist trauriger Alltag. Während eines Zwischenaufenthaltes sah ich einen kleinen Jungen von fünf, sechs Jahren zusammenbrechen. Er zuckte am ganzen Körper und war ohne Besinnung. Ich versuchte zu helfen, massierte den in Lumpen gehüllten Körper. Nach einer halben Stunde kam er wieder zu sich, setzte sich auf einen Stein und begann zu weinen. Ich brachte ihn in ein Krankenhaus, das aber war überfüllt. Ich steckte ihm etwas zu essen und einige Geldscheine in die Hand – mehr konnte ich nicht für ihn tun.

Unsere Hilfstransporte wurden in Mossul stets sehnsüchtig erwartet. In der mit 2 Millionen Einwohnern zweitgrößten Stadt des Landes leben etwa 45.000 Menschen in völliger Armut und hungern. Die Lebensmittel wurden in Mossul auf die LKW des Roten Halbmondes umgeladen und unter militärischem Schutz in die Nähe von Dokuk und Erbil gefahren. In den dortigen Lagern lebten etwa 3.000 Menschen, jeweils zwei Familien teilten sich einen Raum. Die Mitarbeiter des Roten Halbmondes bemühten sich, die Hilfsgüter geordnet und gerecht zu verteilen. Bei der Ausgabe des Milchpulvers jedoch waren wir machtlos: Die ausgehunerte Masse stürmte die Fahrzeuge.

### *Ein unbekanntes Krankheitsbild*

Nach dem Krieg, im September 1991, wurde mir als erstem Ausländer gestattet, die zweitgrößte Stadt des Landes zu besuchen. Mossul liegt im Norden und ist mit der Eisenbahn oder der ausgebauten Straße gut zu erreichen. Bei der Fahrt dorthin beobachtete ich zunächst im Weichbild Bagdads die nach meinem Eindruck irreparabel zerstörten Industrieanlagen. Kühlhäuser, in denen die Lebensmittel für annähernd vier Millionen Menschen gelagert waren, bildeten stinkende Trümmerhaufen.

Die Raffinerien und Ölpumpstationen an der Peripherie von Mossul hingegen schienen unversehrt. Allerdings war die Stadt selbst von Luftangriffen nicht verschont geblieben. In einem Armenviertel sah ich etwa 400 Ruinen und eine zerstörte Schule mit angeschlossenem Kindergarten. Schwarze Transparente verkündeten die Namen der Toten. An anderer Stelle war die katholische Kirche zerstört und der Priester verwundet worden, ich sah die schweren Verbrennungen an Armen und Händen. Ein irakischer Arzt berichtete mir, daß er die meisten der getöteten Säuglinge und Kleinkinder mit zusammengedrücktem oder zerfetztem Brustkorb aufgefunden habe, so, als sei alle Luft in ihrer Umgebung schlagartig abgesaugt und sie in ein Vakuum geworfen worden.

Vor den Ausgabestellen der Lebensmittelrationen drängten sich die Menschen in langen Schlangen, die meisten Läden standen leer oder waren verschlossen. Die, die geöffnet hatten, boten Luxusartikel an, die keiner brauchte, oder die unerschwinglich waren – etwa Kinderspielzeug aus Italien. Babynahrung, Schulhefte oder Bleistifte hingegen sah ich nirgends. Zuweilen donnerten amerikanische Jets über die Stadt, die in jener Zone lag, für die – unter anderem zum Schutz der Kurden – Flugverbot für irakische Kampfflieger galt. Offiziell waren es Kontrollflüge, doch die Art der Annäherung wurde auch von mir als Scheinangriff wahrgenommen – die Menschen flüchteten schreiend in ihre Häuser oder suchten Schutz zwischen Müllhaufen und Schutt, die sich überall in den Straßen türmten.

Im Hospital besuchte ich die Kinderabteilungen – hier das gleiche Bild wie in Bagdad: Unterernährung, Infektionen, Leukämie, Cholera, Verstümmelungen. Aber ich sah auch merkwürdige Erkrankungen, die ich bereits in Bagdad registriert hatte: Tumore mit Ulzerationen und

Sekundärinfektionen, die aufgrund fehlender Antibiotika nicht behandelt werden konnten und zu einem qualvollen Tode führten, sowie hochgradige Flüssigkeitsansammlungen im Abdominalraum. Die Kinder konnten sich nicht bewegen, sie hatten kaum Schmerzen aber starben nach einiger Zeit. Die irakischen Ärzte nannten als Ursache dieser unbekannten Erkrankung »Umweltverschmutzung nach Bombardierungen«, was immer darunter zu verstehen war. Ich vermutete zunächst, daß es sich um toxische Wirkungen von Waffen aus der irakischen ABC-Rüstungsproduktion handelte. Daneben aber – und das bestätigten meine späteren Untersuchungen – konnte es sich auch um die toxischen und radioaktiven Wirkungen entsprechender Waffen und Munition der Alliierten handeln. Vielerorts lagen noch Projektile in Zigarrengröße im Sand, mit denen Kinder spielten. Wie sich später herausstellte, waren sie hochtoxisch und radioaktiv. Es war die sogenannte DU-Munition.

Nach meiner Rückkehr in Deutschland wurde ich sowohl 1991 als auch 1992 im Bundesgesundheitsamt vorstellig und bat um Unterstützung, damit ich der Sache auf den Grund gehen konnte. Ich wollte Urin- und Blutproben entnehmen und sie in deutschen Labors untersuchen lassen, weil ich Funktionsstörungen von Nieren und Leber als Ursache für diese ungewöhnlichen Veränderungen glaubte ausgemacht zu haben. Allerdings: Zunächst wurde mir entsprechende Hilfe zugesagt, wenig später jedoch das Angebot kommentarlos zurückgezogen – angeblich auf Anweisung aus Bonn.

In der Universitätsklinik in Mossul fehlte es – wie anderenorts auch – gleichfalls an allem. Hatte man in der Vorkriegszeit mindestens zwei größere Operationen täglich im Team vorgenommen, fanden nunmehr nur noch zwei pro Woche statt. Es fehlte selbst das Verbandsmaterial. Die monatliche Medikamentenzuteilung war bereits nach einer Woche verbraucht. Bei einer späteren Reise nahm ein Vertreter des Internationalen Roten Kreuzes an meiner Visite in der Kinderstation in Mossul teil. Schon nach kurzer Zeit wurde ihm übel und er mußte sich übergeben. Er habe, so entschuldigte er sich nach einer längeren Ruhepause, schon viel Schreckliches im Leben gesehen – dies hier sei jedoch ohne Beispiel.

Nach Mossul besuchte ich Basra im Süden, das ebenso viele Einwohner und Kranke zählte wie die Großstadt im Norden. In der Stadt war das Trinkwassernetz zerstört, es fuhren Tankwagen in unbestimmten Abständen durch die Straßen und auch durch die umliegenden Dörfer. Stundenlang harrten in der heißen Sonne die Menschen – meist Kinder – geduldig mit ihren Kanistern an den Deponien aus und warteten auf das Auto. Auf dem freien Markt kostete eine Flasche Wasser mehr als ein Liter Benzin. Inzwischen war begonnen worden, einen über 200 Kilometer langen Kanal zum Tigris auszuheben, um auf diese Weise Wasser in die Stadt zu leiten.

Vor dem Krieg gab es in der Stadt 77 Pumpen, die die Abwässer entsorgten, nunmehr verrichteten nur noch 23 ihre wichtige Arbeit. Es fehlten auch hier Ersatzteile und Chlor. In einigen Stadtteilen floß die Kloake auf die Straße, Kinder patschten barfuß hindurch, um sich ein wenig abzukühlen. In dieser heißesten Region auf der Welt steigt im Sommer die Temperatur gelegentlich auf über 50⁰C.

Von den einst 1.684 Fischfarmen produzierten nur noch 237, weil Öl aus zerstörten Pipelines ins Wasser geflossen war und wie überall Flora und Fauna massiv geschädigt hatte. Durch »schwarzen Regen« – es standen einige Hundert Bohrlöcher in Flammen – oder giftige Gase und andere Faktoren waren Millionen Dattelpalmen eingegangen. Datteln waren nicht nur ein wichtiges Lebensmittel, sondern auch Exportartikel – der Irak war bis zum 2. Golfkrieg der Welt größter Dattelproduzent.

## *Uran-Geschosse – die Nebenwirkungen: Deutsche Konzerne im Zwielicht*

Auch in den Hospitälern von Basra versuchte man, vergiftete Kinder zu behandeln: sie hatten ungenießbare Datteln gegessen oder litten an den gleichen Symptomen, wie ich sie schon in Mossul und Bagdad gesehen hatte. Auch sie hatten mit den »Zigarren« gespielt. Ich selber hatte bereits Anfang Mai 1991 auf einem Schlachtfeld ein solches Projektil gefunden und in der Hand gehalten. Es war ungewöhnlich schwer. Heute weiß ich, weshalb. In der Uranindustrie fallen Abfälle an, die hochtoxisch und radioaktiv sind und wegen ihrer Halbwertzeit unter hohem Aufwand über lange Zeit endgelagert werden müssen. »Depleted Uranium« (DU) besitzt aber auch Eigenschaften, die für die Rüstungsindustrie interssant sind. Erstens: Es ist es ziemlich schwer – 18,95 Gramm pro Kubikzentimeter. In der Natur kommt praktisch kein zweites Material mit dieser Dichte vor. Dadurch haben, zweitens, Geschosse eine extrem große Durchschlagskraft und sind bestens geeignet zum Brechen von Stahlpanzerungen. Drittens schließlich, handelt es sich um brennbares Material: Beim Durchschlagen der Panzerung entzündet es sich und setzt beim Verbrennen hochtoxische und radioaktive Stoffe frei. (Nach dem Golfkrieg wurden die Panzerungen von Kettenfahrzeugen der US-Army mit DU-Material verstärkt, weshalb sie seither im Soldatenslang ironisch, aber zutreffend »Radiation Deponies« heißen.)

Neben anderen Neuentwicklungen wurden DU-Geschosse erstmals in diesem Krieg massenhaft eingesetzt – mit verheerenden Folgen auch in den eigenen Reihen, was bis vor kurzem heftig dementiert wurde. Auch die Bundesregierung schloß sich – wider besseren Wissens oder aus blinder Gefolgschaft – dieser Darstellung an.

Ich selbst wurde mindestens dreimal mit dieser ignoranten Haltung konfrontiert: Erstens 1991 – ich berichtete bereits an anderer Stelle – suchte ich das Bundesgesundheitsamt in Berlin auf und trug dort meine im Irak gemachten Beobachtungen vor. Ich fand offene Ohren auch bei der Bitte, mich mit Gerätschaften und Untersuchungen zu unterstützen; es sollten kostenlos Blut- und Urinproben, die ich im Irak besorgen wollte, analysiert werden. Wenig später wurde die Zusage zurückgezogen – angeblich habe der Chef der Behörde in Bonn entsprechende Order erteilt.

Zweitens: Im Universitätsklinikum Berlin-Charlottenburg wurden in der Strahlenklinik-nuklearmedizinische Abteilung, die unter der Leitung von Prof. Dr. Felix stand, die von mir vorgelegten Geschosse und Geschoßhülsen auf meine Bitte untersucht. Während der Analyse am 20. Juli 1992 drang ein Polizeitrupp in Schutzkleidung ins Labor ein, konfiszierte die Materialien und fuhr sie mit großem Sicherheitsaufgebot ab.

Drittens: Nachdem die hochtoxische und radioaktive Wirkung der Projektile – die ja offiziell bestritten wurde – nachgewiesen war , wurde ich am 22. Juni 1995 unter dem Vorwurf des Verstosses gegen das Strahlenschutzgesetz inhaftiert und in den JVAs Neumünster, später in Kiel festgesetzt. Als mein Zustand nach einem dreieinhalbwöchigen Hungerstreik lebensbedrohlich geworden war, überdies hatte es Proteste gegeben, setzte man mich auf freien Fuß.

Nach und nach kamen die Fakten ans Licht der Weltöffentlichkeit. Nach Schätzungen der britischen Atomenergiebehörde lägen etwa 40 Tonnen derartiger Munition im Grenzgebiet von Kuweit herum, andere Experten gingen sogar von 300 Tonnen aus. Unabhängig davon, wieviel es nun wirklich sind. In diesen Wüstengebieten gibt es Regenzeiten. Dabei werden die toxischen Stoffe ins Grundwasser geschwemmt und können in die Nahrungskette gelangen. Ich hatte in den letzten Jahren wiederholt davor gewarnt, daß dadurch eine halbe Millionen Menschen in Gefahr kommen könnten. Aufgrund einer erheblichen Zunahme von Krebs- und Leukämie-Erkrankungen – vor allem bei Kindern – wurde dieser Verdacht jetzt auch von einem britischen Untersuchungsteam ausgesprochen, das sich dort aufgehalten hatte. Im März/April 1998 berichteten die ARD und das britische Fernsehen darüber.

In Saudi-Arabien berichteten Beduinen darüber, daß sie in den vormaligen Kampfgebieten verendete Kamele, Schafe und Vögel gefunden hätten, von denen sie annahmen, daß sie bei Kampfhandlungen getötet worden waren. Amerikanische Veterinärmediziner und andere Experten untersuchten die Tiere und fanden keinerlei äußere Verletzungen vor, sie waren offenkundig auch nicht an Seuchen zugrundegegangen. Einige dieser Tiere waren von Insekten übersät – auch sie waren tot...

Bei den alliierten Soldaten, die in ihre Heimatländer zurückgekehrt waren, beobachtete man Gelenk-, Glieder- und Kopfschmerzen, Haar- und Zahnausfall, Sehstörungen, Hautveränderungen, Drüsenschwellungen, Schwindel, Erbrechen, Diarrhoe, Gedächtnisschwund und gehäuft Infektionen. Da sie bei etwa 50.000 bis 80.000 amerikanischen Golfkriegs-Veteranen auftraten, bezeichneten die Ärzte sie als Golfkriegs-Syndrom. Und noch etwas: Kinder, die von Golfkriegs-Veteranen gezeugt wurden, wiesen wesentlich häufiger bei ihrer Geburt Mißbildungen auf, als dies im gesellschaftlichen Durchschnitt der Fall war bzw. ist.

In Großbritannien diagnostizierten die Mediziner bei etwa 4.000 Soldaten die gleichen Symptome, sie wurden auch bei eingesetzten Australiern, Franzosen und Kanadiern festgestellt. Kuweitis waren davon betroffen und etwa eine Viertelmillion Iraker. Viele britische Soldaten haben inzwischen ihre Kriegsauszeichnungen zurückgegeben und mißgebildete Kinder im Unterhaus vorgestellt.

In der Fachpresse tauchten Berichte mitunter gegenteiliger Aussagen auf. So hieß es im März 1994, daß im US-Staat Mississippi bei 252 Familien von Golfkriegsverteranen, die Kinder bekommen hätten, 67 Prozent der Neugeborenen verschiedene Mißbildungen aufgewiesen hätten – von fehlenden Augen, Ohren, Fingern über Fehlbildungen im Bereich der Augen und Ohren sowie Deformierungen des Gesichts und der Wirbelsäule bis hin zu schweren Blutkrankheiten und Atmungsproblemen. Im Juni 1997 berichteten zwei Mediziner aus Washington im »New England Journal of Medicine« hingegen, daß amerikanische Soldaten durch ihren Einsatz am Golf »keine Schäden« davongetragen hätten. Man habe die Daten von 75.000 zwischen 1991 und 1993 geboren Soldatenkindern untersucht und festgestellt, daß angeborene Fehlbildung bei Kindern von Golfkriegssoldaten nicht häufiger aufgetreten seien als bei Soldaten, die nicht am Golf stationiert waren.

Offiziell machte Washington für die offenkundig vorhandenen Symptome verschiedene Ursachen aus – prophylaktische Impfungen gegen Milzbrand, Botulismus und Malaria, der Einsatz von Benzenen bei der Entlausung und von Pyridostigminbromid gegen das Nervengas Soman sowie die Insektenschutzmittel DEET und Permethrin. Und ganz am Ende der Liste wurde auch DU-Munition genannt. Bestätigt wurde auch, daß im zweiten Golfkrieg von keiner Seite Giftgas eingesetzt worden war, mithin schied diese Ursache für das Golfkriegs-Syndrom aus.

Nach Bekanntwerden dieser Fakten forderte Saudi-Arabien auf, die mit DU-Munition vernichteten Fahrzeuge und Panzer, die zum Teil in der Wüste vergraben worden waren, zu entsorgen. Das Kriegsgerät mußte eingesammelt, ausgegraben und in die USA abtransportiert werden. In Kuweit aufgefundene Munition wurde deklariert: »Nicht berühren – hochgiftig!«

Bei meinen verschiedenen Reisen in den Irak mußte ich über einen Zeitraum von fünf Jahren folgende bei Kindern gehäuft auftretenden Symptome konstatieren, die ich auf Kontakte mit DU-Munition zurückführe.

1: ein Zusammenbruch des Immunsystems mit deutlicher Zunahme von Infektionskrankheiten;

2: ausgedehnte Herpes- oder Zosterbildung auch bei Kleinkindern;

3: Aids-ähnliche Erscheinungen, die möglicherweise einen neuen Aspekt in der Ätiologie darstellen;

4: Funktionsstörungen von Nieren und Leber mit einem bisher unbekannten Krankheitsbild, das inzwischen nach mir als »Morbus Günther« benannt worden ist.

5: akute lymphatische Leukämie, aplastische Anämie und bösartige Neubildungen, vor allem Neuroblastome;

6: Zunahme von Fehl- und Frühgeburten;

7: Mißbildung bei Neugeborenen – vorwiegend als Hydrocephalus mit nur wenig Gehirnbildung, keine Finger- und Zehenbildung sowie fehlende Arme;

8: kongenitale Mißbildungen bei Lämmern, besondern an Kopf und Läufen, wobei viele Tiere wenige Tage nach der Geburt verenden. Ähnliche genetische Veränderungen treten auch bei Kamelen und Mäusen auf.

Vergleiche mit amerikanischen Untersuchungen sogenannter Golfkriegskinder bestätigen die Ähnlichkeit der genetischen Mißbildungen von irakischen und amerikanischen Kindern.

Inzwischen wurden 39.000 der betroffenen GIs aus dem Militärdienst entlassen, 2.400 bis 5.000, so heißt es aus inoffiziellen Quellen, seien bisher verstorben – zumeist an Krebs.

In Großbritannien starben inzwischen mindestens 160 Golfkriegs-Veteranen zumeist an Lungenkrebs. Mit einigen noch lebenden Veteranen habe ich gesprochen: Als Ursache ihrer Erkrankung gaben sie an, sie hätten in abgeschossenen irakischen Panzern nach Souvenirs gesucht.

Im Irak erkranken noch immer Kinder vornehmlich an Leukämie, in einem Bagdader Hospital registrierte man 1.050 Fälle – fünfmal so viele wie vor dem Krieg. Die Erkrankten kommen vornehmlich aus dem Süden des Landes. In Basra markierten die Ärzte die Herkunft ihrer Patienten – 765 Krebserkankungen stammten aus einem Landwirtschaftsgebiet westlich von Basra – dort tobte 1991 eine Panzerschlacht…

Aufgrund solcher erdrückenden Indizien zog ich Parallelen zur Reaktorkatastrophe von Tschernobyl im Jahre 1986, wo in der Folgezeit im Umfeld vornehmlich unter Kindern vermehrt Krebserkrankungen, genetisch bedingte Mißbildungen und eine hohe Sterblichkeitsrate registriert werden mußte. Dieser Auffassung schloß sich mittlerweile auch der Präsident der US-Golfkriegs-Veteranen an. Er berichtete von Soldaten, die erklärt haben, daß bei ihrer Rückkehr in den Staaten auf Flugplätzen die Geigerzähler bei nicht wenigen »verrückt gespielt« hätten…

Und ich verweise auf drei europäische Schauplätze.

1988 stürzte bei Remscheid ein amerikanisches Kampfflugzeug ab und vier Jahre später eine israelische Transportmaschine über Amsterdam. In beiden Fällen wurden in der Folgezeit im Absturzgebiet bei den dort lebenden Menschen häufiger als anderenorts Hauterkrankungen, Nierenversagen, Durchfall, Leukämie bei Kindern und Mißbildungen bei Neugeborenen registriert. Und jedesmal machten unbestätigte Gerüchte die Runde, daß auch radioaktives Material bzw. DU-Munition an Bord gewesen sei.

Sechs Jahre nach dem Amsterdamer Unglück 1992 bestätigte eine Studie, daß mehr strahlendes Material freigesetzt wurde als bislang vermutet. Im niederländischen Parlament wurde das Problem thematisiert. Gesundheitsminister Els Borst erklärte, daß er erschrocken sei. Ein schwedisches Institut hatte 15 Personen untersucht, die nach dem Absturz an der Unglückstelle gewesen waren. Je länger sie sich dort aufgehalten hatten, desto mehr Uran war in ihrem Kot festgestellt worden.

Nahe der Wiederaufbereitungsanlage Sellafield in Großbritannien waren 150 Tauben für Untersuchungen getötet worden. Die Vögel waren so stark mit Cäsium 137 und anderen Radioisotopen verseucht, daß sie als Atommüll entsorgt werden mußten. Strahlenalarm bestand auch auf den Dächern der Ortschaft: Der kontaminierte Taubenkot wurde mit Hochdruckreinigern entfernt. Über Schäden der Bewohner lagen bis zum April 1998 noch keine Berichte vor.

Gleiche Symptome – so Berichte im November 1996 – wurden in Ex-Jugoslawien nach dem Einsatz der sogenannten UNO-Friedenstruppe beoachtet: Kopf-, Unterbauch- und Muskelschmerzen, Atemnot und Schwindel bei etwa 1.000 Kindern, zwei Drittel davon mußten in Krankenhäuser eingeliefert werden.

Nach Bombardierungen durch NATO-Flugzeuge mit DU-Projektilen häuften sich ab 1997 Berichte über eine erhebliche Erhöhung der radiokativen Strahlung in Serbien. Ähnlich wie im Irak wurde beobachtet:

1. Die Zahl der Krebs-Erkrankungen und Leukämie verdreifachte sich.

2. Bei Kühen stellten sich Massenerkrankungen ein. Die Milchproduktion sank rapide und kam teilweise zum Stillstand. In anderen Fällen zeigte sich in der Milch ein so hoher Blutanteil, daß sie nicht zu verwenden war. Auch bei anderen Tieren fanden sich Mißgeburten – die Neugeborenen hatten keine Haut an den Füßen, keine Klauen oder Zunge.

3. In Bosnien bildeten sich Veränderungen in der Vegetation – auf den Schalen von Birnen, Äpfeln und Pflaumen zeigten sich längliche, rötliche Flecke, die sich progressiv ausweiteten und zur Austrocknung der Früchte führten. Die wenigen ausgereiften Früchte zeigten eine mißgebildete Form. Die Stämme und Zweige der Bäume wurden von einem seltsamen Moos befallen.

Es ist ganz offensichtlich: Im 2. Golfkrieg haben die USA nicht nur eine neue Weltordnung, die PAX AMERICANA, zu begründen versucht, sondern gefährliche Massenvernichtungswaffen vorgeführt, deren Einsatz mittelbare Folgen zeigten, die nicht kalkulierbar sind. Es gibt keine Anzeichen, daß DU-Munition aus dem Waffenarsenal entfernt wurde – wohl aber, daß die Zahl ihrer Opfer stetig zunimmt.

# Nachwort

Was bleibt mir festzustellen?

Als Teilnehmer des Zweiten Weltkrieges, der viele Verbrechen miterleben mußte und selbst Leidtragender war, bin ich mit wachsendem Mitgefühl den Verbrechen des 2. Golfkrieges und ihren Folgen nachgegangen. Dazu hat mich nicht zuletzt meine Freundschaft zu Albert Schweitzer und unsere gemeinsame Tätigkeit im Urwaldhospital in Lambaréné veranlaßt.

Seit Gründung des Gelben Kreuzes International bin ich im Rahmen humanitärer Aktionen in Spannungsgebieten tätig. Ich sehe nicht nur das Leid und die große Not vor Ort, sondern erlebe immer wieder, daß sie den Blicken der Weltöffentlichkeit entgehen, sobald Schlagzeilen nicht mehr vom Kriegesschauplatz berichten. Doch das Leiden und Sterben gehen unvermindert weiter.

Als Albert Schweitzer am 4. November 1954 den Friedensnobelpreis in Oslo entgegennahm, erklärte er: »Die Staatsmänner, die in den auf beide Kriege folgenden Verhandlungen die Welt gestalteten, hatten keine glückliche Hand. Sie gingen nicht darauf aus, Zustände zu schaffen, die die Möglichkeit einer einigermaßen gedeihlichen Zukunft in sich trugen, sondern waren vor allem damit beschäftigt, die Konsequenzen aus der Tatsache des Sieges zu ziehen und festzulegen.«

Schweitzers Kritik in einer Hoch-Zeit des Kalten Krieges traf zu. Sie gilt wohl auch für die 90er Jahre, nach dem Ende des 2. Golfkrieges. Er war damals der Überzeugung, daß Kriege weniger durch internationale Vereinbarungen oder Institutionen verhindert werden könnten, sondern allein durch eine sittlich bestimmte Haltung aller Verantwortlichen. Auch wenn die Realität Schweitzers Überzeugung als Illusion zu karikieren scheint – der Mensch entwickelt sich offenbar immer mehr zum Unmenschen – irrte er sich nicht. Und ich halte an seiner Auffassung fest. Deshalb werde ich nicht müde, auch an dieser Stelle an alle Menschen zu appellieren, Frieden zu halten und Hilfe dort zu leisten, wo sie gebraucht wird. Am Golf, in Afrika, in Lateinamerika. Und wenn das vorliegende Buch auch nur bei Ihnen nachhaltige Wirkung hervorgerufen haben sollte: Schon dann hat sich die Mühe gelohnt…

Literaturverzeichnis

A.F.P., London:
Soldaten geben Orden zurück. Tagesspiegel, Berlin, 19. Januar 1998, Nr. 16 224

Al Rafidain National.
Übersetzung aus dem Arabischen. Ein deutscher Wissenschaftler setzt den Punkt: Amerika hat Uranium-Waffen eingesetzt. Vol. 1997, S. 16

Al Rafidain National:
Übersetzung aus dem Arabischen: Prof. Günther: Schäden durch Uran-Munition. Al Rafidain National, Januar 1998, Seiten 16 f.

Altmann, Klaus: Irak:
Hohe Kindersterblichkeitsrate. Ärzte rätseln über Häufung einer mysteriösen Krankheit. Ärzte-Zeitung, Nr. 14, 10. März 1993, S. 28

Altmann, Klaus:
Munition aus angereichertem Uran: Lagerung auch in Deutschland. Ärzte-Zeitung, Nr. 0-10, 19./20. März 1993, S. 46

Allgemeiner Deutscher Nachrichtendienst (ADN):
Hunger und Krankheiten bedrohen irakische Kinder. In: Neues Deutschland, 1. März 1991

Allgemeiner Deutscher Nachrichtendienst (ADN):
Weitere Angriffe auf Kurden-Lager. In: Neues Deutschland, 9. August 1991

Arbuthnot, Fellcity:
Nightmare of physician in the butchery of Baghdad. In: Irish News, July 28th, 1992

ARD-Morgenmagazin – Köln:
Interview mit Prof. Günther: Nebenwirkungen der DU-Munition. ARD, 2. April 1998

Ärzte-Zeitung:
1.000 Schüler in Ex-Jugoslawien erkrankt. Ärzte-Zeitung, 5. Nov. 1996

Ärzte-Zeitung:
Amsterdam: Uran-Verseuchung sechs Jahre nach Flugzeugabsturz. Ärzte-Zeitung, 31. März 1998, Nr. 60, Seite 4

Ärzte-Zeitung:
Vögel sind so stark verseucht, daß sie als Atommüll gelten: Strahlende Tauben umkreisen Sellafield. Ärzte-Zeitung, April 1998, Nr. 64, 6. April 1998, Seite 4

Balkanpresse/jw:
Alternative Atommüllendlagerung: NATO-Munition mit abgereichertem Uran verstrahlt die Republik Srpska. Junge Welt, 7. Januar 1998, Nr. 5, Seite 9

Bellamy, Christopher:
»Arrow« that can stop a tank. In: Independend, November 10th, 1991

Berliner Zeitung:
Radioaktives Projektil beschlagnahmt. 21. Juli 1992

Berliner Zeitung:
Mißgeburten als Folge von Tschernobyl. 3. Mai 1995

BILD:
Jumbo-Absturz von Amsterdam. Neue Theorie: Glühendes Uran vergiftete die Menschen. 29. Januar 1997

BND – Bonn/Flensburg:
BND ist Giftgas-Labors im Irak auf der Spur. Flensburger Nachrichten, 19. Februar 1998, Nr. 42, Seite 1

Bossens, Ingolf:
Deutsche Beihilfe zur »höheren Form des Tötens«. Neues Deutschland, 28. Januar 1991

Bräundle-Falkensee, Helmut:
Humanitäre Hilfe für Kinder im Irak und Opfer des Golf-Krieges. In: ÖASG-Info 3/1991

Bräundle-Falkensee, Helmut:
Unser Mann im Irak: Hilfe für Flüchtlinge und Opfer des Golfkrieges. In: ÖASG-Journal 1/1997

Bund gegen Anpassung:
Interview mit Prof. Dr. Siegwart-Horst Günther. In: Ketzerbriefe, Oktober 1993

Cohen, Nick:
Radioactive waste left in Gulf by Allies. In: Independent, November 10th, 1991

Correa, Vereadora Lidia:
Dr. Gühnter denuncia envenenamento das criancas iraquianas vom projéteis de urânio. In: Hora do Povo, 20. September 1994

Deutsche Presse-Agentur (dpa):
Weitere Angriffe auf Kurdenlager. In: Neues Deutschland, 9. August 1991

Deutsches Rotes Kreuz (DRK):
Drei Millionen für Leukämiekranke in Minsk. In: Ärzte-Zeitung, 27. Juli 1992

Dietz, Leonard A.:
Uranium health hazard. In: Chemical & Engeneering News. Nr. 5, 4. Februar 1991

Dietz, Leonard A.:
Threat from depleted-Uranium shells. In: The Bulletin of the Atomic Scientists, Nr. 2, März 1991

Dietz, Leonard A.:
Some consequences of using depleted uranium metal. In: A talk presented at a public forum in Jonesborough, Tennessee, 12. November 1994

Dossier International Solidariteit:
Professor Günther Terug Uit Irak »Ik ben geschokt.« Dossier International Solidariteit,

23. Jahrgang, März 1998, Seite 10 bis 23
D.T.A., Den Haag:
Amsterdam: Uran-Schäden nach Flugzeugabsturz. Der Tagesspiegel, 31. März 1998, Seite 32
Flanders, Laura:
Mal de guerre. In: The Nation, 7. März 1994
Foelsche, Gudrun:
Humanitäre Hilfseinsätze für Opfer des Golfkrieges. In: Neue Nön/Mödlinger Nachrichten, 15. Juli 1992
Gradmann, Christoph:
Vor 80 Jahren erstmals Kampfgas eingesetzt: Geschichte des Losts ist ein Stück Medizinhistorie. In: Ärzte-Zeitung, 8. Juli 1997
Günther, Siegwart-Horst:
Erwärmte Herzen. In: Der Spiegel 36/1989
Günther, Siegwart-Horst:
Badearzt stellt Thermalwasser ein schlechtes Zeugnis aus. In: Südwest Presse, 5. September 1989
Günther, Siegwart-Horst / Herrmann, Rolf / Lohs, Karl-Heinz / Timm, Klaus:
Experten beim ND am Runden Tisch: Die Welt droht am Golf aus den Fugen zu geraten. – Hat der Frieden noch eine Chance? In: Neues Deutschland, 14. 1. 1991
Günther, Siegwart-Horst:
W Iraku umieraja nie tylko od kul. In: Gazeta Krakowska, 25. Januar 1991
Günther, Siegwart-Horst:
Die Waffen nieder: Beendet diese Qualen! In: Junge Welt, 13. Februar 1991
Günther, Siegwart-Horst:
Nein zum Krieg: Iraks Kinder dürfen nicht sterben! In: Neues Deutschland, 13. Februar 1991
Günther, Siegwart-Horst:
Nein zum Krieg. In: Neues Deutschland, 20. Februar 1991
Günther, Siegwart-Horst:
Bitten der Kinder: Hört auf! In: Neues Deutschland, 27. Februar 1991
Günther, Siegwart-Horst:
Das Sterben geht weiter: Cholera und Typhus wüten nun im Irak. In: Junge Welt, 21. März 1991
Günther, Siegwart-Horst:
Schluß damit. In: Frankfurter Rundschau, 6. Juni 1991
Günther, Siegwart-Horst:
Die Lage hat sich entspannt. In: Junge Welt, 4. Juli 1991
Günther, Siegwart-Horst:
Was können Iraks Kinder für Saddams Krieg? In: Thüringer Allgemeine, 3. August 1991

Günther, Siegwart-Horst: Das Embargo wirkt: Säuglinge im Irak sterben vor Hunger. In: Neues Deutschland, 7. August 1991

Günther, Siegwart-Horst: Elend grassiert in Bagdad: Im Irak starben 140.000 Kinder an den Kriegsfolgen. In: Junge Welt, 16. Oktober 1991

Günther, Siegwart-Horst: Wurden irakische Kinder Opfer von ABC-Kampfstoffen? In: Neues Deutschland, 28. Oktober 1991

Günther, Siegwart-Horst: Tragedia irackich dzieci. In: Dziennik Polski, 31. Oktober 1991

Günther, Siegwart-Horst: Kriegesleid dauert fort. In: Junge Welt, 2. Januar 1992

Günther, Siegwart-Horst: Die größten Verlierer des Golfkrieges sind die Kinder. In: Neues Deutschland, 6. Januar 1992

Günther, Siegwart-Horst: In 17 Monaten starben 140.000 Säuglinge und Kleinkinder. In: Neues Deutschland, 17. Januar 1992

Günther, Siegwart-Horst: Die meisten Opfer des Golfkrieges sind Kinder. SODI-Rundbrief 2/1992

Günther, Siegwart-Horst: Kampfstoffe töten Kinder Iraks. In: Neues Deutschland, 3. April 1992

Günther, Siegwart-Horst: Auf 10.000 Kinder Iraks wartet jeden Monat der Tod. In: Junge Welt, 8. April 1992

Günther, Siegwart-Horst: Uran-»Zigarren« bedrohen Iraks Kinder. In: Neues Deutschland, 16. Juli 1992

Günther, Siegwart-Horst: Das Leid der Kinder dauert fort. In: Junge Welt, 18. Juli 1992

Günther, Siegwart-Horst: Noch immer frißt der Golfkrieg Kinder. In: Neues Deutschland, 25. Juli 1992

Günther, Siegwart-Horst: Wo schwarzer Regen fällt, fehlt es nicht nur an Trinkwasser. In: Neues Deutschland, 4. August 1992

Günther, Siegwart-Horst: Die Kinder leiden am schlimmsten. In: Junge Welt, 1. Oktober 1992

Günther, Siegwart-Horst: Kinder im Irak – warum sterben sie? Öffentlicher Vortrag im Berliner Bildungswerk Kultur, 20. Oktober 1992

Günther, Siegwart-Horst: Mit dem Hilfskonvoi in ein Flüchtlingslager bei Mossul.

In: Neues Deutschland, 23. Dezember 1992
Günther, Siegwart-Horst: Wieder auf der Flucht. In: Junge Welt, 23. 12. 1992
Günther, Siegwart-Horst: Irak: Sterberate bei Kindern hat sich verdreifacht. In: Neues Deutschland, 20. Juli 1993
Günther, Siegwart-Horst: Iraq: Mortalité dramatiquement accrue. Coférence donnée dans le cadre du Symposium International á Baghdad, 7. Februar 1994
Günther, Siegwart-Horst: Pourquoi les enfants d'Iraq meurent-ils? Coférence donnée dans le cadre du Symposium International á Baghdad, 7. Februar 1994
Günther, Siegwart-Horst: Iraq: Mortality dramatically on the increase. In: Internet, 8. März 1994
Günther, Siegwart-Horst: Depleted uranium ammunitions used by Allied Forces during the Gulf War and their dangers. In: Internet, 18. April 1994
Günther, Siegwart-Horst: Nach deutscher Auffassung unterliegen humanitäre Hilfen einer politischen Entscheidung. In: Internet, 29. August 1994
Günther, Siegwart-Horst: Schon bei leichtem Gewitter fangen sie an zu zittern. In: Ärzte-Zeitung, 5. 9.1994
Günther, Siegwart-Horst: Iraks Kliniken erhalten nur 5 Prozent des Medizinbedarfs. In: Neues Deutschland, 8. September 1994
Günther, Siegwart-Horst: Iraq: High mortality rate and its reason. Vortrag World Congress, Colombo, 26. November 1994
Günther, Siegwart-Horst: Iraq: Children mortality dramatically increased. Vortrag auf dem Symposium in Bagdad, 10. Dezember 1994
Günther, Siegwart-Horst: Kinderkrebs durch Uran-Munition. In: Internet, 21. Dezember 1994
Günther, Siegwart-Horst: Zum Sterben zu viel, zum Leben zu wenig. In. SODI-Report 1/1995
Günther, Siegwart-Horst: The Kurdish people 1994: A depressing report. In: Internet, 11. Januar 1995
Günther, Siegwart-Horst: Depleted uranium ammunition used by Allied Forces against Iraq which results in increasing number of dying children. In: Internet, 4. Januar 1995

Günther, Siegwart-Horst:
Die Mütter können nur noch weinen: Zur Kindersterblichkeit im Irak. In: DAMID 2/1995
Günther, Siegwart-Horst:
4 Jahre nach dem Golfkrieg. Öffentlicher Vortrag in Berlin, 15. Februar 1995
Günther, Siegwart-Horst:
Vier Jahre nach dem Golfkrieg: Folgen für die Bevölkerung. In: Internet, 12.3.1995
Günther, Siegwart-Horst:
Kinderspielzeug mit tödlichen Folgen. In: Anti Atom Aktuell, 18. April 1995
Günther, Siegwart-Horst:
Silent witness of a war. Richard Mack GmbH Buch- und Offsetdruck 1995, (Mellrichstadt)
Günther, Siegwart-Horst:
On the effects of depleted uranium shells. In: International Conference, London, 19. August 1995
Günther, Siegwart-Horst:
Kinder sterben in den Kriegen, die Erwachsene führen. Öffentlicher Vortrag, Jena, 22. September 1995
Günther, Siegwart-Horst:
El uso de uranio rebajado durante la guerra contra Irak. Conferentia Internacional, Madrid, 1. Oktober 1995
Günther, Siegwart-Horst:
Radioaktive Verseuchung durch Uranmunition. In: Sleipnir, 6/1995
Günther, Siegwart-Horst:
Depleted Uranium: Dead children, sick soldiers. International Conference, Tripoli, 4. November 1995
Günther, Siegwart-Horst:
Side Effects of Depleted Uranium Ammunitions. In: Internet, 28. Dezember 1995
Günther, Siegwart-Horst:
Kein Blut für Öl. Öffentlicher Vortrag, Herne, 5. Febr. 1996
Günther, Siegwart-Horst:
Uranium Projectiles: Severly maimed soldiers, deformed babies, dying children. Ahriman Verlag Freiburg, 1996
Günther, Siegwart-Horst:
Die Uran-Zigarren. In: Internet, 13. April 1996
Günther, Siegwart-Horst:
The Gulf War Syndrome a parallel to Tchernobyl. Vortrag vor der UN, Palais des Nations, Genf, 16. April 1996
Günther, Siegwart-Horst:
Auch die Psyche der Kinder beachten. In SODI-Report 5/1996
Günther, Siegwart-Horst:
Spätfolgen des 2. Golfkrieges. Öffentlicher Vortrag, Frankfurt am Main, 2. November 1996
Günther, Siegwart-Horst:
Severe side-effects of the

uranium ammunition especially in children. Vor dem International Court, Madrid, 17. November 1996
Günther, Siegwart-Horst: The Gulf War Syndrom. Internationales Seminar in München, 23. November 1996
Günther, Siegwart-Horst: The causes of the high death rate in Irak. Internationales Seminar in München, 24. November 1996
Günther, Siegwart-Horst: USA.Uran-Geschosse im Golfkrieg. Öffentlicher Vortrag, Göttingen, 26. November 1996
Günther, Siegwart-Horst: Ächtet die D.U.-Munition. In: Jugend und Bildung in arabischen Ländern. DAF-Scripte 1/1997
Günther, Siegwart-Horst: Des armes radioactives utilisées contre l'Irak. Vortrag Brüssel, 30. Januar 1997
Günther, Siegwart-Horst: Radioactieve wapens ingezet tegen Irak. Vortrag Antwerpen, 31. Januar 1997
Günther, Siegwart-Horst: La guerre chemique et radioactive contre l'Irak. Centre International, Bruxelles, Januar 1997, Seite 3
Günther, Siegwart-Horst: Des armes radioactives contre l'Irak. Centre International, Bruxelles, Januar 1997, Seite 1
Günther, Siegwart-Horst: Angereichertes Uran – die Aussat des tödlichen Leidens. Ketzerbriefe 72, Mai 1997, S. 67
Günther, Siegwart-Horst: The situation in the Gulf region. TV-Interview, Remo Lombardo, Rom, 12. Mai 1997
Günther, Siegwart-Horst: Übersetzung aus dem Arabischen: Das Golfkriegssyndrom offenbart die Anwendung der Uran-Waffen. Al Ray, 12. August 1997, S. 1-3
Günther, Siegwart-Horst: Irak unter dem Embargo – das Sterben der KInder geht weiter. Vortrag, Übersee-Museum Bremen, 3. Dezember 1997
Günther, Siegwart-Horst: Depleted uranium – metal of dishonour. Lecture und TV-Interview, Washington D. C., USA, 14. Dezember 1997
Günther, Siegwart-Horst: Übersetzung aus dem Arabischen: Das Syndrom des Fluchs offenbart die Anwendung von Uranium-Waffen. Al-Jumhuriya, 17. Januar 1998, Nr. 1418, S. 4

Günther, Siegwart-Horst: Gulf War syndrome a parallel to Chernobyl. Vortrag/Internationaler Kongreß Bagdad, 19. Januar 1998

Günther, Siegwart-Horst: Übersetzung aus dem Arabischen: Das Golfkriegssyndrom durch Uran-Munition. Ath-Thawra, 22. Januar 1998, Nr. 9.425, Seite 4 f.

Günther, Siegwart-Horst: Übersetzung aus dem Arabischen: Es gibt kein menschliches Recht zum Aushungern der Menschheit: Ich verlange von den Vereinten Nationen, die Anwendung von Uran-Geschossen zu verbieten. Ath-Thawra, 22. Januar 1998, Nr. 9425, S. 3

Günther, Siegwart-Horst: Gulf War Syndrome – Parallel to Chernobyl. The Bagdad Observer, 25. Januar 1998, Nr. 8829, S. 3

Günther, Horst-Siegwart: Neue Waffen – Rüstung für die Neue Weltordnung: Der Golfkrieg 1991 – Urangeschosse und ihre Folgen. Vortrag, Ev. Akademie Mülheim a. d. Ruhr, 7. Februar 1998

Günther, Siegwart-Horst: Vor dem 3. Golfkrieg? Geschichte der Region und ihrer Konflikte. Buchvorstellung und Vortrag, Berlin, 24. Februar 1998

Günther, Siegwart-Horst: Medizinische Folgen militärischer Konfliktlösungen am Beispiel der Golfregion. Vortrag, Universität Leipzig, 11. März 1998

Günther, Siegwart-Horst: Die Folgen von Kriegen für die Bevölkerung am Beispiel des Golfkrieges. Vortrag Uni Leipzig, 12. März 1998

Günther, Siegwart-Horst: Albert Schweitzer und sein Hospital in Lambaréné. Öffentlicher Vortrag, Leipzig, 13. März 1998

Günther, Siegwart-Horst: Ik ben geschokt. Dossier Internationale Solidariteit, Nr. 142, März 1998, S. 10

Günther, Siegwart-Horst: Welche Folgen hat das Embargo gegen den Irak? Internet, 16. April 1998

Günther, Siegwart-Horst: Welche Folgen hat das Embargo gegen den Irak? Junge Welt, Berlin, 17. April 1998

Günther, Siegwart-Horst: Uranium Projectiles: After Zyklon B, a new German fight and mass destructive technology. Lecture, Athen, 25. April 1998

Günther, Siegwart-Horst:
Krieg – ein Verbrechen. Vortrag. Universität Leipzig, 7. Mai 1998

Hill, Chapel:
Kleine Strahlenmengen am Arbeitsplatz lassen die Blutkrebsrate ansteigen. In: Ärzte-Zeitung, 2. April 1991

Heilig, René:
Noch immer frißt der Golfkrieg Kinder: Die Hinterlassenschaft der US-»Donnerbolzen«. In: Neues Deutschland, 25. Juli 1992

Heilig, René:
Golfkriegs-Syndrom wird durchgereicht: GI klagen deutsche Firmen an, dem Irak Giftgas und ihnen Seuchen verschafft zu haben. In: Internet, 8. Januar 1995

Henderson, Amy:
Allies radioactive bullets sow death and agony for Iraqui children. In: Jordan Times, 4. May 1995

Henning, Ulrike:
Obdach und Brot. In: SODI-Rundbrief 5/1991

I.N.A.:
German figure denounces as unjust embargo on Iraq. The Baghdad Observer, 28. Januar 1998, Nr. 8.832, Seite 2

I.T.N./London:
Interview Dr. Günther: Side Effects DU-ammunition and cancer development. London 4. März 1998

Junge Welt:
Das Golfkriegs-Syndrom wird nun zum Politsyndrom, 9. Dezember 1996

Junge Welt:
Alternative Atommüllendlagerung. Berlin, 7. Januar 1998

Ketzerbriefe:
Interview mit Günther. Oktober 1993

Ketzerbriefe:
Verfolgung Prof. Günthers in Deutschland, Mai 1995

Ketzerbriefe:
Prof. Guenther arrested and maltreated. Juli 1995

Ketzerbriefe:
Prof. Günther aus der Haft entlassen. Dezember 1995

Krause, W.:
Golfkrieg verschlimmert die Leiden der Kurden. In: SODI-Rundbrief 4/1991

Lefkir-Laffitte, Naima er Laffitte, Roland:
Armes radioactives contre l'ennemi irakien. In: Le Monde Diplomatique, 22. April 1995

Life:
The tiny victims of desert storm. In Life: November 1995

Livingstone, Hugh:
The real nuclear threat in Iraq. In: The Arab Review, 3/1995

Mikhail, Dunya:
Enemy nuclear bullets behind unknown disease. In: The Baghdad Observer, 1. Juni 1992

Mikhail, Dunya:
Allies used highly radioactive bullets during aggression. In: The Baghdad Observer. 5. September 1992

Mikhail, Dunya:
German scientist reveals facts on American uranium sales. In: The Baghdad Observer, 3. November 1992

Mikhail, Dunya:
US used nuclear bullets against Iraq, says expert. In: The Baghdad Observer, 11. Oktober 1993

Mikhail, Dunya:
German experts to examine depleted uranium used against Iraq. In: The Baghdad Observer, 27. Juli 1994

Mikhail, Dunya:
German dignitary reports bad food situation in Iraq. In: The Bagdad Observer. 1. Januar 1995

Mikhail, Dunya:
The clean war lie. In: Internet, 1. Februar 1995

Mnich, Hans-Jürgen:
Golfkriegsmunition als Corpus delicti. In: Neues Deutschland, 27. Oktober 1992

Mnich, Hans-Jürgen:
New York Times bestätigt Enthüllung des ND: USA verschossen im Golfkrieg radioaktive Panzermunition. In: Neues Deutschland, 26. Februar 1993

Mnich, Hans-Jürgen:
Prof. Günthers Warnungen vor den radioaktiven Golfkriegs-Geschossen haben sich voll bestätigt. In. Neues Deutschland, 16. März 1994

Mossevelde, Pol Van:
Kinderen van Bagdad spelen met radioaktief oorlagsafval. In: Standaard, Brüssel, 2. Juni 1991

Müller, David:
Depleted Uranium: Dead children, sick soldiers. In: New Dawn, Januar 1996

Müller, Detlef:
Der Golfkrieg gegen den Irak war ein besonders schmutziger Krieg. In: Berliner Morgenpost, 5. November 1995

Müller-Münch, Ingrid:
Remscheid: Gesundheitsschäden nach Bomberabsturz »unzureichend« erforscht. In: Frankfurter Rundschau, 27. März 1992

Neues Deutschland:
Prof. Günther droht Strafe, weil er Uranmunition aus dem Golfkrieg untersuchen ließ. In: Neues Deutschland 14. Oktober 1994

Neues Deutschland:
Das Pentagon pokert um Tote und Kranke. In: Neues Deutschland 10. Dezember 1996

New Dawn:
Depleted uranium: Dead children, sick soldiers. In: Internet, 3. Februar 1996

Omran, Nadi:
Übersetzung aus dem Arabischen: Ein deutscher Arzt entlarvt die Aggressionen. Ath-Thawra, 19. Dezember 1997, Seite 1

Omran, Nadi:
Übersetzungen aus dem Arabischen: Amerika hat gegen den Irak verbotene Waffen eingesetzt ... und die deutsche Regierung ist aufgefordert, Entschädigungen zu zahlen. Ath-Thawra, 19. Dezember 1997, Seite 4

Olpp, Helmut:
Viel Ärger mit einem Badearzt. In: Alb-Neckar-Zeitung, 6. September 1989

Paust, Uwe:
Mit SODI-Hilfskonvoi 7000 km unterwegs. In: SODI-Rundbrief 8/1991

Pieczara, Izabela:
W Iraku umierajq nie tylko od kul. In: Gazeta Krakowska, 25. Januar 1991

Pierik, Perry:
Myterieuze, ziekte gesignaleert bij Iraalse kinderen. In: Forum, 6. November 1993

Pierrik, Perry
en Reijmerink, Marcel:
Race om nucleair superwapen in volle gange. In: Utrechts Nieuwsblad, 17. Januar 1996

Pierrik, Perry
en Reijmerink, Marcel:
Eeen Golfsyndroom in Bosnie? In. De Volkskrant, 24. Januar 1996

Pierrik, Perry
en Reijmerink, Marcel:
VS stoppen uraniumziekte soldaten in doofpot. In: Utrechts Nieuwsblad, 16. Februar 1996

Plisson, Michel:
Les coalisés ont itilisés des armes radioactives. In: Solidaire, 24. Juni 1995

Prinz, Wolfgang / Wolf, Winfried/
Schulz, Hans-Jürgen:
Händler des Todes. Isp-Verlag, Frankfurt/Main, März 1989

Seidel, Freimut:
Hilfe wird weiter gebraucht. In: DAMID-Pressedienst, Juni 1991

Seidel, Freimut:
Das Elend läßt sich nicht verstecken. In: SODI-Report, 1/1997

Seidel, Freimut:
Hilfe für die Kinder im Irak. in: antifa 3/1997

Sendler, Elena:
Was können Iraks Kinder für Saddams Krieg? In: Thüringer Allgemeine. 3. August 1991

Solnit, Rebecca:
Radioactive Battlefield of the 1990s. In: Military Toxics Projects. 16. Januar 1996

Spiegel:
Irak: Strahlen in der Wüste. Der Spiegel, 23. März 1998, Nr. 13, Seite 188 f.

Spiegel.
Sellafield: Fliegender Atommüll. Der Spiegel, 6. April 1998, Nr. 15, Seite 20

Schwellen, Michael:
Sieger sterben später. In: Die Zeit, 11. August 1995

Schwitter, Carmen:
Wegsehen hilft nicht. In: Berliner Linke Wochenzeitung, 23. August 1996

Stackl, Erhard:
Mysteriöse Todesfälle im Irak. In: Der Standard, 4. Dezember 1991

Stenger, Kurt:
Das strahlende Erbe des Mega-Videospiels Golfkrieg. In: Neues Deutschland, 27. April 1993

Stenger, Kurt:
Weltweit Aufsehen für »Morbus Günther«: US-Forscher bestätigen Entdeckung des Ex-Mitarbeiters von Albert Schweitzer im Irak. In: Neues Deutschland, 24. Februar 1995

Strahlentelex:
Kinderkrebs durch Uran-Munition. In: Strahlentelex Nr. 156/57, 1993, S. 6

Taha, Selma:
A Survey of a genetic clinic patients for chromosomal, genetic syndromes and congenital malformations as detected by clinical and chromosomal studies. In: Internet, 6. Januar 1995

Tenhagen, Herman-Josef:
Alliierter Atommüll auf dem Schlachtfeld. In: Die Tageszeitung, 17. Januar 1992

Thiedemann, Elviera:
Hat sich ein Arzt die Finger verbrannt? In: Mitten Drin, April 1996

van der Keur, Henk:
Antitankmunitie van de Navo is van giftig verarmd uranium. In: NRC Handelsblad, 17. Februar 1994

Vanden Bavière, Paul:
Iraaks Golfsndroom duikt nu ook op in ex-Joegoslavie.

In: De Standaard,
4. Februar 1997
Vancauwenberge, Luc:
Irak: Un embargo »selectif«?
In: Solidäre, 22. Mai 1996
Vancauwenberge, Luc:
Le Prof. Günther: Les Américains ont utilisé des armes à l'uranium contre l'Irak et en ex-Yougoslavie. In: Solidarité Internationale, April 1997
Walid, G. and Al-Tawil:
Increased occurrence of certain disease after 1991 military aggression in Iraq: Views of 400 medical consultants. In: Internet,
7. Januar 1995
Weiß, Wolfgang:
BND-Agent im Geschäft mit Iraks Giftgasindustrie. In: Neues Deutschland, 30. August 1990
Wiszniewska, Anna:
Tragedia irackich dzieci.
In: Dziennik Polski, 31. Dezember 1991
Wollenberger, Vera
und Matschie, Christoph:
Ein Krieg der westlichen gegen die arabische Welt.
In: Die Andere,
13. Februar 1991
Yaghi, E.:
Doctor investigates post-Gulf War illnesses.
In: The Star, 29. Juni 1995
Zaidi, Sarah und Smith-Fawzy, Mary C.:
Die Tragödie der irakischen Kinder – fünf Jahre nach dem Golfkrieg. In: DAF-Scripte Berlin, 1/1997

Zeittafel

*1. Vor dem Öl*

14000 v. u. Z.
Der »Golf« als arides (?) Tal

7000 v. u. Z.
Beginn des Ackerbaus am Golf

5000 v. u. Z.
Klimaoptimum: Siedlungen in Südmesopotamien und Chusistan. Mesopotamische Seefahrer im Golf

3500 v. u. Z.
Golfstaaten mit Städten und Dörfern. Sumerer und Elamer

3000 v. u. Z.
Tempel und Paläste. Schrift. Fernhandel bis nach Maskat

2500 v. u. Z
Die Induszivilisation und ihre Seefahrer im Golf. Magan und Meluchcha. Indien.

2400-2200 v. u. Z
Akkad-Dynastie. Dilmun-Kultur

2100-1900 v. u. Z
Neusumerische Zeit

2000-1800 v. u. Z
Klimaschwankungen

1800 v. u. Z
Westsemitische und churritische Invasionen in Mesopotamien. Untergang der Induszivilisation und der Städte in Turkmenien. Ende der XII. Dynastie Ägyptens. Hyksos

1700-1530 v. u. Z
Amoriter Könige in Mesopotamien. Hammurabi. Hethiter

1400-900 v. u. Z
Schwere Klimaschwankung. Aramäerwanderung. Mittelassyrisches Reich. Kassiten in Zentral- und Südmesopotamien. Elamer in Südiran
Neubabylonisches Reich

539 v. u. Z
Perser in Mesopotamien und Arabien

550-330 v. u. Z
Achämeniden

210 v. u. Z -224/6 Neuzeit
Parther. Kuschanen

224/6-651
Sasaniden

635-655
Arabisch-islamische Expansion. Arabische und persische Segler nach China, Indien und Afrika

680
Tod Husseins bei Kerbela. Trennung des Islam in die sunnitische Orthodoxie und die Schiat Ali

747/750-1250
Abbasiden. Entwicklung der Bazargesellschaft im Transithandel

868-882
Zandsch-Rebellion im Südirak

9.-12. Jahrhundert
Qarmatenstaat.
Ibaditen in Oman

11.-17. Jahrhundert
Emirat von Kisch.
Italienische Seestaaten

13. Jahrhundert
Hormuz Vormacht im Golf

1258-1354
Die Mongolen im Iran und Irak.
Die Il-Chane

1292-1330
Mongolenherrschaft am Golf

1335-1350
Der »Schwarze Tod«

1370-1405
Timur besetzt Iran und Irak

1403-1423
Chinesische Flotten am Golf und in den Häfen Indiens, Arabiens und Ostafrikas

1290/1300-1925
Osmanen

1451-1481
Sultan Mehmed II .

1500-1736
Safawidenschahs in Iran

1500
Die Portugiesen erreichen Indien

1507-1650
Die Portugiesen im Golf

1512-1520
Sultan Selim I
Sultan Sulayman I. Die Türken erobern Syrien, Libanon und Ägypten und kontrollieren den Transithandel der Levante.
Indische Seefahrer im Golf

1526-1859
Moghuldynastie in Indien

1534
Die Türken in Iran

1591
Die Türken besetzen al-Hasa

1527-1650
Portugiesen in Maskat

16.-17. Jahrhundert
Die Silberkrise

1583
Die ersten britischen Seefahrer im Golf

1600
Gründung der English East India Company

1602
Gründung der »Vereenigte Oost-Indische Compagnie« . Kombinierte Land-Seestaaten

1616-1617
Schahinschah Abbas I. gibt Firman für freien Handel im Iran an die English East India Company

1624
Imam Nazir b. Murschid al-Ja'ariba in Oman. Eroberung der Küstenzone Maskats

1650
Maskat besetzt. Bildung des Seereiches Maskat

17.-18. Jahrhundert
Maskats Flotten vor Indien und Ostafrika. Okkupation Bahrains und der Häfen Ostafrikas. Das Qawasim-Seereich im Golf und in der Arabischen See. Anaizeh-Invasion in Syrien und Nordarabien

1710
Utub-Nomaden besetzen Kuwait

1750
Die Scheichs aus der Sabah-Familie in Kuwait an der Macht. Al-Khalifa in Bahrain

1757
Schlacht bei Plassey

1760
Bildung des Wahhabiten-Emirats in Nedschd

1775-1779
Perser in Basra

1775
Vertreter der English East India Company in Kuwait

Spätes 18. Jahrhundert
Britische Okkupation Indiens. »Direkte Linie« von Indien nach London via Basra und Aleppo. Napoleon bedroht das britische Imperium im Nahen Osten

1805-1819
Britische Angriffe auf die Scheichtümer im Golf

1820
Generalvertrag mit den Scheichs

1829
Maskat besetzt Dhofar und Häfen Ostafrikas. Sansibar als neues Zentrum des Reiches

1843
Neue Verträge mit den Scheichs

1854-1855
Britische und französische Truppen verteidigen dieTürkei gegen Rußland

1856
Trennung von Sansibar und Maskat

1857
Die britische Regierung übernimmt die Verwaltung Indiens

1859-1869
Bau des Suezkanals

1869-1871
Osmanische Wiederbesetzung von Qatar, al-Hasa und Kuwait

1871-1956
Die britische Regierung bezahlt den Sultan von Maskat

1877-1878
Russisch-Türkischer Krieg. Der Sultan verliert viele Provinzen. England besetzt Zypern

1881-1882
England besetzt Ägypten und kontrolliert den Suezkanal

1888
Die Türkei verbündet sich mit Deutschland. Bau der »Bagdad-Bahn«. Britisch-deutscher Gegensatz über die »direkte Linie«.

1891-1901
Wahhabiten-Emir im Exil in Kuwait . Die Schammar herrschen in den Steppen

1896
Britisch angeregter Staatsstreich in Kuwait. Mubarak kommt zur Macht. Vertrag mit Großbritannien. Ende der türkischen Herrschaft

1904
Erster politischer Agent Knox in Kuwait

1797-1925
Qadscharendynastie im Iran

1804-1813
Erster Persisch-Russischer Krieg

1826-1828
Zweiter Persisch-Russischer Krieg

1809 und 1841
Anglo-Persische Verträge

1848-1896
Nadir Schah verkauft Irans Reichtümer

1856
Britisch politischer Agent in Buschihr

1872
Reuter-Konzession

1890
Das Staatsmonopol für Tabak verkauft. Streiks erzwingen Rückkauf

1896
Nadir Schah erschossen. Muzaffar ad-Din wird Schah

1900
Der Schah akzeptiert für eine Anleihe die Anwesenheit russischer Truppen in Nordiran

1901
d'Arcy's Konzession für die Petroleumsuche in Iran

1905-1907
Konstitutionalistische Revolution im Iran

1907
Erste Verfassung Irans. Anglo-Russischer Vertrag teilt Iran in zwei Interessensphäen. Coup d'état. Parlament aufgelöst.Massaker. Bachtijaren marschieren nach Teheran, der Schah im Exil

1911
Intervention und Restauration der Schahmacht

1914-1918
Der 1. Weltkrieg. Deutsch-österreichisch-türkische Koalition geschlagen. Untergang des Sultanats . Großbritannien und Frankreich teilen sich die asiatisch-arabischen Provinzen als Mandate. Jüdische Heimstatt in Palästina

1917-1921
Scheich Salim von Kuwait muß sich britischer Herrschaft unterwerfen

1919-1921
Emir von Saudi-Arabien besetzt Arabien

1922
Kuwaits Grenzen von Briten zugunsten der saudischen Dynastie festgelegt

1925
Der Kosak Reza Chan zwingt Iran unter seine Macht als Reza Shah (bis 1941)

*2. Petroleum – die neue internationale Macht*

a) Beginn der Ölzeit

vor 1860
Handwerkstechnik für Ölförderung. Technische Revolution in den USA

1860
Steigerung der Förderung und des Ölexport während des amerikanischen Bürgerkriegs

1863-1865
Erste Pipeline für Öl

1871
»Oil exchange« als Börse in den USA

1870
John D. Rockefeller (1839-1937) gründet die erste internationale Ölkompanie »Standard Oil«. Apscheron-öl in Aserbaidschan. Ludwig Nobel »Petroleumkönig von Baku«

1878
Nobel erfindet Tanker für die Kaspi-See

1880-1902
Edisons Elektrolampe verdrängt Kerosin als Leuchtmittel

1885
Tanker auf dem Atlantik. Rothschild steigt in das Geschäft mit kaukasischem Öl ein. »Caspian and Black Sea Petroleum Company«. Internationaler Preiskrieg für Öl

1892
Marcus Samuel organisiert den Markt »East of Suez«. Royal Dutch exportiert Sumatra-Öl. Samuel kauft »Shell Transport and Trading Company«. Mellon Bank organisiert »Gulf Oil Cooperation« und Texaco. Antimonopolistische Gesetze in Ohio, Kansas, and Texas. »Standard Oil« in regionale Zweige geteilt

1900
Automobil – der neue Markt für Kerosin. Iran verkauft Konzession an d'Arcy

1901
Deterding-Samuel-Vertrag über Sumatra-Öl

1902
Erste Bohrungen in Chusistan

1904
Beginn der russischen Revolution in Baku

1908
Erste Ölfunde in Persien

1909
Anglo-Persian Oil Company mit Abadan als britischer Basis am Golf

1910-1914
Preiskrieg zwischen Royal Dutch/Shell und Standard Oil

1911
Churchill und Fisher organisieren Öl für die britische Flotte

1912
Deterding kauft Rotshschilds Baku-Aktien

28.4.1914
Turkish Petroleum Company. Gulbenkian tritt auf

20.5.1915
Anglo-Persian Company bankrott. Die britische Flotte und die englische Regierung übernehmen die Mehrheit der APOC

b) 1. Weltkrieg durch Erdöl gewonnen

1914-1918
1. Weltkrieg

1914
British Petroleum, früher Deutsche Bank, fällt an APOC. Amerikanischer Ölboom von der Regierung gefördert.
Ölexport aus Mexico

1916
Rumänien tritt in den Krieg ein. Deutsche Ölversorgung blokkiert. Brunnen vor Besetzung zerstört

1918-1919
Deutsche versuchen das Baku-Öl zu gewinnen

11.11.1918
Kapitulation Deutschlands

1920
»American Eastern and General Syndicate«. »Allied Supreme Council« verteilt die »Turkish Petrol Company«. Großbritannien okkupiert den Liwa Mosul. Deutscher Aktienanteil an TPC fällt an die Compagnie Francais des Petroles = CFP. »Shell« = IPC. IPC in Mesopotamien. Die USA verlangen freien Zugang zum Nahost-Öl

1925
Amerikanisch-britisches Abkommen von Gulbenkian abgelehnt. Holmes erhält Ölkonzession für Bahrain und eine Option für al-Hasa. Mexico, Venezuela und Baku bringen Öl auf den Weltmarkt

1927
Holmes verkauft seine Konzession an Gulf Oil

1928
Baba Gurgur Brunnen lassen die Kompanien Gulbenkians Forderungen akzeptieren. Amerikanische »East Development Company« (IPC) mit 25 Prozent bei »Red Line Agreement«. Ausbeutung des Nahost-Öls nur durch Mitglieder der Gruppe (mit Ausnahme Kuwaits und Irans).
Konferenz von Achnacarry »As-is-Agreement«

1929-1933
Überproduktion in den USA senkt Preise

1931
Iranische Regierung kündigt Konzessionen. Mexico nationalisiert Öl. Amerikanisches Embargo

1931-1932
Philby bringt Bohrtrupps nach Saudi-Arabien. Beginn der Verhandlungen über Konzessionen in al-Hasa

1933
SOCAL-Vertrag mit Ibn Saud. Kuwait Oil Company mit 50:50 Prozent Verteilung. CASOC arbeit auf Bahrain. James Forrestal bildet CALTEX (SOCAL plus TEXACO), um in Kuwait zu arbeiten

1938
Reiche Ölquellen in Kuwait und Damman.Standard Oil of Indiana fand Öl nahe Kharg off-shore, Beginn der Bohrungen of 1958

1950-1968
Energiekrisis in den USA. Hohe Zölle und Preiskontrolle entwickeln die amerikanische Industrie und sichern die Preise. Ölverbrauch in Europa and Japan steigt rasch an

1957
»Unabhängige« in Libyen

1958
Venezuela fordert höhere Anteile. Frankreich exportiert Öl aus der Sahara. Aufstieg der Ölindustrie in der UdSSR. Shell geht nach Oman

1961
Unabhängigkeit Kuwaits. Die USA dominieren den Golf

1962
Ahmad Zaki Yamani wird Ölminister Saudi-Arabiens

1965
Aufstand in Dhofar

6.6.1967
Fünf arabische Ölminister blockieren Ölexport während des Sechstagekriegs

1968
Die Emirate an der »Trucial Coast« worden Ölstaaten

1969
Föderation der Emire. Qatar und Bahrain unabhängig. Sieben Scheichtümer bilden die »United Arab Emirates' Federation«

31.8.-1.9.1969
Mu'ammar al-Qaddafi kämpft sich in Libyen an dieMacht

1969-1975
Kompanien investieren in Nordsee-Öl

1970
Britischer Staatsstreich in Maskat macht Qabus zum Sultan

1970-1973
OPEC verdoppelt Preise

1971
Die UAE international anerkannt. England räumt seine Gebiete »East of Suez«

1964
Petroleum Development Oman Ltd .

1972-1974
Preiskrieg innerhalb der OPEC. Saudis für niedrige Preise, die anderen für hohe. »Goldene Zeit der OPEC«. Einkommen versechsfacht. Saudi-Arabien übernimmt ARAMCO zu 100%.

1973
Iran unterstützt Sultan Qabus. Nixon hebt alle Begrenzungen auf. Sadats Krieg mit Israel zur Vorbereitung von »Camp David«1973. Die OPEC fordert in Wien 100 Prozent und 3 Dollars je Barrel. Die OPEC verlangt in Kuwait 70 Prozent und 5,11 Dollars bd.
Watergate. Inflation und Rezession

1975
König Faisal erschossen.
Sein Nachfolger Khaled überläßt Kronprinz Fahd die reale Macht.
Kuwait hebt Konzessionen auf

1976
Royal Dutch controlliert 80 Prozent der britischen Anteile in der Nordsee

1977
Fahd fordert Präsident Carter auf, Iran und Venezuela zu Preissenkungen zu bewegen.

1977-1978
Carter: »Iran island of stability«

1978
»Goldene Zeit der OPEC« endet mit einer Krise im Kartell. Kuwaitis, Saudis and Amerikaner für niedrige Preise durch Überproduktion. TAPS Alaska-Leitung nimmt Arbeit auf

1979
Iranische Revolution.
Fall der Ölpreise

1980-1988
Krieg zwischen Iran und Irak. Amerikaner erhalten Basen in Oman

27.5.1981
Arab Gulf Cooperation Council

1983
Islamistische Bewegung in Kuwait

1986
Ölpreistief

c) Japan und das Erdöl

1934
Japan: Petroleum Industrie-Gesetz. Synthetikölindustrie Gesetz

1938
Die USA verbieten Verkauf von Flugzeugen an Japan, liefern aber weiter Waffen, Öl und anderer Produkte

1940
»National Defence Act« beschränkt Exporte nach Japan. Kompanien verkaufen fünfmal mehr Gasoline an Japan als 1939.

Juli 1941
Japan fällt in Indochina ein. Ölembargo

7.12.1941
Pearl Harbour

1942-1945
Japan okkupiert Indonesien. Ölfelder repariert. Amerikanischer U-Bootkrieg gegen Konvoys. Kamikaze. Mangel an Treibstoff

6. und. 9.8.1945
Atombomben auf Hiroshima und Nagasaki

d) Hitlers Krieg und Erdöl

1913
Friedrich Bergius-Verfahren (synthetische Ölherstellung)

1920
Fischer-Tropsch-Verfahren

1929
Vertrag IG-Farben mit Standard Oil of New Jersey

1932
Abkommen IG Farben mit Hitler

1936
Hydrogenisierungsprogramm

1939
14 Fabriken für Ölsynthese in Deutschland

1941
Krieg gegen die UdSSR. Offensive gegen Baku scheitert

1941-1943
Großbritannien in ernsten Problemen durch deutschen U-Bootkrieg, der die amerikanischen Öltransporte bedroht

1941-1944
Afrika-Korps scheitert aus Mangel an Benzin

1943
Die 6. Armee in Stalingrad kapituliert in Stalingrad – Wende des Krieges. Die deutschen U-Boote werden abgeschlagen. Der alliierte Bombenkrieg wird nicht gegen die Werke für synthetisches Kerosin geführt

März 1944
Erst zur Vorbereitung der Invasion in Frankreich Zerstörung der Treibstoffwerke. Die deutsche Ölproduktion fällt auf 1000 Tonnen im Monat

8.5.1945
Bedingungslose Kapitulation Hitlerdeutschlands

*3. Die USA dringen an den Golf vor*

1940
Produktion im Golfgebiet weniger als 5 Prozent der Weltproduktion, in den USA 63 Prozent. Die USA wollen »exterritorial oil« sichern

1943
Lend and Lease schließt Saudi-Arabien ein

1944
American-Arabian Oil Company = ARAMCO, 51 Prozent an US-Regierung. Anglo-Amerikanisches Petroleumabkommen gibt den USA den Weg frei

1945
Neue Entdeckungen von Öl in Kanada und den USA

1947
USA stellen Export von Öl ein, importieren es. ARAMCO Abkommen mit SOCAL und TEXACO. Truman Doktrin: Naher Osten »sphere of influence« der USA. Schah gibt AIC Zwanzigjahrkonzession, SOCONY und New Jersey beteiligt.
Marshall-Plan verdrängt europäische Kohle, fördert Ölimporte nach Europa. »Second Manhattan project for Hydrogenization« in den USA

1950
TAP nach Sidon fertiggestellt. Off-shore-Bohrungen im Golf. Saudis erreichen 50:50 Prozent Beteiligung.
Der Schah verlangt höhere Anteile. Die USA bieten 51 Prozent des Profits. Das iranische Parlament lehnt ab. Ölkrise. Mossadagh wird Premierminister

1.5.1951
Nationalisierungsgesetz vom Schah unterzeichnet. Großbritannien setzt Militär ein. Die USA wollen im Kompromiß mit Iran über ein »Konsortium« einsteigen. Embargo. Mossadegh bietet Abadan der Royal Dutch an

1952
Iran zwei Jahre lang blockiert. Schah setzt Mossadegh ab

1953
Die CIA bereitet mit General Zahedi Staatsstreich vor. Die USA-Herrschaft am Golf beginnt. CENTO = Bagdad Pakt. Iran wird gegen UdSSR aufgerüstet

29.10.1954
AIC bilden Konsortium mit ARAMCO, Gulf Oil, Shell, CFP und IRICON. Partner »National Iranian Oil Company«

1955
Zwei Drittel der Öltransporte durch den Suezkanal

Oktober 1956
Suez-Krise. Kanal und TAP geschlossen . Die UdSSR und die USA erzwingen Abzug der Invasoren. Energiekrise in Westeuropa

1957
Japan baut Supertanker. Die USA bauen Saudi-Arabien zum Gegengewicht gegen Ägypten auf

1972
Der amerikanische Anteil an der Ölförderung sinkt auf 22 Prozent im Vergleich zu 1948. Die Nahostförderung auf das Achtzehnfache gestiegen. »Azienda Generali Italiana Petroli« sucht Öl im Iran. Japan kauft Offshore-Konzession der »Neutralen Zone«

*4. Irak bis1990*

1958-1963
Regierung Abd ul-Karim Qasems

Oktober 1959
Attentat Saddam Husseins auf Qasem

Februar 1963
Baath Staatsstreich, Tausende ermordet

November 1963
Abd us-Salem Aref übernimmt die Macht. Nationalisierung der Banken,Versicherungen und vieler Betriebe

13.4.1964
Aref bei Hubschrauberunglück getötet. Nachfolger Abd ur Rahman Aref. Geheimkontakte in Beirut zwischen Hasan al-Bakr, Michel Aflaq, Saddam Hussein und den Botschaften der USA und Englands

17.7.1968
2. Staatsstreich der Baath. Ahmad Hasan al-Bakr Präsident. Saddam Hussein Chef des Geheimdienstes

1972
Irakisch-Sowjetischer Freundschaftsvertrag. Nationalisierung der IPC

1972-1975
Royalties von 75 Mill. Dollars auf 8 Bill. Dollars angestiegen. Panarabischer Machtanspruch. Gnadenlose Unterdrückung der Opposition. Bewaffneter Widerstand der Kurden mit Unterstützung der USA, Israels und des Iran. Widerstand in Schiitenzentren. Geheimbund ad-Da'wa = »Islamischer Ruf«

1975
Algier-Abkommen zwischen dem Schah und Saddam Hussein. Kurden müssen kapitulieren. Iranisch-irakische Grenze im Schatt al-Arab

1979
Irakische Schiitenführer begrüßen islamische Revolution im Iran Unruhen in Nedschef und Kerbala blutig unterdrückt. Saddam Hussein für massiven Terror; al-Bakr lehnt ab und muß zurücktreten

5. und 12.8.1980
Saddam Hussein in Amman und Riad

22.9.1980
Saddam Hussein greift Iran an

*5. Die islamische Revolution in Iran*

1959
Schah Muhammad Reza verkündet Agrarreform. Konflikte mit der Geistlichkeit

1963
Demonstrationen für den Klerus zerschlagen. Chomeini Nationalheld

1964
Dekret des Schahs gibt allen USA-Bürgern diplomatische Immunität Chomeini in die Türkei verbannt, geht nach Nedschef

1970
Studentendemonstrationen in Teheran gegen Fahrpreiserhöhungen. Hungersnot in Balutschistan und Fars

1975
Algier-Abkommen zwischen dem Schah und dem Irak. Kapitulation der Kurden . »Liberalisierung« provoziert offene Opposition. Polizei reißt Slums in Zentralteheran ein. Chomeini ruft zum Widerstand

7.1.1978
Minister Humayun greift Chomeini in der Presse an

9.1.1978
Bazaris and Students rebellieren in Qom

1972
Demonstrationen, die grausam unterdrückt werden

1978
Regierung senkt Arbeitslöhne. 400.000 Arbeitslose. Streiks und Demonstrationen. Rex Cinema-Zwischenfall: 410 Personen verbrannt. Pseudoreformen

7.-16.8.1978
Eine halbe Million Demonstranten in Teheran. Kriegsrecht für sechs Monate. »Schwarzer

Freitag« auf dem Jaleh-Platz. Straßenkämpfe in Teheran. Chusistan streikt. Chomeini nach Paris geschickt. Neue Phase der Propaganda für Generalstreik

1.11.1978
Großdemonstrationen in Teheran

4.11.1978
Massaker in den Straßen Teherans. US-Präsident Carter bestimmt den Schah, eine Militärregierung einzusetzen

6.11.1978
Militäregierung, Kriegsrecht in Chusistan. Chomeini: Kooperation mit der Regierung ist Verrat

21.11.1978
Massaker in der Imam Ali-Moschee. General Azhari befiehlt nächtliche Ausgangssperre. 700 Erschossene. Chomeini ruft Soldaten zur Desertion auf

15.12.1978
Demonstrationen in 55 Städten. Schapur Bachtijar wird Premierminister. Iran verläßt die CENTO und löst Savak auf. Der Schah versucht einen Militärputsch vorzubereiten

Januar 1979
Chomeini fordert Bildung eines Rates der Islamischen Revolution

3.1.1979
Robert Huyser in Teheran. Carter tauscht Botschaften mit Chomeini aus und droht ihm mit einem Militärputsch

10.1.1979
Huyser fordert iranische Generäle auf, den Schah abzusetzen. Huyser trifft Beheschti and Bazargan

16.1.1979
Der Schah flieht nach Assuan

24.-26.1.1979
Kaiserliche Garde besetzt Flughafen Teherans

31.1.1979
Chomeini fliegt nach Teheran

1.2.1979
Chomeini wird von 3 Millionen Menschen empfangen

5.2.1979
Bazargan bildet Provisorische Regierung. Massenflucht. Bachtijar geht nach Bagdad. Reale Macht liegt bei Chomeini und dem IRC. Terror gegen jede Opposition

August 1979
Konzeption des Vilayat-e Faqih wird in neue Verfassung Irans gesetzt. Frühere Kaiserliche Garde wird gegen aufständische Kurden geschickt

22.9.1979
Irak wird gegen Iran mobilisiert
Der Krieg der acht Jahre

22.10.1979
Der Schah in den USA

4.11.1979
USA-Botschaft gestürmt

6.11.1979
Bazargan trit zurück. Ali Yazdi entlassen. Bani Sadr wird Außenministe . Carter friert iranische Guthaben ein und bricht die diplomatischen Beziehungen ab. Neue iranische Verfassung verkündet

2.2.1980
Präsident Bani Sadr

10.6.1980
Bani Sadr als CIA-Agent abgesetzt, soll verhaftet werden, flieht nach Paris. Muhammad Ali Rajai wird Präsident, Muhammad Bahonar Premierminister. Terror der Mujahedin-e Khalq. Mitglieder des Präsidentenrates ermordet

30.8.1980
Rajai and Bahonar ermordet. Präsidentschaftsrat besteht nun aus Rafsanjani, Ali Khamene und Ardabili

Februar 1982
Zentralkomitee der Muhajedin-e Khalq vernichtet

20.4.1982
Schariatmadari abgesetzt

15.9.1982
Qutbzadeh und eine Reihe Offiziere als Verschwörer erschossen

Februar 1983
Tudeh verboten. Dutzende Mitglieder ermordet

8.4.1987
Chomeini appelliert an die Armen gegen einen »Islam der Kapitalisten« und gegen den »Wächterrat« für einen »Rat der Ordnung«. Rafsanjani wird Oberkommandierender

3.6.1989
Imam Chomeini stirbt. Nachfolger wird Ali Khamenei

7.7.1989
Rafsanjani wird Präsident des Iran

Durch einen Bombenangriff zerstörte Wohnhäuser im Armenviertel von Mossul. Aufnahme: September 1991

Ruinen eines Wohnviertels in Kerbela.
Aufnahme vom September 1991

In der Nähe von Basra findet Prof. Günther auch noch 1996 Munition auf freiem Feld. (Dreharbeiten für die ZDF-Dokumentation »Tod in der Wüste«)

Uranmunition (DU), gefunden im April 1991 an der Straße Bagdad-Amman

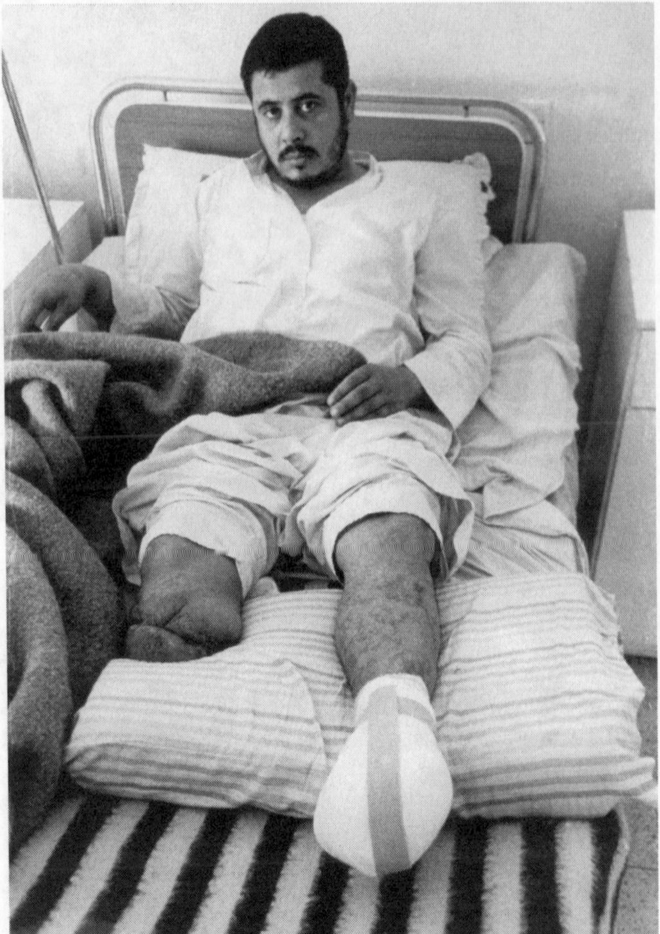

Irakischer Panzerfahrer,
Hospital Basra, Ende 1991

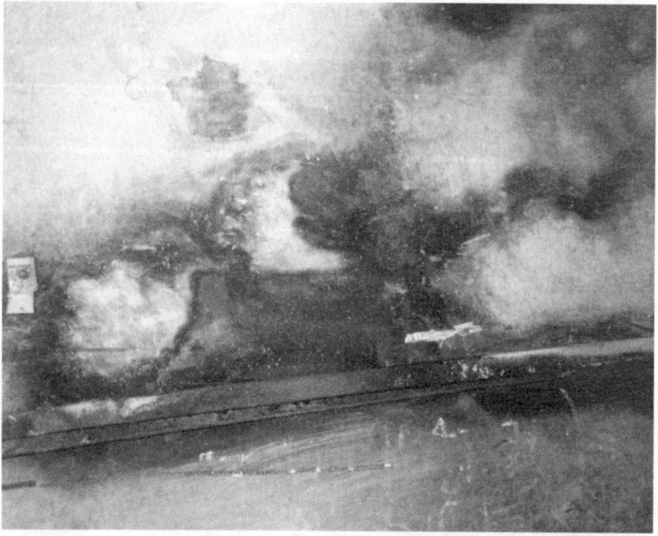

Bunker in Bagdad nach dem Angriff der Alliierten 1991.
Die extreme Hitze hat die Umrisse einer Mutter, die sich schützend über ihr Kind beugt, in die Wand gebrannt

Bunker in Bagdad 1991

Verdorrter Palmenhain bei Basra, 1992

Basra 1991: Mit Tankfahrzeugen
muß Trinkwasser in die Stadt gebracht werden,
weil die Brunnen vergiftet sind

In einem Kinderdorf bei Basra 1995,
Übergabe von Hilfsgütern

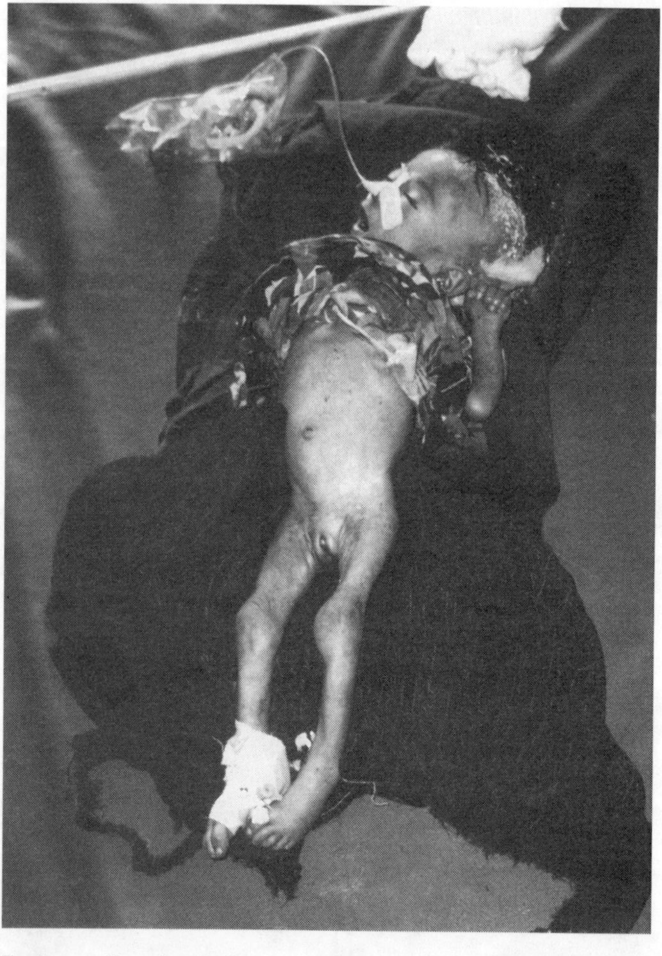

Typhus – Hospital in Bagdad, 1994

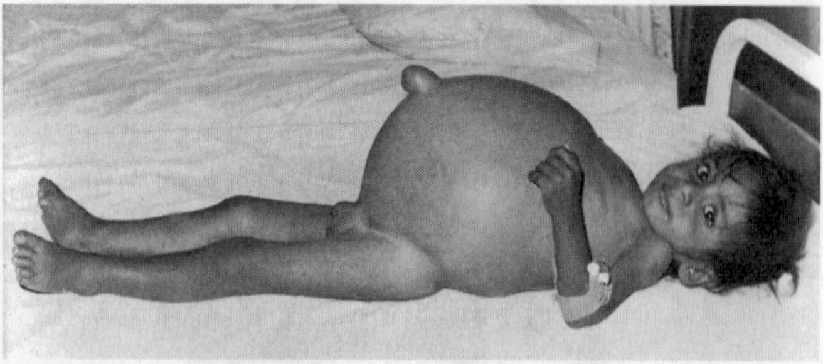

Nieren- und Leberschäden nach dem Spielen mit DU-Geschossen im Hospital in Bagdad, 1992

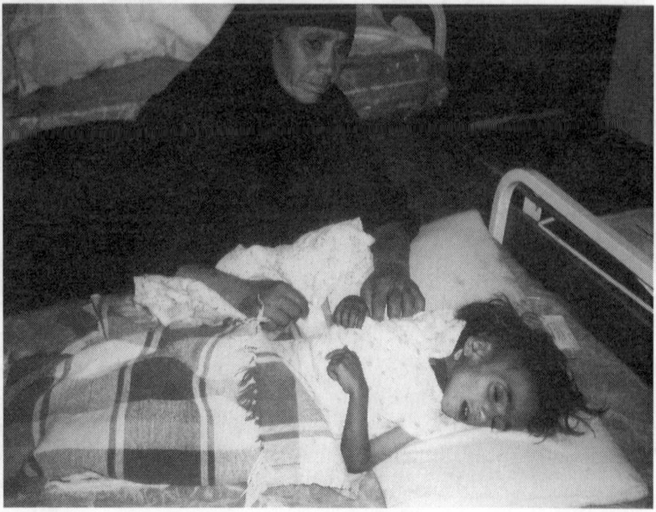

Cholera – Hospital in Basra, 1992

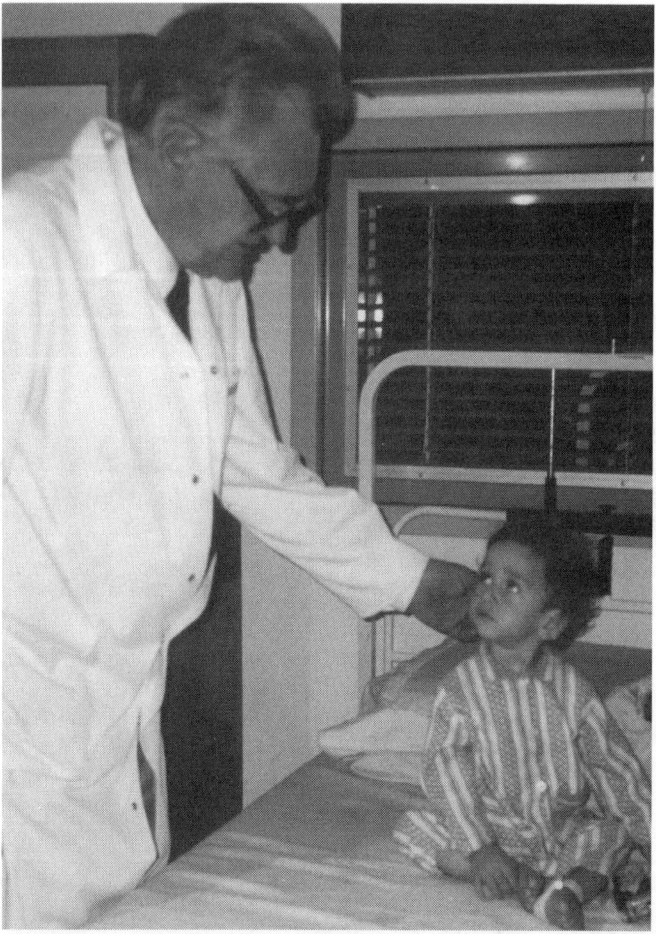

Leukämie,
Hospital in Bagdad, 1993

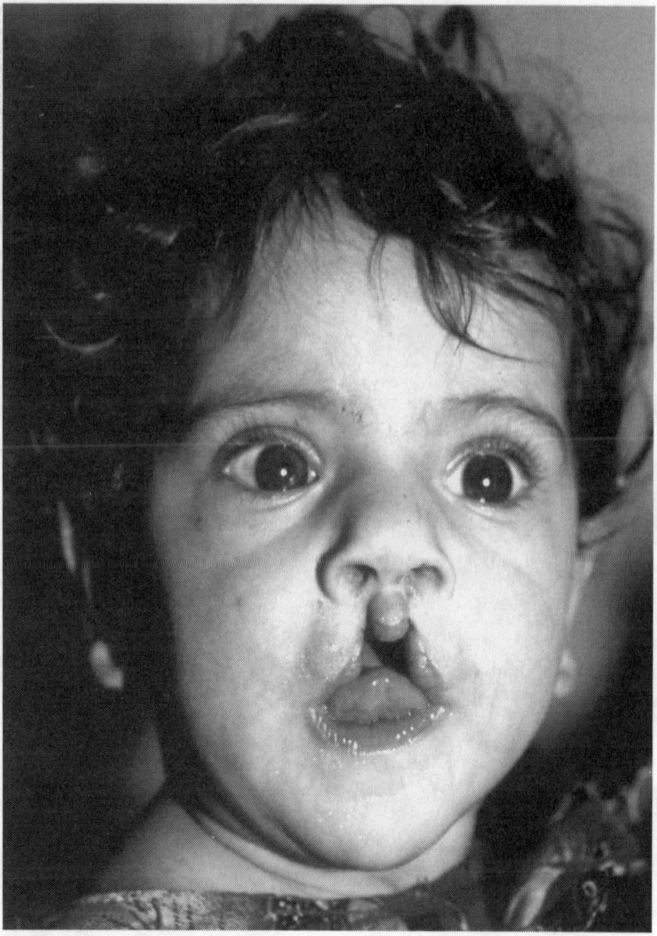

Spaltbildung,
Hospital in Bagdad, 1994

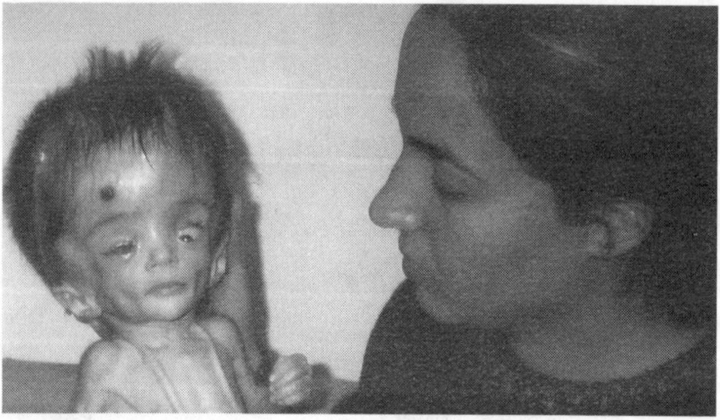

Wasserkopf,
Hospital in Bagdad, 1994

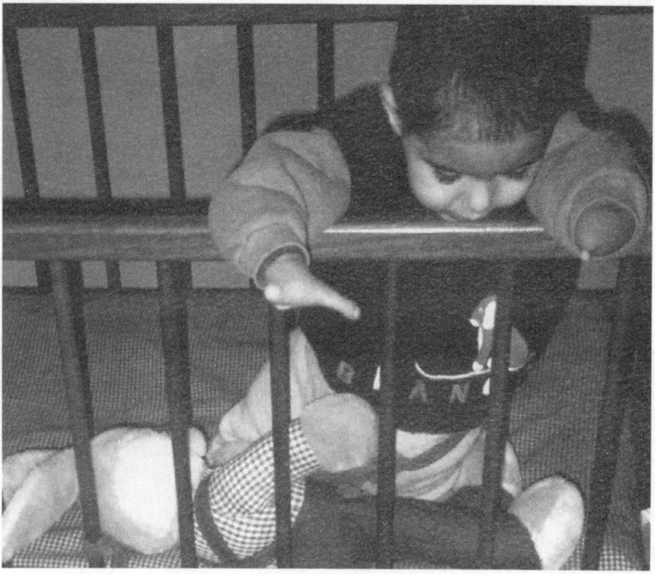

Genetische Mißbildungen,
Mutter-Theresa-Hospital in Bagdad, 1997

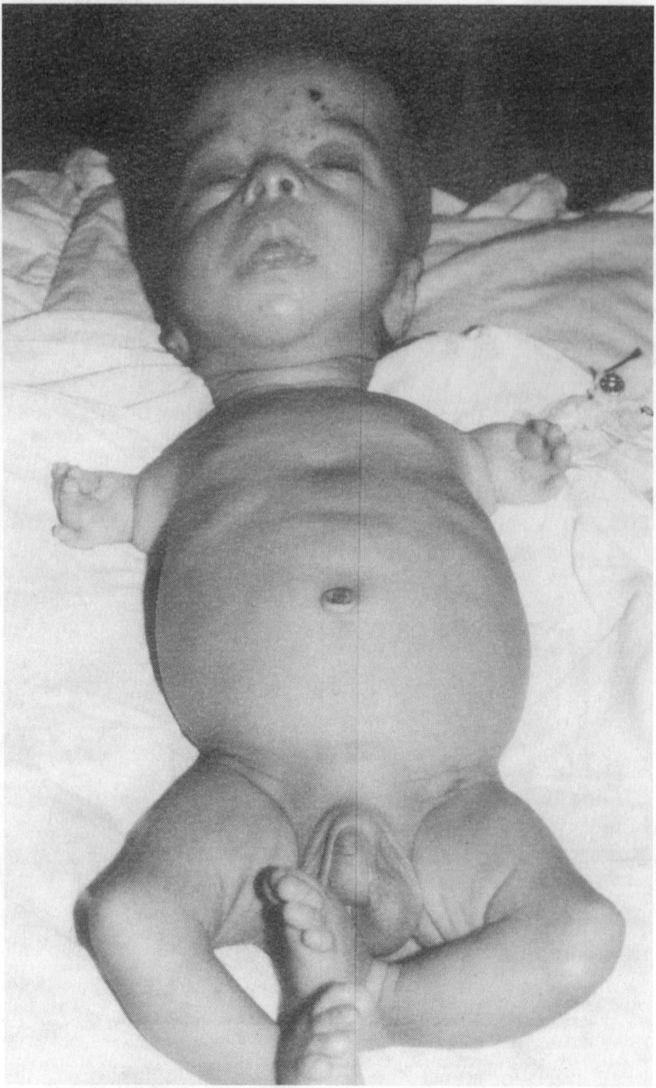

Genetische Mißbildungen,
Hospital in Bagdad, 1996

Mit Ben Beha, einst algerisches Staatsoberhaupt (links)
und dem vormaligen ägyptischen
Außenminister Morab Ghaleb, London,1995

Kranzniederlegung am Denkmal
des Unbekannten Soldaten in Bagdad, 1995

Der Leiter der jüdischen Gemeinde in Bagdad
bei der Übergabe von Solidaritätsgütern, 1995

Aufnahme in die polnische Akademie der Wissenschaften
und Ehrung mit der Medaille »Medicus Magnus«
in Warschau, 1994

Übergabe von Hilfsgütern an Kurden bei Mossul, 1995

Als Assistent bei Albert Schweitzer
im afrikanischen Urwald, 1963